22

2000년 10월 출범 후
2021년 제22회까지

82

누적 참여국 수

5,188

누적 글로벌 연사 수

55,860

누적 청중 수

세 계 지 식 포 럼
WORLD KNOWLEDGE FORUM

세계 최대
글로벌 지식의 장으로
자리매김하다

세계지식포럼
인사이트
2022

\\\\\\ **글로벌 리더들의 미래 전략** //////

세계지식포럼
인사이트
2022

테라 인코그니타

공존을 위한 새로운 시대정신을 찾아

매일경제 세계지식포럼 사무국 지음

매일경제신문사

테라 인코그니타
: 공존을 위한 새로운 시대정신을 찾아

코로나19가 세계를 강타한 지 벌써 1년이 넘었습니다. 인류가 현대 사회에 접어든 후 맞이한 사상 최악의 팬데믹 상황은 이미 일과 교육, 여가 등 우리 모든 삶의 양식을 바꿨습니다. 코로나19에 대응하기 위해 세계 각국 정부가 쏟아부은 막대한 유동성은 글로벌 경제의 균형점을 옮겨놨습니다. 이는 동시에 양극화와 불평등이라는 부작용으로도 이어졌습니다. 팬데믹 상황이 야기한 디지털 기술의 급격한 발전은 환호와 함께 한편으로는 사생활 침해와 같은 저항 역시 받고 있습니다. 자유무역을 기초로 했던 세계 경제의 작동 원리도 변화가 불가피합니다. 미국과 중국 간 갈등은 격랑 속으로 빠져들고 있습니다. 2022년 대통령 선거를 앞두고 있는 한국 또한 현명하게 이같은 파고를 넘어야 합니다.

그 어느 때보다 변화의 폭이 큰 시점에 개최된 제22회 세계지식포럼은 아직 코로나19 팬데믹으로 신음하는 전 세계가 이를 극복하기 위해 주목할 아젠다로 '테라 인코그니타Terra Incognita'를 제안했습니다. 테라 인코그니타는 '가보지 않은 세계'를 뜻합니다. 새로운 세계는 우리에게 기회가 될 수도, 위협이 될 수도 있습니다. 다가오는 미래를 예측하고 준비할 수 있다면, 위협 또한 기회로 바꿀 수 있습니다.

우리 인류는 지금까지 기아와 전쟁, 코로나19와 같은 감염병을 비롯해 수많은 위기를 경험했지만 이를 항상 극복했습니다. 특히 그 과정에서 더 나은 미래를 향한 새로운 기회를 찾아냈습니다. 1665년 영국에서 창궐한 흑사병 탓에 학업 중간에 고향으로 돌아가야 했던 아이작 뉴턴이 인류 역사상 가장 중요한 발견인 '만유인력의 법칙'을 발견한 것이 대표적입니다. 물리법칙이 지구와 우주 양쪽에서 똑같이 적용된다는 것을 발견해낸 이 법칙은 350년 전 감염병으로 인한 봉쇄조치 속에서 탄생한 후 시대를 초월해 오늘날 블루오리진 등 민간 기업들의 우주여행 시대를 열어준 열쇠가 됐습니다.

이처럼 모든 위기에는 기회의 씨앗이 있습니다. 스페인의 지브롤터 해협 초입에는 그리스 로마 신화 영웅의 모습을 담은 동상인 헤라클레스의 기둥이 있습니다. 이는 항해사들에게 '더 나아갈 수 없음Non plus ultra'을 알리는 경고판 역할을 했습니다. 지구가 평평하다고 믿었던 당시 고대 그리스인들은 이곳을 지구 끝으로 여겼고, 그 너머를 탐험할 생각조차 하지 못했습니다. 지금의 우리도 마찬가지입니다. 코로나19라는 미증유의 위기에 직면해 있으나, 더 이상 앞으로 가지 않는다면 바로 여기가 세계의 끝이 될 것입니다.

인류에게 있어 2021년은 테라 인코그니타, 즉 미지의 세계로 나아가는 원년으로 기록될 것입니다. 긴 역사 속에서 우리가 주목해야 할 것은 바로 기회는 위기 속에서도 준비된 사람의 편에 선다는 사실입니다. 미지의 세계로 향한 우리의 여정에서는 용기와 탁월한 통찰력을 갖추고 철저히 대비를 마친 이들만이 새로운 세상을 발견할 수 있습니다. 새로운 시대의 경쟁에서 우위를 차지하고 그 과정에서 맞닥뜨릴 모든 과제를 극복하기 위해서는 변화에 빠르게 대응해야 합니다.

국경을 초월한 협력도 중요합니다. 코로나19를 비롯한 최근의 문제는 한 국가나 개별 기업의 역량만으로는 해결할 수 없는 것이 대부분인 만큼 견고한 글로벌 협력 네트워크를 구축해야 합니다. 지금과 같은 격변의 시대를 인류가 슬기롭게 헤쳐나갈 수 있는 비결은 바로 신뢰할 수 있는 지식 플랫폼입니다. 이번 세계지식포럼에는 350여 명의 연사와 수십만 명의 청중이 온라인과 오프라인에서 함께 모여 '테라 인코그니타: 공존을 위한 새로운 시대정신을 찾아Terra Incognita: Redesigning the Global Architecture'를 주제로 다양한 논의를 진행했습니다. 마이크 폼페이오 제70대 미국 국무장관, 마이클 샌델 하버드대 교수, 토마스 바흐 국제올림픽위원회IOC 위원장, 마르쿠스 발렌베리 SEB 회장, 밥 스턴펠스 맥킨지앤드컴퍼니 글로벌 회장, 예스페르 브로딘 잉카그룹(이케아그룹) CEO, 폴 밀그럼 스탠퍼드대 교수, 패멀라 멀로이 미 항공우주국NASA 부국장 등 정계와 재계, 학계를 아우르는 각 분야 최고 전문가들이 참여해 그들의 탁월한 식견과 지식을 청중들과 기꺼이 공유했습니다.

매번 예측할 수 없는 세상이 오고 있지만 두려워할 필요는 없습니다. 테라 인코그니타를 인류가 가지 않은 길로 남겨두어선 안 됩니다. 매일경제와 함께 미지의 땅을 위한 여정을 시작합시다.

세계지식포럼 집행위원장 겸 매경미디어그룹 회장

장대환

'미지의 땅'에서 승자가 되는 길

누구도 가보지 않은 '미지의 땅'을 뜻하는 라틴어 '테라 인코그니타Terra Incognita'. 고대 그리스 천문학자 프톨레마이오스가 처음으로 썼던 것으로 추정되는 이 단어 조합은 누구도 탐험하지 못했던 땅을 지도에 표시할 때 쓰였습니다. 대항해시대 이후 사라진 단어지만, 인류가 경험해보지 못한 분야를 상징하는 표현으로 지금까지 남아 있습니다.

2000년 10월 아시아 금융위기 이후 '창조적 지식국가로의 대전환'을 목표로 출범한 세계지식포럼은 2021년으로 22회째를 맞았습니다. 세계를 덮친 코로나19 팬데믹 한가운데에 열린 제22회 세계지식포럼은 이 시기의 세계를 '테라 인코그니타'로 정의했습니다. 정치·경제·사회·문화 등 모든 분야에서 전방위로 급격한 변화가 이뤄지고 있기 때문입니다. 이 같은 흐름 속에서 국제사회가 함께 생존하기 위해서는 새로운 시대정신이 필요합니다. 그래서 제22회 세계지식포럼의 대주제는 '테라 인코그니타: 공존을 위한 새로운 시대정신을 찾아 Terra Incognita: Redesigning the Global Architecture'로 정해졌습니다.

지금 세계가 향하는 '미지의 땅'은 위협이 될 수도, 기회가 될 수도 있습니다. 세계는 팬데믹으로 인해 그 어느 때보다 서로 연결됐다는 사실을 깨닫게 됐고, 이런 미지의 땅으로 향하는 길목에서 글로벌 공동체는 공존의 시대정신을 찾아 해법을 모색해야 합니다. 제22회 세계지식포럼은 이 같은 대주제 아래 비즈니스의 새 정의New Business Path, 부富의 탐색Wealth Discovery, 정치 변화의 역학Global Power Dynamics, 넷제로 레이스Race to Net-zero, 비욘드 그래비티Beyond Gravity, 새로운 세계로의 입문Hello, New World! 등 6가지 트랙을 진행했습니다.

우선 코로나19 팬데믹 이후 비즈니스 활동은 '디지털'을 중심으로 빠르게 재편되고 있습니다. 새로운 기술로 무장한 테크 기업들의 진격이 이어지고 있고, 반도체와 배터리를 확보하기 위한 경쟁도 치열해지고 있습니다. 이에 '팍스 테크니카Pax Technica'의 시대가 열렸다는 평가도 나오지만, '테크래시Techlash'로 일컬어지는 기술에 대한 반작용 또한 나타나고 있습니다. 전통적인 산업 역시 팬데믹을 계기로 큰 변화의 순간을 맞고 있습니다. 조선·해운·항공처럼 팬데믹의 영향을 받은 산업들은 다시 재도약에 나서고 있습니다. '비즈니스의 새 정의' 트랙에서는 이 같은 변화에서 승자가 될 수 있는 방향을 모색하고, 기술이 바꿔놓을 우리의 미래를 예측했습니다.

글로벌 금융시장에서 2021년은 시중의 풍부한 유동성을 바탕으로 유례없는 상승 곡선을 그렸던 한 해였습니다. 코로나19 대응 차원에서 진행된 막대한 규모의 재정·통화정책이 그 바탕에 있었습니다. 하지만 인플레이션에 대한 우려가 고조되면서 금리의 향방에 그 어느 때보다 많은 시선이 쏠려 있고, 이는 2022년 글로벌 경제에 가장 중요한 변수가 될 것으로 예상됩니다.

2021년은 비트코인 등 가상자산이 그 어느 때보다 부각됐던 해이기도 했습니다. '부의 탐색' 트랙에서는 부를 향한 항해의 경로를 찾아 나섰습니다. '정치변화의 역학' 트랙에서는 국내외 정치지형을 모색했습니다. 미국과 중국 간 패권다툼은 치열하게 전개되고 있고, 이 같은 대립은 외교·안보를 넘어 경제·무역 분야로 번지고 있습니다. 이 가운데 2021년 7월의 도쿄 하계올림픽과 2022년 2월의 베이징 동계올림픽은 국제 정치역학이 스포츠 이벤트에 작용하는 모습을 여실히 보여줬습니다.

기후변화에 대한 글로벌 공동 대응이 본격화되는 시점에서 '기후회복'을 위한 국제적 움직임도 가속화되고 있습니다. 2021년 11월 열린 유엔기후변화협약 당사국 총회COP26는 그 첫 단추였습니다. 기업들의 준비도 필요한 시점입니다. '넷제로 레이스' 트랙에서는 카보노믹스Carbonomics의 작동 원리와 글로벌 공조를 위한 방정식을 살펴봤습니다.

'마지막 신대륙' 우주를 향한 세계 각국의 도전이 이어지고 있습니다. 국가적인 움직임뿐 아니라 일론 머스크, 제프 베조스 같은 억만장자들도 경쟁적으로 뛰어드는 분야이기도 합니다. 한국 역시 우주 탐사에 본격적으로 뛰어들고 있습니다. 우주, 그리고 미래 인류의 가능성이 '비욘드 그래비티' 트랙에서 다뤄졌습니다. '새로운 세계로의 입문' 트랙에서는 코로나19 팬데믹을 계기로 변화하는 사회를 조망했습니다. 일하는 방식, 교육하는 방식, 쇼핑과 문화를 즐기는 방식 등 일상의 모든 분야가 달라졌고, 변화는 더 빨라지고 있습니다.

팬데믹은 자본주의의 한계를 보여주는 계기가 되기도 합니다. 확대되는 자산 격차 속에서 사회적 불평등 또한 사회의 잠재적 위협요인으로 작용할 전망입니다.

이번 책에 제22회 세계지식포럼의 개막에서 폐막에 이르는 글로벌 리더들의 통찰력을 고스란히 담았습니다. 세계지식포럼에 참석한 글로벌 리더들은 미지의 세계에서 승자가 되기 위해서는 적극적으로 도전하는 자세가 필요하다고 입을 모았습니다. 막연한 두려움보다는 새로운 도전에 나서자는 의미입니다.

이 책이 많은 분들께 미래를 준비하는 계기가 되기를 희망합니다.

CONTENTS

PART 2

비즈니스의 새 정의
New Business Path

PART 3

부의 탐색
Wealth Discovery

PART 5

새로운 세계로의 입문
Hello, New World!

PART 1

정치 변화의 역학

Global Power Dynamics

//////

공정사회를 향한 해법 찾기

마이클 샌델 하버드대 교수

국내 누적 판매량 200만 부를 돌파하며 한국 사회에 '정의' 열풍을 불러일으켰던 스테디셀러 《정의란 무엇인가》의 저자이자 하버드대 교수다. 그는 '공정'이라는 화두를 두고 각계각층이 충돌하고 있는 상황에서, 《공정하다는 착각》을 출간해 큰 반향을 얻고 있다.

송영길 더불어민주당 대표

지난 2021년 5월 더불어민주당 당대표에 취임한 송 대표는 연세대 총학생회장 출신이며 1980년대 민주화운동을 했고 이후 노동운동에 헌신했다. 5선 국회의원으로 인천광역시장도 역임했다. 20년 가까운 의정활동에서 외교 및 한반도 평화와 관련해 특히 왕성한 연구와 활동을 해온 것으로 유명하다.

이준석 국민의힘 대표

대한민국 정당 역사상 가장 어린 나이(만 36세)로 제1야당 대표로 선출된 정치인이다. 서울과학고를 거쳐 하버드대에서 컴퓨터공학을 전공했다. 2011년 당시 여당 비상대책위원장을 맡고 있던 박근혜 전 대통령에 의해 발탁돼 정치에 입문했고 줄곧 보수의 혁신을 주장해왔다.

세계지식포럼 개막식에서 진행된 마이클 샌델 하버드대 교수와 송영길 더불어민주당 대표(오른쪽 두 번째),
이준석 국민의힘 대표(오른쪽 첫 번째)의 온·오프라인 하이브리드 대담 현장.

샌델 한국은 저에게 큰 영향을 주는 나라입니다. 엄청난 경제적
성장도 이루었지만, 특히 '민주주의 국가로서 공정한 사회, 정의로운
사회가 과연 무엇일까'와 같은 문제를 논의하는 데 열정적이라는 점
에서 더욱 그렇습니다. 먼저 제가 요즘 시청하고 있는 〈스카이 캐슬〉
이라는 한국 드라마를 소개하고 싶은데요. 〈스카이 캐슬〉을 보면서
느낀 점이 두 가지 있습니다. 하나는 거기에서 묘사되고 있는 특정한
계층이죠. 돈이 많고 그것을 누리고 있는 이들을 보면서 격차에 대
해 생각하게 됩니다. 이는 한국에만 국한된 이야기가 아닐 것입니다.
빈부격차는 다른 곳에도 있는데, 계층별로 그들의 자녀가 누리고 있
는 것들이 얼마나 다를지 생각하게 됩니다. 두 번째로 제가 느낀 것
은 젊은이들에게 엄청난 압박이 있다는 것이죠. 우리가 보기에는 금

수저라고 할 수 있는 그런 아이들도 입학을 위해 경쟁을 해야 하는, 명문대로 가기 위한 압박을 느끼고 있습니다. 기회의 불평등, 가진 자와 그렇지 않은 자들 간의 불평등, 거기에서 비롯되는 불안과 압력, 특권층도 마찬가지로 느끼고 있는 압박과 불안감이 있다는 것을 생각해보면 근본적인 문제가 부상하게 됩니다. 그것은 바로 경쟁적인 능력주의입니다.

현재 전 세계적으로 민주주의가 어려운 시기를 겪고 있는데 이는 특히 승자와 패자 간의 격차가 정치에도 영향을 주고 구성원들을 분열시키고 있기 때문이라고 생각합니다. 이러한 분열이 생기는 이유는 사실 소득과 부의 불균형 때문이기도 하지만 거기에서 비롯된 것만은 아닙니다. 이는 성공에 대한 태도의 변화 때문인데요. 수십 년간 경쟁에서 이긴 자들은 "내가 잘했기 때문에 이겼다", "(승리는) 나의 능력에 대한 증명"이라고 생각했습니다. 반대로 소위 패자들은 "나의 운명을 나의 탓으로 받아들여야 한다"고 생각했습니다. 이는 사실 우리가 굉장히 매력적으로 생각하는 아이디어, 즉 능력주의 때문일 수 있습니다. 승자가 충분히 자신의 승리를 누릴 수 있다는 것 때문에 지금과 같은 양극화가 생기고 있다고 생각합니다. 승자는 한편으로 패자들을 경멸하게 됩니다. 특히 명문대를 졸업하고 엄청난 업적을 이루고 경제적인 결실을 많이 거둔 이들은 패자들을 경멸하고 패자들도 그것을 느끼고 있습니다. 그래서 능력주의에서 이기게 된 엘리트주의가 오히려 반엘리트주의를 조장하고 이것을 내세운 이들에 대한 포퓰리즘으로 이어지는 것이 아닌가 생각합니다.

마지막으로 코로나 팬데믹에 대한 말씀을 드리고 여러분의 말씀을 경청하고 싶은데요. 팬데믹이 시작될 때 우리 모두 함께 이겨내야 한다는 슬로건이 있었습니다. 우리 모두 바이러스에 취약하기 때문에 공동의 운명체로서 함께해야 한다는 것이었습니다. 그런데 실제로는 사회적인 불평등 때문에 우리 모두가 똑같은 타격을 받지는 않았습니다. 재택근무를 할 수 있는 여유가 있는 사람들이 있는, 반면 실직을 하거나 재택근무가 불가능해서 위험을 감수하고서라도 어쩔 수 없이 생계를 이어나간 분들도 있다는 것이죠. 그럼에도 불구하고 기회의 씨앗도 발견됐습니다. 우리 중에 재택근무를 할 여유가 있는 사람들은 그간 간과해왔던 노동자들에게 우리가 상당히 의지하고 있다는 사실을 느끼게 된 것이죠. 의료나 식료품점 종사자 등 어찌 보면 가장 적은 임금을 받고 잘 보이지는 않는 곳에서 일하지만 팬데믹 중에도 꼭 필요한 역할을 하는 이센셜 워커essential worker, 필수 노동자라는 명칭이 붙을 정도로 이분들의 중요한 역할이 부각되었다는 것이죠. 덕분에 더 폭넓은 사회적 대화가 가능해졌다고 봅니다. 이 분들이 하는 일의 가치를 우리가 조금 더 인정해줄 수 있을까, 이들의 기여를 높여줄 방법은 없을까에 대한 사회적 논의가 필요하다고 봅니다. 제 책 《공정하다는 착각》에서도 이와 같은 이야기를 다루고 있는데 이에 대해서 두 대표님께서는 어떻게 생각하시는지 듣고 싶습니다.

송영길 교수님 말씀처럼 팬데믹을 통해서 빈부격차가 훨씬 드러나게 되었습니다. 이 팬데믹에 대해 대응할 수 있는 여유를 가진 부유한 계층들은 재택근무를 하면서 여러 가지 방역 체계를 갖출 수 있지만 하루 벌어서 하루 먹고사는 우리 서민들은 위험을 무릅쓰고 지하철을 타고 식료품 가게에 가서 생필품을 구입해야 하는 현실이 명확하게 드러난 것입니다. 우리가 필수노동자라고 하는 이분들이 사회공동체 유지를 위해 얼마나 헌신을 하고 있는지 다시 한번 확인하게 됐습니다.

기후변화도 마찬가지입니다. 모든 나라에 동일하게 영향을 미치는 것이 아닙니다. 선진국들은 훨씬 더 잘 대응할 수 있지만, 북한이나 아프리카처럼 관계시설이 잘 갖춰져 있지 않고 스마트농법이 적용되지 않은 나라들은 가뭄에 노출돼 식량 위기를 겪게 돼 있습니다. 저도 어젯밤에 샌델 교수님 책을 다시 한번 쭉 읽어봤습니다. 교수님께서는 기회의 평등과 결과의 평등만으로 해결할 수 없는 조건의 평등을 제시하셨습니다. 능력 자체가 태어날 때부터 한계가 있는 사람들, 유능한 부모님 밑에 태어난 사람과 가난한 집에 태어난 사람은 출발선에서부터 평등하지 않기 때문에 이들에게 기회를 줬다고 해도 그것이 실질적인 평등으로 연결되지 않습니다. 소위 '능력주의'라 말하는 문제를 보완하기 위해서는 평가의 기준을 다양화해야 합니다. 획일화된 기준으로 능력을 서열화시켜서 줄 세우는 사회가 아니라 우리나라 헌법 전문에 나오듯, 타고난 자신의 역량을 개발해 사회에 기여할 수 있도록 만들어줘야 합니다. 특히 교수님이 강조하신 디그니티 오브 워크dignity of work, 노동의 존엄을 복원시켜서 구성원들이 자기를 비하하지 않고 각자의 가치와 존재를 인정해주고 사회적 연대성을 강화시키는 사회를 지향해야 합니다. 그러나 선한 동기와 상관없이 우리의 무능, 지적 태만과 과실로 인해 동기와 다른 결과를 내는 정책을 저희가 잘못 쓸 수도 있기 때문에 야당의 존재, 민주주의가 필요합니다. 독선과 오만을 견제하면서 집단적 지성을 통해 그 동기에 걸맞은 결과를 도출할 수 있도록 우리 사회가 같이 컨센서스를 만들어가야 한다고 생각합니다.

이준석 공정에 관해서 생각하면 저는 교수님이 〈스카이 캐슬〉에서 봤던 것과 비교했을 때 한국 사회도, 세계적인 환경도 많이 변했다고 생각합니다. 결국 공정이라는 것은 사람들이 공정하다고 느끼게 만드는 것이라고 생각합니다. 왜냐하면 절대적인 공정이라는 것은 있을 수 없다고 생각하기 때문입니다. 최근 한국사회에서 특히 젊은이들이 느끼는 절망의 원인은 노력에도 불구하고 나의 내일이 오늘보다 낫다고 확신할 수 없는 데 있습니다. 어제보다 오늘이 더 나은 세상에 살고 있다는 확신이 없기 때문입니다. 한국은 1960년대부터 성장하면서 지금까지 50년 동안 그 믿음이 깨어지지 않은 사회였습니다. 하지만 지금 노력으로써 어제보다 오늘이 나아지지 않는다는 확신이 있기 때문에 그것에 저항하고 새로운 시스템을 원한다고 생각합니다. 그런데 교수님이 말씀하신 것처럼 엘리트라고 하는 사람들은 항상 우위와 유리함을 가져갈 수 있는 건 아니라고 봅니다. 제가 이번에 야당의 당대표가 된 것도 지금까지 정치 엘리트들에 대한 강한 저항 때문이라고 봅니다. 코로나 팬데믹 이후에 젊은 사람들이 유튜브 같은 플랫폼을 통해서 경쟁하고 그 기반에서 자기의 정치적 메시지를 전달할 수 있었기 때문에 당선이 가능했다고 보고 있습니다. 저는 그래서 엘리트들이 계속 변하기 위해 노력해야 하고 반대로 안주하는 사람은 크게 도태될 것이라고 생각합니다. 저는 교수님이 어쩌면 북한의 영구세습처럼 한번 권력을 잡으면 절대 권력을 내려놓지 않는 엘리트와 그들의 부당함을 생각하시는 것 같은데, 오히려 지금 사회에서는 굉장히 쉽게 정치적 권력뿐 아니라 방송, 비즈니스 영역에서도 권력이 교체되고 빠르게 바뀔 수 있다고 생각합니다. 오히려 과거보다 훨씬 경쟁하기 좋은 환경이 갖춰졌다고 봅니다.

송영길 소셜 모빌리티(사회적 이동성)가 양극화를 극복하는 방안이 될 수 있습니다. 그래서 저는 교육의 중요성을 이야기합니다. 지금 우리 젊은이들한테는 사회적 이동성이 거의 제한돼 있습니다. 교육이 새로운 사회적 이동성을 보장하는 수단이 아니라 특권계층의 자녀들이 다시 한번 자신의 위치를 공고히 하는 구조로 전락했습니다. 하버드대학교도 마찬가지고 서울대학교도 저소득층 학생 비중이 10% 이하로 줄어들고 있습니다. 그래서 이런 것을 위해 쿼터제라든지 여러 가지 사회적 정책을 보완해 조건의 평등을 만들어가야 한다고 생각합니다.

샌델 사회적 이동성에 대한 질문이 바로 한국과 미국이 직면해 있는 도전과제의 핵심이라고 생각합니다. 과거에는 불평등에 대응하기 위한 수단이 이동성이라고 생각됐습니다. 개개인이 고등교육을 통해 사회적 이동성을 확보하는 것이 가장 좋은 방법이라고 생각한 것이지요. 그럼에도 불구하고 전 세계 많은 민주주의 사회에서는 사회적 이동성 그 자체만으로는 충분하지 않다는 우려가 일고 있습니다. 불평등에 대처하고 양극화에 대처하는 데 불충분하다는 여론이 형성되고 있는 것이죠. 많은 젊은 층이 사회적 체제 안에서 열심히 공부해서 대학에 갔어도 자신들이 기대하고 약속받았던 기회를 얻지 못한다고 생각합니다. 한국에서 진행된 설문을 본 적이 있었는데요. '개천에서 용 난다'는 표현에 동의하는지, 과연 한국에서 개천용이 가능하다고 생각하는지를 묻는 질문에 대다수가 '더 이상 가능하지 않다, 개천용은 더 이상 없다'고 대답했습니다. 대다수의 한국인들은 개인이 좌우할 수 없는 것에 성공이 달려 있는 경우가 많다는 데 동의했는데 그 비중은 다른 나라보다 더 높았습니다. 근면성실, 개인의 노력을 굉장히 중요하게 생각했던 한국 사회의 구성원들이 이제는 사회적 이동성이 더 이상 존재하지 않는다고 생각하는 것에 대해 두 분은 어떻게 생각하시는지 궁금합니다.

송 대표님께서 말씀해주신 것에 대해서도 한 말씀 드리고 싶습니다. 아주 오랫동안 교육은 사회적 이동성의 수단으로 간주돼 왔습니다. 사회는 불평등하더라도 교육, 특히 고등교육은 사회적 이동이 가능하게 해주는 수단이며 저소득층의 자녀 또한 교육을 통해 성공할 수 있다고 믿어왔습니다. 그렇지만 하버드대학교나 서울대학교에 입학하는 학생들을 보면 부유한 계층 출신, 〈스카이 캐슬〉에 나오는 그런 학생들이 주로 입학한다는 것을 볼 수 있습니다. 미국의 아이비리그 대학만 보더라도 상위 1%의 소득을 자랑하는 가정 출신의 학생 수가 전체 하위 50%를 합친 것보다 더 많습니다. 그렇기 때문에 고등교육만으로 사회적 이동성을 확보하거나 사회적 이동성만으로 불평등에 대처할 수 없다고 생각합니다. 저는 제 책을 통해서 능력을 통해 가장 위로 가기 위해 경쟁하는 능력주의 사회에서 벗어나 이제는 노동의 존엄성에 집중해야 한다고 말씀드렸습니다. 소수의 사람들이 성공의 사다리를 탈 수 있도록 돕는 것보다 사다리 하나하나의 간격이 점점 벌어지고 있다는 점에 주목하고 일과 노동의 존엄성에 집중하면서 삶을 개선하고 더 많은 사람들이 존중을 받으며 일할 수 있도록 해주는 것이 중요하다고 생각합니다. 개개인이 자신의 고등교육을 통해 사회적 이동성을 확보하는 솔루션에서 이제는 대다수의 사람들이 노동의 존엄성을 확보하는 방향으로 이동해야 합니다.

이준석 저는 불평등에 있어 교육이 유일한 해법이라고 보지 않습니다. 대한민국과 미국을 비교하면 아직까지는 빈부의 격차에 따른 기회의 격차가 아주 극단적이지 않습니다. 대한민국 인구의 90% 이상이 반경 100마일 안에서 같이 태어납니다. 그렇기 때문에 굉장히 많은 것들을 공유합니다. 그렇기 때문에 교육이라는 틀 안에서 공정한 교육과 경쟁이 가능하다고 믿는 사람들이 있는 것이겠죠. 그래서 저는 코로나 팬데믹을 통해서 부각된 배달 노동자 등 다른 직종에 대해서 언급하는 것이 상당히 조심스럽습니다. 이들에 대한 사회적인 존엄성 등에 대한 이야기를 하기 전에 주목할 부분이 있습니다. 그 업종에 종사하시는 분들 중 상당수는 기존에 본인들이 종사하던 직업이나 희망하던 직업에서 기회를 찾지 못해서 그 일에 종사하시는 분들입니다. 그렇기 때문에 저는 이를 대안으로 제시하기는 위험한 지점이 있다고 생각합니다. 특히 한국은 교육을 통한 가능성을 강하게 믿는 나라입니다. 미국에서는 중학교를 마친 뒤에 가족들 간의 대화나 합의를 통해서 교육을 중단하고 다른 직업을 찾겠다고 하는 것이 가능할 수 있지만, 한국에서는 교육을 중단하고 배달 노동자 등으로 일하겠다고 얘기할 때 그것에 동의할 만한 가정이 많지 않은 것이 현실입니다. 교수님이 생각하시는 것보다는 한국은 교육에 대한 믿음을 가지고 있습니다. 그래서 개천용까지는 아니더라도 적어도 사다리를 올라갈 수 있는 사회를 만들어주는 정치인들이 더 각광을 받을 것이라고 생각합니다.

송영길 오바마 대통령의 출현이 흑인의 불평등 구조를 합리화하는 수단으로 전락해서는 안 된다고 생각합니다. 사회적 이동이라는 것이 그가 속해 있던 삶의 수준 전체를 향상시키는 데 기여해야지 신데렐라처럼 뽑힌 몇 사람을 가지고 문제를 해결해서는 안 되는 것이죠. 여기에는 그 시대의 교육이 역할을 해야 하는데 지배 계층의 자녀들이 좋은 사교육을 받고 좋은 대학에 가서 그대로 아버지의 지위를 다시 한번 재확인하고 상속하는 구조가 아니라 가난한 서민의 아들도 기회를 가질 수 있는 구조를 만들어야 합니다. 앞으로 인공지능AI과 4차 산업혁명 시대를 맞아 고용 없는 성장이 일반화될 경우, 노동의 가치와 인간의 존엄을 어떻게 부여할 수 있을지 고민해야 합니다.

샌델 굉장히 중요한 부분을 언급해 주셨어요. 바로 노동의 존엄성에 대한 것입니다. 일을 통해서 내가 생계를 유지한다는 것이 핵심이지만 더 나아가서는 내가 공공의 선에 기여할 수 있어야 합니다. 그리고 나의 일을 통해서 남들의 존중을 받는 사회적 인정이 중요합니다. 저희가 일을 통해 성공의 결실을 누린다는 것만 생각하는데, 사실 정의를 이루는 데도 중요한 측면이 있다는 것이죠. 사회가 노동을, 나의 일을 어떻게 인정하고 또 거기에 어떻게 보상과 존중을 하느냐가 중요합니다. 노동의 존엄성은 모든 사람들이 공공 선에 기여한다는 점을 인정하고 그것을 어떻게 존중할 것인가의 문제입니다. 이것은 일부 사람들이 성공의 사다리를 올라갈 수 있게 하기 위해서 어떻게 지원할 것인가의 문제를 넘어서는 것이죠. 이 사회를 하나의 경쟁으로 바라보고 승자와 패자로 가르는 것보다는 우리가 어떻게 더 민주적인 사회, 모두가 존중받는 사회를 만들 수 있을지 고민해야 한다고 봅니다.

북한, 중국 그리고 한미동맹

마이크 폼페이오 제70대 미국 국무장관

제70대 미국 국무장관과 미 중앙정보국(CIA) 국장을 역임했다. 도널드 트럼프 행정부에 입성하기 전에는 캔자스주에서 4선 의원을 지냈다. 1986년 웨스트포인트의 미국 육군 사관학교를 수석으로 졸업했으며, 기갑부대 장교로 복무했다. 대위로 전역한 후에는 미 하버드대 로스쿨을 졸업했다. 의회에서 근무하기 전에는 사우스센트럴 캔자스에서 10년 동안 2개의 제조업을 운영했다.

한덕수 제38대 국무총리

대한민국의 제38대 국무총리로 2007년부터 2008년까지 재임했다. 1971년 서울대 경제학과를 졸업하고 1984년 하버드대 경제학 박사학위를 취득한 뒤 한국 경제의 현대화와 개발에 기여해왔다. 1997년 통상산업부 차관, 1998년 외교통상부 통상교섭본부장, 2001년 주 경제협력개발기구(OECD) 대사 등을 거쳤으며 2002년에는 대통령 경제수석, 2004년에는 국무총리실 국무조정실장, 2005년 재정경제부장관 겸 경제부총리를 역임했다. 2009년에는 주미 대한민국 대사로 일했으며 2012년부터 2015년까지는 제28대 한국무역협회장의 역할을 수행했다. 2015년부터 2017년까지 제3대 기후변화센터 이사장을 지냈다.

세계지식포럼에서 진행된 마이크 폼페이오 제70대 미국 국무장관(왼쪽)과 한덕수 제38대 국무총리의 대담 현장

폼페이오 제가 전 국무장관이기 때문에 훨씬 더 자유롭게 말씀드릴 수 있다는 점을 말씀드리면서 미국과 한국, 세계의 평화에 중요한 이야기를 격의 없이 말씀드리도록 하겠습니다. 대한민국은 국제질서의 무능으로 인한 흉터를 지고 있습니다. 한때 뛰어난 정치인이었던 애치슨 미국 전 국무장관이 중요한 실수를 범한 것이죠. 1950년 1월 애치슨 장관이 아시아에 대해 언급하던 중 미국의 방위선이 필리핀을 연결하는 선이라고 이야기하면서 한반도를 완전히 누락시킨 것입니다. 그의 승인하에 몇 달 만에 북한이 남침을 시도했던 것이죠. 저희는 신중해야 합니다. 우리의 말을 지키겠다는 끝없는 결의가 필요하고 평화와 자유민주주의를 수호해야 합니다. 과거를 알아야 미래를 알 수 있습니다. 미국은 한국인들의 고통을 잊지 않았습니

다. 과거 공산당의 군사정부에 강압적으로 동원되었던 인민지원군이 여러분의 동포, 미국의 아들들, UN 연합군에 치명적인 상처를 입혔죠. 중국이 큰 위협이 되고 있다는 것을 저희도 인지하고 있습니다. 중국의 세력이 커진 유일한 이유는 새로 생긴 경제력 때문이죠. 일부는 훔친 재산입니다. 미국, 그리고 한국의 지적재산을 훔쳐서 이룩한 세력입니다. 여기에 참여하신 여러분 모두 미래의 주인은 우리라는 것을 알아야 합니다. 자유에 대한 위협은 외부에도 있지만, 내부에도 있다는 점을 알아야 합니다.

이제 북한에 대해서 말씀드리겠습니다. 북한의 의중에 대해서는 확실한 것은 없고 가능성만 있다는 것을 인지해야 합니다. 또 약함에서 전쟁이 나오고 강함에서 평화가 보장된다는 것도 알아야 합니다. 오바마 대통령은 북한이 미국 국가 안보의 최대 위협이라고 이야기했음에도 불구하고, 저는 김정은 위원장을 존중하는 마음으로 맞이하면서 닫혔던 문을 열 수 있었습니다. 어려운 일이었지만 평화는 적과 같이 만드는 것이라고 생각하고 제가 직접 북한으로 갔습니다. 저는 김정은 위원장이 코비 브라이언트를 좋아한다는 이야기를 듣고 그에게 코비 브라이언트의 저지를 선물했습니다. 작지만 평화와 번영을 위한 방법을 함께 모색하겠다는 의지가 담겼던 선물이죠. 북한은 최근 들어 핵실험을 하거나 미사일 실험을 하지 않았습니다. 저와 트럼프 대통령이 평화의 이름으로 손을 내민 이후에 그와 같은 일은 없었습니다. 미국의 열망은 바로 전쟁의 깊은 상처를 안고 있는 한반도가 화해만을 누리기 원한다는 것입니다. 통일은 분쟁이나 갈등을 통해서가 아니라 한국 국민들의 의지에서만 나와야 합니다. 특히 대량살상무기로 인한 통일은 있어서는 안 될 것입니다.

세계는 한국을 감탄하면서 바라보고 있습니다. 기술의 시대에 세계 경제의 거점이 되었고, 4차 산업혁명을 이루면서 데이터와 AI, 로봇, 소재공학 등을 융합하고 있어서입니다. 하지만 큰 위기에 직면해 있는 것도 현실입니다. 대규모 기술 기업 등 일부 기업들이 온라인 조작과 검열을 통해서 표현의 자유와 소통을 조정하고 있기 때문입니다. 이들 기업들은 사실 일부 국가들보다 더 큰 권력을 휘두르고 있어서 여러 국가의 법과 규율로 통제하지 않는다면 민주적인 통치 역시 위협을 받을 수 있습니다. 하지만 좋은 소식은 우리가 상황을 바꿀 수 있다는 것이죠. 기술을 사용해서 우리의 자유를 억압하고 있는 요소들을 뒤집을 수 있습니다.

저는 그동안 세계 곳곳에서 발견된 여러 파열에 주목했습니다. 첫 번째는 바로 코로나19의 문제인데요. 코로나가 중국 공산당으로부터 은폐되고 그 상황에서 UN의 부패한 일부 조직이 아첨하는 모습을 드러냈죠. 중국의 공산당이 세계보건기구WHO를 조작하는 와중에 세계적으로 많은 고통과 불필요한 사망이 일어났습니다. 수백만 명의 고통과 죽음으로 이어진 이 바이러스는 여전히 우리 모두에게 어마어마한 부담이 되고 있습니다. 두 번째 문제는 바로 중국의 일대일로입니다. 이것은 새로운 형태의 제국주의입니다. 60개 국가가 포함되어 상업과 개발을 한다고 하지만 일대일로의 실상은 그것과는 다릅니다. 부패한 시도인 일대일로는 차관과 인프라 개선을 약속하면서 개도국의 발목을 잡고 있습니다. 이러한 차관은 국가 자산을 담보로 잡습니다. 그리고 관련 조건은 투명하지 않습니다. 오히려 악의적으로 설계돼 향후, 부채국가의 채무불이행이 곧 국가 자산의 몰수로 이어지도록 만들어졌습니다. 세 번째 문제는 바로 중국이 미국을 맞서는 초강대국이 되고자 한다는 것입니다. 팬데믹이 최고조에 있을 때 중국 공산당은 보복주의적 목적을 완화하지 않고 오히려 증폭시켰습니다. 기존에 영국과 맺었던 약속과 한때 자유를 누렸던 홍콩 시민에 대한 중국 특유의 무시로 중영공동성명을 파기했습니다. 이것은 하나의 성명이지만, 1985년 UN에 등록된 조약의 성격을 갖고 있습니다. 홍콩을 중국의 특별행정구로 지정하고 높은 수준의 자치권을 인정하며 중국 공산당이 홍콩의 시장경제 및 기타 자유를 유지시켜주기로 한 합의입니다. 본 합의는 2047년까지 예정돼 있었지만, 우리는 그것이 이루어지지 않고 있음을 잘 알고 있습니다. 중국 공산당은 자신이 주인이라고 생각합니다. 진정한 사상의 자유와 종교의 자유도 없습니다. 한국은 분명히 이것을 받아들이고 싶지 않을 것입니다. 우리 자녀들에게 이런 세상을 물려주고 싶으십니까? 우리는 절대로 공산당식 개발 모델이 전파되지 않도록 해야 합니다. 이는 곧 도둑들에 의한 정치입니다. 이것은 중국이 계속해서 시도하는 지적재산권의 침해에서도 잘 볼 수 있습니다. 중국의 기업용 소프트웨어 시장의 75%는 불법 복제 소프트웨어입니다. 그 결과 중국에서의 소프트웨어 지출은 미국 기업 지출 금액의 아주 일부분에 불과합니다. 뿐만 아니라 우리가 앉아 있는 이곳에서 머지않은 곳에서 강제노동이 이루어지고 있습니다. 소위 말하는 신장 위구르 자치구에서 고질적으로 발생하고 있습니다. 이와 관련해서 우리 모두 건설적 행동을 해야 합니다.

우리는 어려운 시기를 살아가고 있습니다. 간략하게 국제사회가 해야 할 단계들에 대해서 말씀드리고 싶습니다. 우선 미래의 팬데믹을 피하기 위해서는 생물학적 연구소에 대한 포괄적 국제조사가 이뤄져야 합니다. 세계보건기구를 개혁하고 탈정치화해야 합니다. 의사, 과학자들, 행정 담당자들은 자신의 맡은 바 임무에 충실해야 하지, 어떤 정부에 충실해서는 안 됩니다. 우리는 반드시 전염병 발병 시 대응 능력을 갖춰야 합니다. 이것은 원자력 긴급 대응팀과 같은 형태여야 합니다. 현재 사용 가능한 유전자 편집 도구가 늘어나면서 우리는 새로운 위험에 직면해 있습니다. 국가 및 국제기구는 이와 관련한 새로운 규제를 만들고 생식세포의 조작을 막아야 합니다. 자유주의 국가들은 반드시 개도국에게 일대일로의 대안을 제공해야 합니다. 이 대안은 주권을 존중합니다. 우리 한미 양국은 경제력과 소프트파워를 이용해 각 개도국에 힘을 줄 수 있어야 합니다. 국제 컨소시엄은 중요합니다. 개도국에 있는 많은 국가와 선진국들이 자신의 기업과 기관을 동원해 급격한 인구 증가가 예상되는 빈곤 도시로의 깨끗한 물, 식량, 힘에 대한 접근을 보장해야 합니다.

마찬가지로 쿼드Quad(미국·일본·호주·인도 간 안보협의체)를 중심으로 중국의 확산을 막아야 할 것입니다. 쿼드에는 현재 미국, 일본, 호주 그리고 인도가 참여하고 있습니다. 이 포럼은 반드시 미래에 각 회원국의 힘이 확보될 수 있도록 정밀한 조율이 이루어지는 기구가 돼야 합니다. 지역 전체로 확대돼 한국이나 인도네시아 같은, 생각이 같은 국가들이 동참하기를 기대합니다. 선진국들이 자신의 자원을 동원해 개도국에게 중국의 공산당의 착취로부터 빠져나올 수 있는 대안을 제공해야 합니다. 영국, 프랑스 같은 유럽의 우방들도 이 프로젝트에 함께해 민주주의의 프로젝트로 만들어야 합니다.

한덕수 미래의 지구 공동체가 직면하고 있는 파열의 요소에 대해 말씀하시면서 주로 중국을 언급하셨는데요. 혹시 저희가 어떻게 중국과 협력할 수 있을까요? 저희와 중국과의 대화가 완전히 불가능하다고 보시는지요? 현재 미중 간의 전략적인 경쟁 상황에서 한국이 어떻게 대응해야 할지 말씀 부탁드립니다.

폼페이오 중국 공산당과 거래를 할 때, 제가 여기서 중국 공산당이라고 굳이 말씀드리는 것은 중국 내에 민간 기업이란 없기 때문입니다. 나의 교역 상대가 공산당에 속해 있다는 것을 인정해야 합니다. 그렇게 개념을 잡으면 결정도 달라질 것이라고 생각합니다. 미국도 중국과 상당 부분 교역을 합니다. 하지만 중국이 우리가 지키고자 노력했던 자유와 완전히 벗어난 행동을 하고 있는데, 그것이 바로 대한민국이나 국민들의 정신과는 같다고 보지 않습니다. 그렇다면 대화의 여지가 있을까요? 시진핑의 의도는 분명합니다. 중국 공산당이 우위를 점해서 헤게모니를 쥘 수 있는 거래만 한다는 것입니다. 재산권, 인간의 존엄성을 믿고 있는 사람이라면, 공산당과 같이하기 어렵다는 것을 알아야 합니다.

한덕수 장관님께서는 변호사, 의원, 군인뿐만 아니라 웨스트포인트 최고의 학생으로서, CIA 원장으로서, 또 국무장관으로서 엄청난 커리어를 역임하셨는데요. 아직 하지 못한 자리는 한 자리밖에 없는 것 같습니다. 2024년 대선 출마하시나요?

폼페이오 앞서 양 당의 대표분들께서 논의하시는 모습을 제가 지켜봤습니다. 미국도 양당 정치가 굉장히 강렬하죠. 2010년부터 정치에 참여했습니다. 이제 국회의원 선거가 1년 후면 또 치러질 텐데요. 그 선거를 지켜보고 그 이후에 생각해보겠습니다.

태영호 국무장관님께서 북한의 비핵화 가능성이 보였다고 말씀하셨는데요. 궁극적으로 충분한 인센티브만 제시한다면 북한이 핵을 포기할 거라고 생각하시는지요? 그리고 바이든 행정부에게 북한과 관련해서 주실 수 있는 조언 한마디 부탁드립니다.

폼페이오 북한과 같은 정권에 대한 경험을 돌이켜보면 어느 정도 인센티브를 준다고 해도 충분하지 않습니다. 왜냐하면 사실 북한 엘리트라면 이미 충분한 것들을 누리고 있거든요. 이와 별도로 그들이 자각을 해야 합니다. 내가 하고 있는 일, 나의 노선 자체가 위험하다는 것, 이와 같은 경제적인 제재가 계속 유지된다면 문제가 생길 것이고 거기에 대해서 자신들이 대항할 수 있는 힘이 없으며 이러한 리스크를 견뎌낼 수 없다는 것을 뼈저리게 느끼도록 해야 합니다. 그래야만 권력을 이양할 것입니다. 김 위원장 같은 사람이 권력을 이용한 사례가 여럿 있었지만 인센티브를 이용한 경우는 거의 없었습니다. 제 경험상 그와 같은 모델이 성공한 적은 없었습니다. 저는 사실 제 후임에게 공개적으로 조언하기가 조심스럽습니다. 그래도 우리가 원하는 것을 한반도에서 이루기 위해서는 부단히 노력해야 할 것입니다. 대량살상무기를 유지했을 때 얼마나 큰 대가가 따를 것인지 김정은이 스스로 알게 해야 할 것이고, 또 다른 길을 제시해줘야 합니다. 김정은도 또 다른 길을 검토하는 것 같았으나, 지금은 현재의 상황이 낫다고 최종적으로 판단을 했던 거죠.

메타버스 청중 미중 관계 속에서 한국의 입장에 대해서 궁금합니다. 문재인 대통령이 양국 사이에서 모호함을 제거하고 한미동맹을 명확하게 선택해야 한다는 의견도 있습니다. 만약 당신이 한국의 장관이라면 어떤 정책을 추구하시겠습니까?

폼페이오 이것은 미국과 중국 사이에서 선택을 하는 문제가 아니라고 생각합니다. 한국 국민들은 이미 선택을 했다고 생각합니다. 한국은 민주주의 국가인 만큼 한쪽과는 맞고 한쪽과는 안 맞는 국가입니다. 미국과 중국 사이에서 선택하는 것이 아니고 절대주의, 전체주의를 통해서 많은 국가에 영향을 미치려고 하는 국가를 선택할 것인지, 아니면 수십 년 동안 같이 발전하면서 인류에 기여해왔던 국가를 선택하실 것인지의 문제라고 생각합니다. 인간존엄과 인권의 가치를 위해 노력해왔던 국가를 선택하는 것입니다. 이제 우리 모두는 선택을 넘어 중국 공산당의 위협에 대항해야 할 것입니다. 시진핑을 통해 전 세계에 중국이 미치고 있는 이 영향에 같이 맞서야 합니다.

팬데믹 이후의
시대정신

국가는 왜 실패하는가

대런 애쓰모글루 MIT 교수 · **오세훈** 서울시장

세계지식포럼에서 진행된 대런 애쓰모글루(《국가는 왜 실패하는가》 저자) 미국 메사추세츠공대MIT 교수와 오세훈 서울시장과의 대담에서는 젊은 세대들에게 제공되는 기회에 대한 논의가 오갔다.

먼저 말문을 연 것은 오 시장이었다. 그는 한국의 젊은이들이 공공 부문에 진입하기 위해 사투를 벌이는 현실에 대해 언급했다. 오시장은 "거의 모든 젊은이들이 대학을 졸업하고 공무원 시험이나 공기업 취업을 준비한다"면서 "젊은이가 새로운 시도를 하고 본인의 능력을 최대한 발휘할 수 있게 하면서 실패하더라도 다시 일어날 수 있는 시스템을 갖춰야 하는 것 아닌가?"라고 질문했다.

이에 대해 애쓰모글루 교수는 "젊은이가 공공 부문에 들어가는 것

을 막는 방식이 아니라 민간에서 더 좋은 기회를 제공하도록 하는 것이 중요하다"면서 "한국 젊은이들은 매우 열심히 노력하는데 민간 부분에서 충분한 기회가 제공되지 않는 것이 문제"라고 말했다. 이어 "젊은이들이 역동적으로 민간 노동시장에 참여하지 않는 데는 인센 티브가 줄어든 요인도 크다"면서 "미국의 경우 1945년부터 1987년 까지 노동 수요의 증가로 실질임금이 가파르게 상승했지만 1987년 이후 실질임금 증가폭은 높지 않다"고 지적했다. 민간의 노동수요가 줄어 실질임금이 늘지 않고 이는 젊은이들이 민간 노동시장에 적극 참여하도록 하는 인센티브가 줄어들었다는 의미다.

이 같은 인센티브와 관련해 최근 한국 정치권에서 논의되고 있는 '기본소득'에 대해서도 토론이 이어졌다. 애쓰모글루 교수는 기본소 득에 대해 "공공경제학의 원칙에 어긋난다"면서 "정부 지원이 소비 증가가 필요한 사람들에게 전달돼야 한다"고 기본소득을 비판했다.

애쓰모글루 교수는 "현재 여당의 유력 대선후보가 기본소득을 들 고 나왔다. 코로나 이후의 세계에서 소득 계층과 무관하게 같은 액수 를 나눠주는 것이 해법이 될 수 있느냐"는 오 시장의 질문에 이처럼 답했다. 애쓰모글루 교수는 "미국과 유럽에서 기본소득을 주장하는 가장 흔한 이유는 자동화로 인해 일자리가 사라진다는 것"이라면서 "그러나 기본소득은 정밀하게 대상을 정한 정책이 아니다"라고 지적 했다.

이어 "중산층의 경우 기본소득을 지급하면 이를 다시 세금으로 내 게 되는데 이는 공공경제학의 원칙에 어긋나며 소비 증가가 필요한 사람에게 직접 전달될 수 있는 정책이 필요하다"며 "소득세를 통해 저소득층이 노동시장에 참여할 수 있도록 인센티브를 제공하는 것이 필요하다"고 말했다. 그는 또 "기본소득은 자동화된 세상에서 대다수 인구에게 경제적 기회를 줄 수 없다는 것을 상정하고 있다"면서 "그러나 기술과 자동화가 일자리를 없애기만 하는 것이 아니라 오히려 새로운 기회와 일자리를 창출할 수도 있다"고 말했다.

오 시장은 애쓰모글루 교수의 '기본소득 비판'을 듣고 자신이 추진하고 있는 '안심소득 정책'을 소개하기도 했다. 오 시장의 '안심소득'은 일정 소득 수준 이하의 가구에 대해 중위소득과의 차액 50%를 지급하는 방식이다. 오 시장은 "내년 1월 1일부터 안심소득 실험에 들어가 5년 뒤에는 결과를 볼 수 있을 것"이라면서 "사회안전망을 강화한 복지국가 건설을 목표로 하고 있다"고 말했다. 이에 대해 애쓰모글루 교수는 "안심소득 실험 결과가 궁금하다"면서 "노동시장 참여를 독려한다는 점에서 내가 주장하는 부의 소득세와 비슷해 주목된다"고 말했다.

애쓰모글루 교수는 오 시장과의 대담 이후 '격동의 세계 속 도전과 기회'를 주제로 진행된 강연에서 자동화의 긍정적 측면과 부정적 측면에 대해 설명했다. 그는 "한국, 독일 등 급속히 고령화가 진행된 국가들을 보면 고령화가 진행되는 과정에서도 경제성장이 급격히 둔화되지 않는다"면서 "노동력 부족을 로봇 등 자동화 기술로 상쇄하기 때문"이라고 말했다.

이어서 "고령화가 심화된 국가일수록 로봇을 더 많이 도입하고 있는 것으로 나타났다"면서 "고령화 진행 국가들이 변화에 빠르게 적응하고 있는 것"이라고 말했다. 그는 또 "자동화에 긍정적 측면만 있는 것은 아니다"면서 "자동화가 노동 수요를 줄여서 노동자의 실질임금이 감소시키고 있는데, 대부분 OECD 국가에서 이 같은 현상이 나타나고 있다"고 진단했다. 특히 "자본에 부과되는 세율이 노동자에 부과되는 세율보다 낮기 때문에 기업들이 노동자를 고용하기보다 자동화를 선호하도록 하는 유인으로 작용한다"면서 "이는 양극화를 심화시키는 원인이 되기 때문에 성찰이 필요하다"고 말했다.

올림픽과 공정의 시대정신

토마스 바흐 IOC 위원장 · **반기문** 제8대 유엔 사무총장 · **김연경** 여자배구 전 국가대표 선수

"중학생 때 늘 후보선수였기 때문에 필사적으로 살 길을 찾았고, 경기에 필요한 선수가 되기 위해 고민했다. 이런 시절이 있었기에 지금의 위치까지 오를 수 있었다."

'10억 명 중 하나의 별A one in a billion', '유일무이The one and only', '배구계의 리오넬 메시'. 2020 도쿄올림픽에서 여자 배구대표팀의 '4강 투혼'을 이끌었던 주장 김연경에게 세계 배구인들은 찬사를 쏟아냈다. 김 선수는 세계 최고의 실력을 유감없이 뽐냈을 뿐만 아니라 위기상황에서 팀원들을 북돋우며 끝내 승리하는 모습까지 이상적 리더의 전형을 보여줬다.

김연경 선수는 세계지식포럼 올림픽 기념세션 '도쿄에서 베이징, 그리고 서울' 연단에 올랐다. 그는 인터뷰, 예능 출연 등의 방송에서도 떨지 않고 당차게 임하는 모습으로도 국민으로부터 많은 사랑을 받아왔다. 하지만 국가대표를 은퇴하며 선수생활을 돌아보는 이 날 연설에서는 긴장한 모습이 역력했다.

　　떨리는 목소리로 시작한 연설의 주된 내용은 '배구 여제'로서 일궈낸 눈부신 성적들이 아닌, 벤치만 달구던 중학생 시절이었다. 김연경은 "고등학교 1학년 때까지는 배구선수로서 키가 크지 않았고 만년 후보선수였다"며 "주어진 조건에 맞게 팀에서 할 수 있는 포지션을 찾아 제대로, 확실히 해내자는 것이 목표였다"고 회상했다.

　　김연경이 후보 신세였던 중학생 시절부터 엄청난 노력을 기울였던 일화는 유명하다. 이때의 노력들이 오늘날 자신을 '완성형 선수'로 불릴 수 있게 만들었다고 그는 강조했다. 그는 "벤치에 앉아서 기회가 오기만 멍하니 있지 않았다"며 "경기를 보며 '공이 저렇게 올 때는 팔을 안쪽으로 더 뻗어야겠구나', '저런 빈틈이 생기면 공격당할 때 속수무책이겠구나' 하며 끊임없이 분석과 이미지 트레이닝을 했다"고 말했다.

　　그는 "덕분에 누구보다 경기를 잘 읽는 눈을 갖게 됐다"며 "왜소한 선수로서 수비능력을 키운 것도 지금 수비력을 갖춘 공격수가 되는 데 큰 힘이 됐다"고 전했다. 그는 "만약 어려서부터 키가 크고 공격수로만 기용됐다면 수비력은 형편없는 반쪽자리 선수가 됐을지도 모를 일"이라고 덧붙였다.

도쿄올림픽 때의 활약에 대해서도 비록 메달을 획득하지 못했지만, 자신과 팀원들의 투지 덕분에 국민적 관심을 받은 것 같다고 회상했다. 그는 "국민 여러분도 결과보다는 과정에 더 큰 감동을 느꼈기 때문인 것 같다"며 "어떻게 해서든 공을 받아내려는 몸짓, 공을 따라가는 간절한 눈빛, 득점에 성공했을 때나 실수했을 때나 변함없이 서로 격려하고 감싸주는 동료애가 기쁨과 감동이 된 것 아닐까"라고 했다. 김연경은 "요즘 청년들이 가장 바라는 것이 '공정과 정의'라고 하는데 목표를 향해 최선을 다해 정정당당하게 겨루고, 결과에 승복하는 스포츠맨십이 바로 공정과 정의"라고 설명했다.

도미니카공화국과의 조별 예선에서 "해보자, 해보자. 후회하지 말고!"라 외치며 팀원들을 독려하고 결국 역전해낸 장면은 2020 도쿄올림픽 최고의 명장면으로 꼽힌다. 당시 상황에 대해 그는 "그렇게 이슈가 될 줄 몰랐다. 경기에 집중하다 보니 나온 말"이라며 "요즘 (어려운) 상황에 맞는 말이어서 관심을 가져주신 것 같다. 당시에는 후회하고 싶지 않다는 생각뿐이었다"고 회상했다.

김연경은 또 "비록 국가대표를 은퇴하지만 여전히 현역 배구선수"라며 "몸관리를 잘해서 선수생활을 이어가고, 국민들의 배구에 대한 사랑이 이어질 수 있도록 여러 가지 역할을 하고 싶다"며 연설을 마무리했다.

대담에 나선 토마스 바흐 국제올림픽위원회IOC 위원장과 반기문 전 UN 사무총장도 스포츠를 통해 세계가 단합·결속할 수 있었다고 강조했다. 바흐 위원장은 도쿄올림픽 당시 한국 여자배구대표팀의 활약에 대해 "김연경과 팀원들의 열정과 투지가 느껴졌다. 스포츠적인 요소를 넘어 김연경의 카리스마가 아주 인상깊었다"고 했다. 그는 한국 양국대표팀에 대해서도 "한국 양궁처럼 전통적으로 강세를 보이는 종목의 선수들은 오히려 강한 중압감으로 실패하는 경우가 많다. 그런데 한국 양궁선수들은 높은 집중력과 훌륭한 실력으로 많은 메달을 따낼 수 있었다"고 했다.

바흐 위원장은 코로나19 팬데믹 위기 속에 치러진 도쿄올림픽이 전 세계의 결속과 희망에 큰 기여를 했다고 평가했다. 그는 "도쿄올림픽은 코로나19가 창궐한 후 처음으로 전 세계가 함께한 행사"라며 "이런 위기 속에서도 올림픽이 개최된 것은 희망의 신호를 줄 수 있고, 개최를 위해 수많은 국가들이 함께 노력하면서 세계의 결속력이 강화됐다"고 말했다.

그는 특히 올림픽 참가자들이 적극적으로 백신접종에 나선 것이 전 세계 백신접종률을 높이는 데 일조했다고 주장했다. 바흐 위원장은 "지난해 8월부터 1년 가까이 IOC 회원국들에게 참가자들이 백신을 맞고 올 수 있게 해달라고 독려해왔다"며 "결국 참가자의 85% 이상이 코로나19 백신을 접종한 상태에서 올림픽이 치러졌고, 이는 전 세계에 큰 메시지가 됐다"고 말했다.

G2 갈등의
새로운 국면

투키디데스 함정에 빠진 G2

그레이엄 앨리슨 하버드대 케네디스쿨 석좌교수 · **자칭궈** 베이징대 국제관계학원 교수

"지금 미·중 갈등은 역사상 가장 위험한 구조로 가고 있다." – 그레이엄 앨리슨

"'투키디데스 함정' 논리로 중국을 몰아세우지 마라." – 자칭궈

세계 최고 패권국인 미국과 신흥 패권국으로 부상한 중국은 과연 전쟁 상황까지 치닫게 되는 것일까. 국제사회가 가장 두려워하는 이 위험천만한 시나리오에 두 석학이 창과 방패로 설전을 벌였다. 바로 그레이엄 앨리슨 미국 하버드대 케네디스쿨 석좌교수와 자칭궈 베이징대 국제관계학원 교수다.

이들은 제22회 세계지식포럼 '투키디데스의 함정에 빠진 국제정세: G2 갈등과 해법' 세션에서 "당신의 의견에 동의할 수 없다"고 연

방 서로의 논리를 배척하며 맞붙었다. 앨리슨 교수는 아테네와 스파르타 간 전쟁을 토대로 두 패권국 간 전쟁 발발의 위험성을 경고한 '투키디데스 함정' 개념으로 유명한 미국 최고의 정치학자다. 자칭궈 교수 역시 전국인민정치협상회의(정협) 상임위원회 위원 등 정부 고위직을 거친 중국의 핵심 외교 석학이다.

자국 정부를 상대로 내밀하게 외교안보 자문 활동을 하고 있는 두 원로 학자는 서로를 '오랜 친구'라고 소개했지만 토론이 시작되자마자 미중이 과연 투키디데스의 함정에 빠졌는지를 두고 치열한 기싸움을 전개했다. 앨리슨 교수는 중국이 노골적으로 미국을 넘어서는 세계 최대 패권국가를 지향하고 있다며 현재의 미중 갈등은 역사상 어느 곳에서도 찾아볼 수 없는 가장 위험한 단계라고 진단했다. 그는 "작은 불씨도 대형 화재로 번지게 되고 세계가 그 소용돌이에 빠지는 것을 우리는 역사적으로 경험했다. 지금 미중 관계는 특히 대만 이슈에서 양국이 전쟁을 감내할 수 있을 만큼 위험한 대치 상황"이라고 지적했다. 그러면서 "(그리스 역사학자였던) 투키디데스가 다시 살아나 지금의 미중 상황을 본다면 역사적으로 가장 큰 충돌이 일어날 수 있음을 염려할 것"이라고 주장했다.

그의 주장에 자칭궈 교수는 "미국이 주장하는 투키디데스 개념은 중국을 국제사회에서 밀어내고 미국 중심의 세력을 공고히 하려는 프로세스"라고 일축했다. 또한 미국이 중국을 배척하는 새로운 국제질서와 관련해 "인도와 이스라엘은 핵을 보유할 수 있는데 중국을 상대로는 어떻게든 중국 지분을 축소시키려 한다"며 "왜 이런 질서 유지에 중국이 미국을 도와줘야 하는 것이냐"고 반문했다.

그의 공격적 답변을 듣고 있던 앨리슨 교수는 자칭궈 교수를 향해 "중국을 더 크고 부유하게 만드는 굴기 정책은 중국이 스스로 만든 것 아니냐"고 반문하며 "미국이 냉전 이후 영국을 밀어내고 세계 최대 패권국이 된 것처럼 중국도 똑같이 최고의 패권국으로 가고 있는 것"이라고 꼬집었다. 이들은 최악의 갈등 국면을 탈출할 해법으로 '진정성 있는 소통'이 필요하다는 대목에서는 의견일치를 보는 듯했다. 그러나 이마저도 북한의 비핵화 문제를 둘러싼 접근법을 토론하는 과정에서 더 거친 설전이 전개됐다.

앨리슨 교수는 "조 바이든 대통령이 대만을 지지하느냐 여부로도 양국 관계는 전쟁으로 가는 서막이 될 수 있다"며 "양국이 북핵과 기후변화 등 상호협력 이슈에서 접점을 넓혀 긴장을 완화하는 게 무척 중요하다"고 강조했다. 그러자 자칭궈 교수는 "북핵 문제만 해도 미국은 중국을 무시하고 독자적으로 문제를 해결하려 한다"며 "이는 환상에 불구하다. 중국 지지 없이 일본과 한국만 끌어들여서는 (북핵 이슈에서) 한발짝도 앞으로 나아갈 수 없다"고 비판했다. 심지어 그는 "(중국 없이 북핵 문제가 진전될 수 없음을) 한국 정부도 잘 알고 있을 것"이라고 목소리를 높였다. 아울러 그는 앨리슨 교수를 향해 "북핵 문제의 핵심은 주요 국가들이 북한과 대화해야 한다는 것"이라며 "(러시아와 중국이 참여하는) 6자 회담 구조를 되살리는 게 대북 문제의 실용적 접근"이라고 항변했다.

미 바이든 행정부의 외교색채: 워싱턴의 관점

에드윈 퓰너 헤리티지재단 창립자 · **제임스 캐러파노** 헤리티지재단 부회장

／

아프가니스탄 완전 철수 과정에서 치밀하지 못한 작전 전개로 정치적 위기를 맞은 조 바이든 미국 대통령, 그는 철군 완료 후 2021년 9월 느닷없이 시진핑 중국 국가주석과 전화통화를 했다. 통화 후 백악관 성명에는 빠졌는데, 중국 측 발표에서 "바이든 대통령이 '하나의 중국' 원칙을 지지한다는 점을 이번 정상 통화에서 밝혔다"는 소식이 터져나왔다. 취임 후 트럼프 행정부 못지않게 중국을 한껏 압박해온 바이든 행정부는 왜 이런 유화적 입장을 중국에 전달했을까.

제22회 세계지식포럼에서는 백악관 내부 분위기를 내밀하게 읽어낼 수 있는 기회가 마련됐다. 에드윈 퓰너 헤리티지재단 창립자(아시아연구센터 회장), 제임스 캐러파노 헤리티지재단 부회장이 서울로 출동해 '워싱턴에서 보는 관점' 세션에서 미국 현지에 있는 라인스 프리버스 전 백악관 비서실장과 화상으로 대담을 나눈 것. 보수 성향의 싱크탱크임에도 퓰너 회장과 캐러파노 부회장은 당시 바이든-시진핑 정상 통화에 대해 한 마디로 "두 명의 적과 싸우면 함정에 빠지기 때문"이라고 설명했다. 아프간 사태라는 거대한 이슈에 대응하는 데 집중하기 위해 바이든 행정부가 중국을 상대로 당분간 대만 이슈로 자극할 의사가 없음을 전달했다는 분석이었다.

이들은 아프간 상황관리 실패로 바이든 행정부에 초래된 정치적 위기에 대해 "공화당과 허니문 기간은 끝났다. 지금 미국인들은 차라

리 '혼돈의 트럼프'가 더 나았다는 인식을 하기 시작했다"고 진단했다. 캐러파노 부회장은 이를 좋은 소식과 나쁜 소식으로 구분해 설명했다. 바이든 행정부에 나쁜 소식은 아프간 사태가 바이든 행정부를 상대로 운신의 폭을 크게 좁혀놓을 것이라는 점이다. 그는 "트럼프의 경우 안보 관점에서 모험을 추구하지 않으면서도 힘을 통한 평화 원칙으로 초당적 신뢰를 얻었다"라며 "바이든 행정부는 오랜 기간 외교정책을 경험한 훌륭한 정책팀을 가지고 있으면서도 이런 설득과 신뢰에 실패했다"고 평가했다. 역으로 운신의 폭이 줄어든 바이든 행정부의 딜레마는 한국 등 동맹국들에 좋은 소식이라고 진단했다. 그는 "중국 등 경쟁국을 상대로 동맹국들의 지지와 협력을 최대한 끌어와야 하는 상황이라서 한국, 대만, 일본, 호주 등이 바이든 행정부를 상대로 더 많은 지원을 요구할 협상력이 커졌다"고 귀띔했다.

트럼프 참모였던 프리버스 전 비서실장은 아프간 사태가 정책 실패 이상의 의미라고 조망했다. 그는 "코로나 사태, 국경 문제에 이어 외교에서도 바이든 행정부에 '정치적 폭탄'이 떨어진 것"이라며 심지어 대중 외교정책에서는 바이든 대통령이 본인의 색채 없이 '트럼프 따라가기'를 이어가고 있다고 아쉬워했다. 프리버스 전 비서실장은 이 같은 실패의 연속이 당장 내년 미국 의회 선거에서 민주당이 하원 다수당 지위를 잃는 결과로 이어질 수 있다고 경고했다.

그의 지적에 대해 에드윈 퓰너 헤리티지재단 회장은 "이 세상에 영원한 승리도, 패배도 없다"라며 "아프간 철군은 외교정책의 패배가 분명하지만 그렇다고 영원한 패배는 아닐 것"이라고 선을 그었다. 퓰너 회장은 바이든 대통령의 진짜 위기에 대해 오히려 "민주당의 극단적 좌파 목소리에 사로잡혀 있는 것"이라고 지목했다. 버니 샌더스, 엘리자베스 워런 의원 등 진보적 정치인들이 "요람에서 무덤까지 아낌없이 복지혜택을 주겠다"며 내놓은 정책들을 바이든 대통령이 걸러내지 못하고 있다는 것. 이에 대한 국민적 불안감이 커질수록 바이든 행정부에 대한 신뢰가 약화될 수 있다는 게 그의 묵직한 경고다.

이에 대해 캐러파노 부회장은 특히 안보의 영역에서 "미국은 근본적으로 안정적인 지위를 가지고 있었는데, (아프간 사태 등으로) 미국민들은 이 지위가 불안해졌다고 생각한다"고 꼬집었다. 그는 "바이든 행정부가 중국을 상대로 전략적 모호성과 유사한 태도를 보이고 있는데, 이는 큰 실수"라며 "경쟁국 간 경합에서 어느 한쪽이 중립적 태도를 견지한다는 건 그 나라가 더 많은 압박을 받게 된다는 것"이라고 목소리를 높였다.

글로벌 리더십은 아직 미국에 있는가

칼 빌트 제30대 스웨덴 총리 · **에스코 아호** 제37대 핀란드 총리 · **존 아이켄베리** 프린스턴대 석좌교수

/

조 바이든 대통령 취임 이후, 미국의 글로벌 리더십 회복과 관련해서는 외교 전문가들의 시각이 엇갈렸다. 미국은 과연 민주주의라는 가치를 중심으로 동맹국을 한데 모아 과거의 영광을 재현할 수

있을까.

'바이든 행정부의 글로벌 리더십 회복에 대한 평가' 강연에 참석한 칼 빌트 전 스웨덴 총리 겸 유럽외교협회 공동의장은 "바이든 대통령 당선이 미국의 리더십 회복으로 이어질지 확신할 수 없다. 지정학적 문제, 중국의 부상, 지구온난화, 코로나19 등 각종 난제들이 쌓여 있다. 그만큼 세계가 과거로 돌아갈 수 없을 만큼 바뀌었고, 미국의 국내 정치도 많은 변화를 겪고 있다"고 말했다.

그러면서 그는 "바이든 행정부와 트럼프 행정부, 오바마 행정부 시절의 국제정치 관련 분야에서 풍기는 뉘앙스를 분석해봤다. 오바마 행정부는 국제질서 회복 및 주도에 낙관적이었다. 하지만 바이든은 그 수준이 아니다. 오히려 오바마보다는 트럼프에 가깝다. 예를 들면 무역제재 등과 관련해 관세 부과 등의 내용을 보면 알 수 있다"고 분석했다. 그러면서 그는 "오바마 시절로 돌아가진 않을 것으로 본다"고 전망했다. 그는 또 "바이든 행정부의 문서를 보면 러시아와 중국을 확연히 구분한다. 러시아에 대해 파괴적인 강국이 맞다고 생각하면서도, 중국에 대해서는 그 이상이라고 표현하고 있다. 그러면서 중국은 지속적으로 국제질서에 도전이 될 것이라고 했다"고 밝혔다.

반면 에스코 아호 전 핀란드 총리는 "미국은 국제질서·열린시장·안보체계를 구축하면서 이를 통해 국내 정치적으로도 성공한 국가"라며 "과거에도 소련과 일본 등의 도전이 있었다. 이번에도 중국과의 경쟁에서 미국의 역량을 발전시킬 수 있다"고 평가했다. 그는 "내가 생각하는 올바른 질문은 '미국은 언제까지 현재 위치에 머물러 있을 것이냐'다. 트럼프 행정부 이전까지 미국은 마지막 희망을 보여준 국가였다. 특히 미국은 소프트파워 분야에서의 리더였다. 민주주의의 모범 사례이기도 했고, 개인의 자유와 도덕적 가치의 수호자였다"고 평가했다. 그러면서 그는 "이제는 큰 정부가 아니라 작지만 똑똑한 정부가 돼야 한다"고 조언했다.

패널리스트로 참여한 이숙종 성균관대 국정관리대학원 교수는 "미국이 다자주의로 돌아온 것은 사실이다. 바이든 행정부는 미국 내 민주주의와 전 세계 질서가 연결되어 있다고 보는 것 같다. 민주주의를 통해 글로벌 문제를 훨씬 잘 해결할 수 있다는 측면에서 접근하는 것 같다. 하지만 미국이 글로벌 리더십을 다시 잡을 수 있는지 여부는 완전히 다른 이야기다. 미국이 보유했던 패권이 지난 20년간 약화됐기 때문이다. 중국의 부상이 원인이다. 결국 미국의 동맹국들이 미국이 다시 글로벌 리더십을 얻을 수 있도록 도움을 줘야 할 것이다. 미국도 아시아와 유럽 동맹국 자원을 활용하고 가동해야 한다. 현재 미국은 분열돼 있다. 그렇기 때문에 미국이 다자주의로 돌아와도 글로벌 리더십은 제한적으로 이뤄질 것"이라고 주장했다.

존 아이켄베리 프린스턴대 교수는 "바이든 행정부는 트럼프 행정부 이전까지 75년간 해왔던 역할을 복구하고자 한다. 미국의 국제정치학자들은 '지금은 미국의 무엇인가를 끝낼 시점이 아닌, 열린 국제질서를 구축할 시점'이라고 조언한다. 열린사회가 국경을 초월해 가치관과 원칙을 국제체제에서 소화할 수 있는 게 중요하다. 협력을 촉진하는 것도 필수다. 결국 이해관계에 기반한 상호협력이 중요하다. G7뿐만 아니라 다양한 민주주의 국가들을 참여시켜야 한다. 한국도 마찬가지"라고 말했다. 그러면서 그는 "과거 75년을 돌아보면, 사회 정의 차원에서 완벽하진 않지만, 부를 창출하고 공급해왔다. 실패와 좌절도 있었지만, 명확히 현대 사회에서 많은 국가들이 따르고자 하는 방향을 제시하는 역할을 미국이 해왔다"고 덧붙였다.

미중 패권전쟁, 지정학적 현실과 경제적 현실

샹빙 장강경영대학원 총장

"지금과 같은 부(富)의 불균형이 계속되면 전 세계적으로 사회주의 가 다시 득세할 수 있다. 각국 정부가 엄청난 권한을 갖고 사회자원 을 배분하려는 시도도 증가할 것이다."

전 세계 부의 불균형이 정점에 달하면서 세계 각국에서 계층 이 동의 사다리가 무너지고, 국가 간 소득 불균형도 심화되고 있다는 지 적이 나오고 있다. 코로나19 팬데믹과 기술 혁신이 인류에게 심각한 소득불균형을 만들어내는 상황에서 새로운 경제모델 발굴을 위해 인류 공동의 지혜를 모아야 한다는 주장이 제기되는 상황이다.

제22회 세계지식포럼 '제2의 한중 경제교류, 어떻게 준비할 것인 가' 세션에서 샹빙 장강경영대학원CKGSB 총장은 "유례없는 부의 창 출과 경제성장을 가져온 신자유주의가 미중 양국을 포함한 세계 각국에 불평등을 낳고 있다"며 "경제적 불평등은 결국 보호무역주의와 일방적인 포퓰리즘으로 귀결되고 있다"고 지적했다.

샹 총장은 2002년 장강경영대학원 설립 때부터 총장을 맡고 있다. 중국 비즈니스 혁신, 중국 기업의 세계화 및 중국 개혁의 세계적 영향에 관한 대표적인 권위자다. 베이징대 광화관리학원(경영대학), 상하이 중국유럽국제경영대학원CEIBS, 홍콩과기대HKUST 교수로 재직하며 '중국 CEO들의 스승'으로 불렸다. CKGSB는 홍콩 청쿵그룹 리카싱 재단 후원으로 세워진 중국 최초의 비영리 사립 경영대학원으로 마윈 알리바바 회장, 리둥성 TCL 그룹 회장 등을 동문으로 두고 있다.

이번 세션에서 샹 총장은 향후 기술 혁신이 더 큰 소득 불평등을 만들어낼 수 있다고 진단했다. 그는 "인공지능과 로봇 등 4차 산업혁명으로 우리가 현재 갖고 있는 양질의 일자리들이 대거 없어질지도 모른다"며 "이미 기술적 변혁으로 인해 심각한 소득 불균형이 만들어졌고, 향후 악화될 가능성이 크다"고 진단했다.

샹 총장은 부의 불평등을 해결하기 위해 새로운 경제모델 창출을 주문했다. 유럽식 사회민주주의는 경제 역동성과 기업의 파괴적인 혁신을 도출해내지 못하고 있고, 놀라운 경제성장을 만들어냈던 신자유주의는 심각한 경제적 불평등을 만들어내며 힘을 다했다는 이유에서다.

그는 "신자유주의를 선택한 중국은 8억 명이 넘는 사람들이 빈곤에서 벗어났고, 미국도 놀라운 경제성장을 이뤘다"면서도 "하지만 현재 양국은 계층 사다리가 끊겼고, 신자유주의 시대는 사실상 종말을 맞았다. 신자유주의 이후 새 경제모델을 찾기 위해 양국의 협업이 필요하고, 글로벌 거버넌스를 재가동할 필요가 있다"고 제언했다.

별도로 진행된 세계지식포럼 특별 취재팀과의 인터뷰에서는 샹 총장은 2022년 한중 수교 30주년을 맞아 양국 관계가 나아가야 할 방향을 제시하기도 했다. 세계 다자주의 구도를 지켜나가면서 양국의 협업 관계를 이어가야 한다는 구상이다.

샹 총장은 "한국과 중국의 관계는 중국과 미국의 영향을 많이 받고 있고, 중국은 미국과 좋은 관계를 맺고 싶어한다"며 "중국과 미국은 글로벌 거버넌스가 작동하기 위해 협력할 필요가 있고, 한중 양국의 관계도 양자택일의 문제가 아니라 글로벌 협업, 파트너십이라는 틀 내에서 풀어가야 한다"고 말했다.

샹 총장은 세계에서 가장 큰 소비시장이 된 중국을 한국 기업들이 적극 공략할 필요가 있다는 조언을 내놓기도 했다. 그는 "한국은 중국의 거대한 소비시장을 이용할 수 있는 최적의 위치에 있다"며 "중국은 30개 부문에서 규제를 철폐하려는 계획을 세우고 있고, 중국의 낙후된 의료 시스템과 고령화는 한국에게 좋은 기회가 될 수 있다"고 말했다. 이어 샹 총장은 "한국은 같은 유교 문화권 안에 있기 때문에 유럽이나 미국이 가질 수 없는 큰 이점을 지니고 있다"며 "한국의 많은 학생들은 이 같은 기회를 보고 중국 대학을 찾고 있는 것으로 안다"고 덧붙였다.

그는 미국과 중국의 패권전쟁이 실제보다 과대포장돼 있다는 평가를 내놓기도 했다. 샹 총장은 "지정학적 현실과 경제적 현실은 다르다"며 "실제 중국의 대미 수출은 무역전쟁 중에 더 증가했고, 시장 참여자들은 한 나라가 무너지면 다른 나라에 영향을 미친다는 것을 너무 잘 알고 있기 때문에 평화롭게 일하길 희망한다"고 지적했다. 이어 그는 "향후 5~10년 동안 미국과 중국 간 결별(디커플링) 구도가 계속될 수 있지만, 결국에는 조정될 가능성이 크다"며 "미국은 더 책임감 있고, 글로벌 마인드가 있고, 다자주의적인 지도자가 될 필요가 있다"고 말했다.

바이든 시대의 미중 통상분쟁

제프리 숏 PIIE 선임연구원 · **투 쉰취안** 베이징 대외경제무역대학 교수

"미국의 중국에 대한 첨단기술 제재 기조는 앞으로도 계속될 것이다. 미국과 중국 이외에 아시아와 유럽 국가들도 타격을 받을 수밖에 없다. 글로벌 공급망 충격에 미리 대비해야 한다."

'바이든 시대의 미·중 통상분쟁: 미국 중심의 공급망 구축 정책과 중국의 신 기술 분야 육성' 세션에서 전문가들은 미중 갈등 양상 기조가 지속될 것이라고 내다봤다. 특히 미국과 중국이 자국 내에서 시설과 연구를 확대하는 방식으로 인센티브를 제공하면서 다국적 차원에서의 노력이 부족해질 것이라고 전망했다.

제프리 숏 피터슨 국제경제연구소PIIE 선임연구원은 "미국은 반도체, 첨단배터리, 의약품, 희토광물 등 4대 부문에서 글로벌 공급망에

어려움이 있다는 것을 파악했고, 연구 조사를 실시했다"면서 "미국 공급망 행정명령이 이뤄졌다"고 말했다. 이 같은 행정명령은 결국 트럼프 정부 때처럼 필수 공급망을 미국으로 다시 가지고 오려는 노력이다. 그는 "미국 내에서 생산과 제조가 이뤄지도록 하기 위함"이라고 설명했다.

특히 반도체 부문에서 미국의 반도체 업체나 장비업체 등 제조시설에 인센티브가 제공되는 것과 맞물려 대중정책이 이뤄질 것이라고 내다봤다. 숏 선임연구원은 "미국의 반도체 관련 시설에 인센티브가 오는 2026년까지 제공되는 것은 곧 중국에 대한 첨단기술 수출 통제가 지속될 것이라는 의미"라며 "첨단기술 연구 및 개발과 관련해 미국이 다시 마이크로전자 부문에 뛰어들어 게임을 진행해보겠다는 의지"라고 강조했다.

이처럼 미국은 바이든 정부 이후 반도체와 전기차 배터리 공급망을 미국 중심으로 재구축하려는 정책을 펴고 있다. 최근에는 한국과 대만의 기업들이 미국으로부터 세제 및 재정적 인센티브를 받아 미국 내 반도체와 배터리 생산 시설을 건설한다는 결정도 내렸다.

미국에 대적하듯 중국도 지난 3월 북경에서 개최된 양회에서 첨단기술 분야에 대한 대규모 투자계획을 발표하면서 첨단기술 분야에서 미국과 중국의 패권 다툼이 격화되고 있는 상황이다. 중국은 14조 달러에 달하는 금액을 향후 5년(2021~2025)동안 자국 제조업 부흥을 위해 쓰기로 했다.

투 쉰취안 베이징 대외경제무역대학 교수(WTO 연구센터장)는 세션에서 "중국이 여전히 개발에 초점을 맞춘다는 것이 사실상 보호주의 무역의 일환"이라면서도 반도체 개발에 14조 달러를 쓰기로 한 것은 큰 금액이 아니라고 설명했다. 투 교수는 "미국 반도체산업협회는 향후 10년 동안 글로벌 반도체 업계에서 30조 달러의 연구개발과 시설투자를 진행해야 수요를 충족할 수 있다고 보고 있다"며 "한국에서도 4,500억 달러를 투자하겠다고 했다. 5년간 14조 달러를 투입하겠다는 중국의 계획은 충분하지 않은 금액"이라고 지적했다.

이 같은 미중갈등으로 촉진된 자국 중심 정책은 글로벌 경제시스템을 파편화시키는 문제점을 안고 있다고 했다. 안덕근 서울대 교수는 "굉장히 큰 경제전쟁에서 살아남기 위한 생존전략을 나라들마다 취하면서 탈동조화 현상이 강해지는 한편, 혁신의 에코시스템이 사라지고 있다"고 운을 뗐다. 그는 이어 "단순히 미중이 서로 자신의 길을 가는 문제가 아니라 글로벌 경제시스템이 지역별, 블럭별로 파편화하는 심각한 문제가 있다"고 강조했다.

한국의 삼성과 LG, SK 등 회사들도 생존을 위해 과잉투자를 하게 되는 결과를 만들었다고 했다. 안 교수는 "한국의 다국적기업은 여러 지역의 에코시스템에 의존하고 투자받아야 하는데, 이런 상황에서 생존하기 위해서 미국과 유럽, 한국 등 각각의 시장에 투자해야 했다"며 "대규모 과잉투자에 따른 치킨게임의 결과는 퇴출일 것"이라고 내다봤다.

반면 글로벌 공급망이 사실은 큰 영향을 받지 않았다는 분석도 나왔다. 세바스티앙 미루도 경제협력개발기구 농업통상부 선임무역정책분석관은 "미중 갈등으로 인해 타격을 받은 구체적인 분야와 제품이 있지만, 공급망 자체가 완벽히 변했다고 할 수는 없다"면서 "정부 정책의 영향을 줄이기 위해 공급업체의 위치를 바꾸는 등의 정부의 리쇼어링 전략이 과연 효과가 있었는지 살펴봐야 한다"고 꼬집었다.

동북아의 정치 역학

아프간 사태 이후의 한미동맹

에드윈 풀너 헤리티지재단 창립자 · **최중경** 한미협회장

미국의 대표적 보수진영의 싱크탱크 헤리티지재단과 1963년 설립 이래 한미 양국의 우호 친선을 도모해온 한미협회가 세계지식포럼에서 세계 지정학적 위기와 한미동맹의 길을 두고 머리를 맞댔다. 두 기관은 아프가니스탄 철수와 미중 갈등, 양국의 정치 지형 변화에도 불구하고 자유와 민주주의를 양축으로 하는 한미 간 '가치동맹'을 견고하게 유지해야 한다는 데 뜻을 모았다.

최중경 한미협회장은 세계지식포럼에서 미국 정가의 대표 지한파 인사로 손꼽히는 에드윈 풀너 헤리티지재단 창립자를 만났다. 최 회장은 2012년부터 3년간 헤리티지재단 방문연구원으로 활동했고, 지난 2019년 제20회 세계지식포럼에서도 풀너 창립자를 만나 북한의

비핵화와 한미동맹 등을 주제로 대담한 바 있다.

이번 대담에서는 미국의 아프가니스탄 철수가 화두로 떠올랐다. 2021년 4월 조 바이든 미국 대통령은 미국의 가장 긴 전쟁을 끝내야 할 시간이라며, 2001년 9·11테러 이후 20년 동안 아프가니스탄에 주둔해왔던 미군을 철군시킬 계획을 발표했다. 같은 해 8월 30일 아프가니스탄에서 미군 철수와 일반인 대피를 위한 마지막 비행기가 아프가니스탄 카불공항에서 이륙함으로써 미국 국방부는 아프간 철수의 완료를 공식 선언했다.

9·11테러를 일으킨 알카에다를 비호한 탈레반 집권 세력에 대한 공격으로 시작된 아프간전쟁은 2조 달러라는 막대한 규모의 비용을 지불하고 20년 만에 종료됐지만 만만찮은 후폭풍을 낳았다. 20년 동안 미국의 영향력하에 있었던 아프가니스탄은 미군 철수 직후 탈레반 세력이 다시 권력을 쟁취해 엄청난 혼란에 빠져들었다.

아프간을 둘러싼 지정학적 변화도 감지된다. 중국은 미군 철군을 계기로 아프간에서의 경제재건 참여 의사를 밝히면서 탈레반과 밀착하고 있다. 러시아는 아프간 국경 지역의 경계를 강화하면서 중재자 역할을 모색하고 있다. 유럽뿐만 아니라 터키, 이란, 파키스탄, 우즈베키스탄 등도 아프간 정세를 예의주시하고 있다. 아프간 사태를 계기로 미국의 동맹관계에 균열이 발생할 것이라는 우려도 나온다.

이번 대담에서도 아프간 사태로 이후 한미동맹의 방향에 대한 진단이 이뤄졌다. 최 회장은 "아프가니스탄 사태가 한미동맹에 어떤 영향을 끼칠지 우려스럽다"고 지적했다. 이에 대해 퓰너 창립자는 "이제 미국은 아프가니스탄 지평선 너머에서 일어나는 일에 대해 파악할 수 있는 능력이 사라졌고, 이는 많은 비용을 초래한다"며 "이는 바이든 대통령이 스스로 자초한 문제"라고 평가했다. 이어 "미국은 세계 각지에서 무슨 일이 일어나고 있는지 파악하기 위해 동맹국에 더 의존할 수밖에 없다"며 "미국 입장에서는 한국이 전략적 동맹국으로서 더욱 더 소중해진 상황"이라고 덧붙였다.

아프가니스탄 사태를 계기로 제기되는 주한미군 철수 가능성에 대한 논의도 이뤄졌다. 퓰너 창립자는 "아프가니스탄 철수가 미국 내에서도 많은 비난을 받고 있기 때문에 다른 국가에서 같은 사태가 다시 일어날 확률은 희박하다"며 "미국과 한국은 형제이고, 미군이 한국에 있는 것은 아프가니스탄과 달리, 확실한 목적이 있기 때문에 걱정할 필요가 없다"고 선을 그었다.

미국과 중국이 세계 패권을 두고 각축전을 벌이고 있는 상황에서 한국 외교정책의 방향에 대한 조언도 나왔다. 중국 외교가에서는 미국을 믿었던 아프간처럼 미국 동맹국들도 같은 처지가 될 것이라는 지적도 나오는 상황이다. 최 회장은 "한국의 외교가 친중 행보를 이어가는 것에 대한 비판 여론도 있다"며 "한국은 내년 대선을 앞두고 있는 만큼 외교 정책의 방향도 큰 변화가 예상된다"고 지적했다.

퓰너 창립자는 "중국은 민주주의를 추구하지 않고, 인권도 챙기지 않았다"며 "중국이 세계 어느 지역에서 힘을 넓힐 때 긍정적인 결과를 불러일으킨 적이 없다"고 평가했다. 이어 그는 "올해 연말 헤리티지재단에서는 8개의 카테고리로 중국의 트렌드와 관심사 등을 분석하는 보고서를 준비 중이고, 중국이 무슨 일을 벌이고 있는지 보여줄 계획"이라며 "미국은 언제나 자발적으로 함께 일할 사람들을 찾고 있고, 서울과 워싱턴은 더 가까워져야 한다"고 강조했다.

바이든 정부의 한반도 정책

앤드루 김 전 CIA 코리아미션센터장 · **고유환** 통일연구원 원장 · **제임스 캐러파노** 헤리티지재단 부회장

북한이 미국 정권 초기에 북미 협상을 시작해야 한다는 입장을 갖고 있는 만큼 조 바이든 미국 행정부가 대북 정책에 지금부터 명확한 타임라인을 제시해야 한다는 지적이 나왔다. 세계지식포럼 '바이든 정부의 대외정책과 한반도' 세션에 참가한 앤드루 김 전 미국중앙정보국CIA 코리아미션센터장은 "미국 대통령의 임기는 4년이어서 이제 시작이고 한국 문재인 대통령은 임기가 많이 남지 않았는데 김정은 북한 국무위원장은 임기가 없다"면서 "세 국가의 타임라인이 다르기 때문에 셈법이 다를 수밖에 없다"고 말했다. 이어 "비핵화에 대해 이야기하고 어떤 단계 밟아서 비핵화를 할지 논의하려면 시간이 걸린다"면서 "협상을 북한과 행정부 초기에 시작하면 남은 기간이 4년이기 때문에 긍정적인 결과를 예상할 수 있다"고 말했다.

앤드루 김 전 센터장은 지난 2000년 매들린 올브라이트 전 미국 국무부 장관의 방북 사례를 들며 북한이 왜 미국 정권 초기에 대화를 시작하려고 하는지를 설명했다. 김 전 센터장은 "2000년 올브라

이트 전 장관이 북한을 방문했고 이어 빌 클린턴 전 대통령이 북한을 방문하려 했다"면서 "당시 제가 평양의 미국 대사관에 파견 나가기 위해 현지 조사를 하면서 북한이 북미관계 증진을 위해 상당한 노력을 한다는 것을 느꼈다"고 말했다. 이어 "그러나 조지 부시 전 대통령이 당선되면서 클린턴 전 대통령의 방북은 없던 일이 됐다"면서 "이때 북한은 미국 정부와 정권 말에 협상하면 어떤 식으로 끝날지 알 수 없다는 교훈을 얻었다"고 말했다. 이어 "이 때문에 북한은 미국 정권 초기에 대화를 나누고 싶어한다"면서 "조 바이든 대통령이 대북 정책의 로드맵을 제시하지 않고 있는데 미국이 계속 이렇게 나오면 관계 진전이 더뎌질 것"이라고 말했다.

미국의 대북 정책이 '선 비핵화 후 평화체제' 노선에서 북한의 핵 능력을 인정하고 이를 감축하는 방식으로 전환될 수 있다는 진단도 나왔다. 고유환 통일연구원 원장은 "바이든 행정부의 대북정책은 버락 오바마 전 대통령의 전략적 인내도 아니고 도널드 트럼프식 그랜드 바겐도 아니다"면서 "다만 바이든 대통령이 선거운동 과정에서 북한이 핵능력 감축에 동의한다면 정상회담도 할 수 있다고 한 것에 주목해야 한다"고 말했다.

이어 "기존의 '완전하고 검증가능하며 되돌릴 수 없는 방식CVID'을 핵군축 방식으로 변화시킬지는 명확하지 않다"면서도 "그런 방식을 어느 정도 염두에 둔 것 아닌가 하고 기대를 걸고 지켜볼 필요가 있다"고 말했다.

제임스 캐러파노 미국 헤리티지재단 부회장은 정당과 관계없이 미국 정부를 관통하는 연속성과 북미 대화를 위한 인센티브의 중요성을 강조했다. 캐러파노 부회장은 "러시아와 중국은 경쟁과 협력이 필요한 대상이며 북한과 이란은 문제의 수준을 낮추는 것이 필요하다는 것이 공화당 정부냐, 민주당 정부냐와 상관없이 일관되게 이어지는 정책의 연속성"이라면서 "물론 바이든 정부의 고유성이 있지만 이 같은 맥락 속에서 이해해야 한다"고 말했다.

이어 "자금이나 자원 등을 수단으로 삼아 대북 접근을 하고 있는데 북한은 이 부분에 대해 그렇게 절실하지 않기 때문에 인센티브가 되지 못한다"면서 "북한이 받아들일 만한 적절한 인센티브를 찾아야 해법을 도출할 수 있을 것"이라고 강조했다.

앤드류 김 전 센터장은 김정은 북한 국무위원장이 한미합동군사훈련의 취소를 기대하고 있지 않다고 주장했다. 그는 "싱가포르 회담 시 김 위원장은 한미훈련이 방어적 성격이어서 군사 위협으로 느끼지 않는다고 했다"면서 "나는 그렇게 느끼지 않지만 북한 주민들은 그렇게 이해하지 않는 것이 문제"라고 밝혔다. 이어 "김정은 위원장은 한미훈련을 해도 된다고 했지만 이 같은 이유 때문에 훈련 규모를 축소시켜 달라고 한 것"이라면서 "북한의 한미훈련 대응은 사실 국내 정치적 문제"라고 강조했다. 그는 또 "북한에 군사적 옵션을 쓸 수 없다는 점 때문에 대북정책이 어렵다"면서 "결국 대화로 해결해야 하고 우리가 안고 가야 할 문제"라고 말했다.

PART 2

비즈니스의 새 정의

New Business Path

'존경받는 기업' 발렌베리 가문의 가치경영

마르쿠스 발렌베리 SEB 회장

2005년부터 발렌베리그룹의 모태인 스톡홀름엔스킬다은행(SEB)을 이끌고 있다. 사브 (SAAB)와 재단자산관리회사인 팜(FAM, Foundation Asset Management)의 회장으로도 재직하고 있으며, 아스트라제네카 이사회와 크누트 앤드 앨리스 발렌베리 재단 이사로 참여하고 있다. 스웨덴의 발렌베리 가문은 스웨덴 국내총생산(GDP)의 30%를 차지하는 거대 기업집단이다. 발렌베리 가문은 160년간 5대째 가족경영을 이어오고 있지만, 소유와 경영을 철저히 분리해 회사를 운영한다. 삼성그룹의 롤모델로도 잘 알려져 있다.

손경식 한국경영자총협회 회장

1994년부터 현재까지 글로벌 생활문화기업인 CJ그룹 회장을 맡아 경영 전반을 이끌고 있다. 2018년부터 한국의 경영계를 대표하는 한국경영자총협회 회장으로서 기업 경쟁력 강화와 협력적 노사관계 확립을 위한 국내외활동에 주력하고 있다. 2005년부터 2013년까지 9년간 대한상공회의소 회장을 역임했으며, 2005년 세제발전심의위원회 위원장, 2010년 G-20 정상회의 준비위원 및 Business Summit 조직위원장, 2011~2013년 국가경쟁력강화위원회 위원장 등 한국의 경제발전과 국격을 높이기 위한 활동을 해오고 있다.

세계지식포럼에서 온·오프라인 하이브리드 방식으로 진행된 마르쿠스 발렌베리 SEB 회장과 손경식 한국경영자총협회 회장의 대담 현장

손경식 작년부터 시작된 코로나19 팬데믹으로 세계 경제가 어려움을 겪고 있습니다. 교역과 이동이 제한됐고 사회적 거리두기 조치로 오프라인 소비의 상당한 하락이 이어졌습니다. 반면에 언택트 산업, 즉 전자상거래와 온라인 회의는 급격하게 성장했습니다. 또한 기후변화와 탄소중립은 글로벌 이슈로 부상했고 기업의 패러다임은 이제 친환경 저탄소 산업으로 전환하고 있습니다. 급격한 기술 발전은 현재 4차 산업혁명으로 칭해지고 있고, 이것으로 인해 신산업이 등장하며 보다 많은 기술 혁신이 이루어질 예정입니다. 최근에 가장 큰 변화는 바로 디지털 변혁입니다. 산업들은 그 어느 때보다 빠르게 디지털화되고 있습니다. 이와 같은 변혁은 전통적인 고용 구조와 일하는 방식을 바꾸고 있습니다. 대면 서비스 일자리들이 사라지고 대

신 디지털 플랫폼 일자리와 같은 새로운 일자리들이 생겨나고 있습니다. 재택근무와 원격근무가 늘어나면서 생산성과 효율성을 높이고자 하는 노력이 이뤄지고 있습니다. 실제 기술은 변화와 변혁을 만들어낼 힘을 갖고 있습니다. 자동차, 컴퓨터, 인터넷과 같은 새로운 기술이 등장할 때마다 우리 삶은 더 편리해졌습니다. 기술 개발은 우리가 기대했던 것보다 훨씬 빨라질 것입니다. 우리의 미래는 핵심 산업의 기술 혁신에 달려 있습니다. 반도체, 바이오 엔지니어링, AI, 양자 컴퓨팅 등이 바로 그 핵심 산업입니다. 기술은 국가 개발 전략의 핵심 요소가 됐습니다. 기술은 이제 정치, 안보, 공공보건, 일자리 창출과 떼려야 뗄 수 없는 관계가 되었습니다. 오늘과 같은 기술 혁신의 시대에는 기업이 중요한 역할을 하고 있다는 점에 이견이 있는 사람은 없을 것입니다. 그렇지만 기업만으로는 이것을 해낼 수 없습니다. 기업과 교육, 연구소, 정부가 함께해야만 중장기적인 전략을 위한 기술 혁신을 이루어낼 수 있을 것입니다. 기술은 수많은 반복과 실패를 통해서 개발됩니다. 그렇기 때문에 강력한 리더십은 전체 개발 과정에서 필수적입니다. 정부의 리더십과 기업의 리더십이 공히 중요합니다. 특히나 기업의 리더들이 반드시 기술에 대한 적극적이고 활발한 투자를 해야 합니다. 이는 기업가 정신과 연관이 깊습니다. 기업가 정신은 리스크를 통해서 목표를 향해 나아갑니다. 역사를 보면, 기업가 정신에 대한 스토리로 가득합니다. 기업가 정신을 통해 위기를 기회로 만들고 혁신을 이끌었던 것입니다. 기업에 있어서는 이것이 바로 도약을 할 수 있는 활동이 됩니다. 한국에서는 수많은 기술

스타트업들이 만들어졌고 정부는 이를 활발하게 지원하고 있습니다. 저는 기술 혁신이야말로 기업과 환경, 모두를 위한 솔루션이라고 생각합니다. 기술 혁신을 위해서는 인적자원이 가장 중요합니다. 반드시 창의적인 사람들을 배출해야 할 것이고 교육은 창의력에 집중해야 합니다. 많은 경우 기술 혁신이 대규모 프로젝트로 이루어집니다. 대규모 프로젝트를 진행하기 위해서는 어마어마한 자원과 재원이 필요합니다. 이 때문에 정부의 지원을 통해 핵심 전략 기술을 개발하는 것이 이상적이라고 생각합니다. 올해 한국 정부는 기술을 위한 대규모 투자를 포함을 한 뉴딜 계획을 발표했습니다. 기술을 위한 세계적인 경쟁은 점점 더 치열해지고 있습니다. 기술이야말로 미래의 국가와 기업을 위한 가장 핵심적인 요소가 되고 있기 때문입니다. 이제 SEB 회장님이신 마르쿠스 발렌베리 회장님의 말씀을 청해 듣도록 하겠습니다. 한국과 스웨덴은 경제 발전에 있어서 공유하고 있는 점이 많습니다. 두 국가 모두 개방경제, 자유경제의 원칙을 수호하고 있고 또 인적자원에 대한 의존성도 높습니다.

발렌베리   저는 SEB를 5대째 운영하고 있는데요. 현재의 상황이 전례 없는 변화의 시기라는 것을 느낍니다. 이러한 변화는 지정학적 관점뿐 아니라 현재 목도하고 있는 기술적 변화의 관점에서도 느끼고 있습니다. 스웨덴은 사실상 수출과 국제관계, 혁신에 크게 의존하는 나라입니다. 개방시장, 자유무역 등의 가치를 적극 지지하기 때문에 기업과 기술 발전에 국가가 오랜 관심을 가지고 있습니다. 그런

데 현 시점에서 제가 목도하는 상황은 과거로부터 벗어나고 있습니다. 저희가 오랫동안 알고 있었던 다자주의에 기반한 자유무역 체계에서 벗어나 보다 복잡한 상황이 연출되고 있는데요 이러한 상황에서 중국은 막대한 경제력, 국가적 차원에서의 기술적 발전을 동력삼아 세계 경제에서 입지를 키우고 있습니다. 이 모든 상황을 고려하면 더욱 복잡해지고 경쟁이 치열해지는 긴박한 기업 환경이 만들어지고 있다는 것을 알 수 있습니다. 거기에 더해서 코로나라는 상황이 닥쳤죠. 이 모든 것이 맞물리면서 예상했던 것보다 더욱 치열한 기술에 대한 전략적 경쟁이 벌어지는 모습을 볼 수 있습니다. 양자역학, 자율 시스템, 인공지능, 5G, 6G 등의 기술은 기업의 미래에 매우 중요한 영역으로 간주됩니다. 이 시점에서 우리가 상기해야 하는 것은 과거의 기술, 그리고 미래의 기술 모두 열린 연구개발R&D과 혁신의 프레임워크에 따라 좌지우지될 수 있다는 점입니다. 국경을 넘어 세계 다른 곳의 기업과 협력해 기술 혁신과 기술 발전에 힘을 쏟아야 하는 이유가 여기에 있습니다. 동서양 간 경제적·기술적 격차가 생겨서도 안 되고 세계화가 이러한 기술적인 격차로 멈춰서도 안 된다고 봅니다.

미래의 일부 발전들도 기술의 영향을 받을 수 있습니다. 하나는 녹색 기술입니다. 최근 UN 산하에서 IPCC 보고서가 발표된 바 있죠. 보고서가 분명히 적시한 것은 몇 가지의 기후 문제, 그리고 지속가능성 관련 문제에 있어서는 과거보다 더 빠른 속도를 내야 한다는 점입니다. 2050년까지 탄소중립을 이루자는 목표를 수정해야 할 수도 있습니다. 개인적으로는 목표 달성 시기가 앞당겨질 거라고 생각합니다. 이와 관련한 혁신, 녹색 기술과 관련된 투자가 향후 막대할 것입니다. 바로 그렇기 때문에 협력의 중요성이 커지는데요. 과학 연구를 하고 있는 연구진과 기업 간 협력이 매우 중요해질 것입니다. 향후에 필요한 많은 R&D 기술 분야에서는 협업이 필수적입니다. 두 번째 고려해야 하는 점은 이동통신 기술에서 생길 수 있는 기술 격차입니다. 기술적인 차원에서 표준의 차이가 생기고 이 때문에 비용 문제가 발생하거나 관련 기술의 발전 속도를 저해하는 상황이 생기면 안 될 것입니다. 세 번째는 AI인데요. 이 분야에서도 더 많은 협력이 요구된다고 봅니다. 이러한 미래의 기술을 발전시키기 위해서는 과학적 협력, R&D 협력뿐 아니라 전 세계의 기업들 간 협력이 필요할 것입니다. 그래야만 세계와 기업이 함께 발전할 수 있으리라 봅니다. 한국과 스웨덴, 두 나라는 모두 R&D와 혁신이 핵심 동력인 국가들입니다. 그래서 우리는 더욱더 기업가 정신을 강조해야 한다고 생각합니다. 스웨덴은 아주 오래 전부터 트리플 힐릭스 모델, 즉 학계와 정부, 기업 간 삼자 협력 모델을 통해 이 같은 일들을 이뤄왔습니다. 이 삼자 모델 안에 창업 기업이 참여하도록 하고, 이들이 참여하기 쉽도록 제도를 만들며 향후 이들을 지원할 수 있는 리스크 캐피털(경영 위험을 감내하는 자본)을 확보해야 합니다. 한국과 스웨덴 같은 작은 규모의 나라는 앞으로 혁신으로 경쟁력을 확보하는 것 외에 생존 방법이 없습니다. 바로 이 점에서 스웨덴과 한국이 가깝다고 느끼고 협력 가능성도 높다고 생각합니다.

손경식 우리는 코로나19 바이러스가 국경을 넘어 전파되는 모습을 목격했습니다. 글로벌 협력이야말로 코로나에 대처하는 기나긴 전쟁의 핵심적인 요소라고 생각합니다. 바이러스 외에도 우리는 기후변화, 급격한 기술적 변화 등 다양한 글로벌 이슈에 직면해 있습니다. 이와 같은 도전 과제에 우리가 어떻게 성공적으로 대응할 수 있을까요?

발렌베리 우선 이런 문제들이 국경을 초월한, 중요한 문제라는 것을 알아야 합니다. 그래서 세계 협력이 비즈니스 관점에서도 무척 중요하다는 것을 인식해야 합니다. 정치적인 문제든, 비즈니스 문제든, 기후 문제든 이와 같은 도전 과제들은 모두 막대한 R&D와 혁신을 통해서 해결할 수 있습니다. 우리가 미래를 내다보면서 추구해야 하는 일이 몇 가지 있습니다. 이미 WHO, UN, 표준화를 이끌고 있는 여러 협회와 기구들이 있습니다. 이러한 기구들이 저희가 목표와 표준을 세우는 데 앞장설 수 있다고 생각합니다. 또한 지역 간, 지역 내에서의 협력을 담보할 수 있는 방법도 매우 중요하리라고 생각합니다. R&D에 대한 접근성도 중요합니다. 그전에 기초적인 차원에서의 R&D였던 것이 이제 응용 차원의 R&D로 발전해나가고 있는 것을 볼 수 있는데, 이와 같이 더 진보한 R&D에 투자가 가능해야 하고 이 투자에 접근할 수 있도록 해야 합니다. 마지막은 제가 강조했던 기업가 정신입니다. 비즈니스를 이끌 수 있는 그러한 창업자들을 얘기하는 것이죠. 이들을 위한 리스크 캐피탈도 필요합니다.

손경식 한국에서는 반기업 정서가 사회 깊숙이 뿌리 박혀 있습니다. 한국 기업들은 스스로를 개혁하는 동시에 스스로 방어하기 위해 많은 노력을 하고 있습니다. 그럼에도 불구하고 반기업 규정들이 여전히 늘어나고 있고 일부 TV 드라마에서는 기업을 부정적으로 표현하기도 합니다. 회장님의 가문은 스웨덴에서 가장 존경받는 비즈니스 가문으로 알려져 있는데요. 그 비결은 무엇일까요?

발렌베리 저희는 시대에 맞춰서 변화하고자 하는 노력을 해왔습니다. 그렇기 때문에 가문으로서 아직까지 기업 활동을 이어나간다고 생각합니다. 특히 저희는 기업들이 사회에 특정한 역할을 해야 한다고 봅니다. 우리 기업이 사회에 어떠한 가치를 더하고자 하는가에 대해 설명해야 한다는 것인데요. 이는 사실 오랜 시간이 걸리는 일입니다. 저희의 경우 R&D와 스웨덴 내 대학들을 많이 지원했는데, 이를 통해 국가 발전에 이바지하고자 했습니다. 또한 저희의 신념과 가치를 지켜야 한다고 믿는데요. 저희는 비즈니스를 장기적인 관점에서 진행하고 있습니다. 또 혁신을 동력으로 삼고 이를 R&D로 움직이고자 한다는 것은 미래에 매우 중요하다고 봅니다. 또한 저희는 가장 중요한 자원이라고 할 수 있는 사람과 함께 일하는 기업이라는 점을 강조합니다. 그래서 그 인적자원 개발에도 힘을 씁니다. 거기에 원칙적으로 저희는 모든 사업 부문, 모든 비즈니스를 개별적으로 바라보고 각각의 기업에 맞는 최선의 것을 하자는 관점을 가지고 있습니다. 기업 이윤 측면에서도 그 기업뿐 아니라 이해관계자에게 무엇이 중요한지를 종합적으로 고려합니다.

손경식 기술 개발에 있어서 인적자원은 그 어느 때보다 더 중요해지고 있습니다. IMD 보고서의 세계 인재 순위를 보면 스웨덴이 한국의 31위보다 훨씬 높은 5위를 기록했는데요. 스웨덴이 어떻게 이렇게 높은 수준의 인적자원을 개발할 수 있었는지 궁금합니다.

발렌베리 보편적으로 지리적인 위치와 작은 국가라는 점 때문에 그런지 모르겠습니다만 스웨덴 구성원들은 사회에서 여러 가지 방법으로 기여하고 싶어하고 균형을 중시합니다. 국가가 작다 보니 우리가 다른 국가와의 관계에 크게 의존하고 있다는 것도 인지하고 있습니다. 특히 여러 생각이 열려 있는 편입니다. 다른 국가의 과학 연구자들, 비즈니스 인사들과 손 잡고 일하는 것에 열린 자세를 가지고 있고요. 국경을 넘어서서 다른 국가들과 협력해 원하는 결과를 이루어내는 것도 그 일환입니다.

ESG
경영노트

맥킨지앤드컴퍼니의 포스트코로나 경영전략

밥 스턴펠스 맥킨지앤드컴퍼니 글로벌 회장

글로벌 최고의 컨설팅 기업 맥킨지앤드컴퍼니는 코로나19 시대에 형성된 기업들의 문제해결 능력을 향후 강력한 경영 도구로 활용할 필요가 있다고 제안했다. 밥 스턴펠스 맥킨지앤드컴퍼니 글로벌 회장은 제22회 세계지식포럼 '지속가능하고 포용적인 성장 동력' 세션에서 이 같은 분석을 내놨다.

스턴펠스 회장은 "팬데믹 상황을 거치면서 기업들이 예전에는 거의 불가능해 보이는 과제를 기록적인 속도로 처리했다"며 "예컨데 당초 10년이 걸려야 개발할 수 있다던 코로나19 백신을 11개월 만에 내놨고 글로벌 이동통신사들은 3주 만에 점원 1,000명을 재교육하고 배치하는 등 집중력 있게 움직였다"고 말했다. 그는 "경영 리더들은 코로나19 사태가 끝나도 옛날 관행으로 되돌아가지 않도록 위기 중에 이뤄냈던 성공을 못 박아야 한다"고 조언했다.

세계 최대 컨설팅사 맥킨지앤드컴퍼니를 이끄는 스턴펠스 회장이 언론사 포럼에 참여해 경영 '원포인트 레슨'에 나선 것은 이번이 처음이다. 그는 코로나19 사태로 인해 얻은 경영 동력을 지키기 위해 △ 정말 중요한 우선순위에 집중하고 △ 의사결정 과정을 빨리하며 △ 생산성 높은 인적자원에 리더십을 부여할 것을 제언했다.

스턴펠스 회장은 "최고경영자는 이제 지시하고 통제하는 게 아니라 리더십 있는 팀을 발굴하고 이들에게 영감 불어넣는 역할을 해야 한다"고 설명했다. 포스트코로나 시대에 지속가능성과 포용적 성장은 모두 달성할 수 있는 과제라는 견해도 내놨다. 그는 "지속가능성과 포용적 성장은 트레이드 오프(어느 한쪽을 위해 다른 쪽이 희생하는 관계)처럼 느껴질 수 있지만 더욱 강하게 성장하면 둘 다 이룰 수 있는 목표"라고 말했다. 그는 인종 다양성이 높은 기업이 그렇지 않은 기업보다 36% 더 성장할 수 있었다는 예를 들며 "지속가능한 성장에 집중하는 게 더 강하고 회복탄력성 높은 글로벌 경제를 만드는 길"이라고 역설했다.

코로나19 사태 종식 이후에도 장기 전략의 중요성은 더 커질 것으로 내다봤다. 그는 "맥킨지 조사에 따르면 장기적인 관점을 갖고 있는 회사가 그렇지 않은 회사보다 매출성장률이 47% 더 높았다"며 "장기적인 시각을 가지면 더 많이 성장할 수 있다"고 전했다.

ESG프리미엄: ESG를 이용한 가치창출

레이철 로드 블랙록 아시아태평양 총괄 대표 · **마르크 슈나이더** 네슬레 CEO
안드레 안도니안 맥킨지 한국사무소 대표

"ESG(환경·책임·투명 경영)는 지속적인 헌신이자 목표"라고 마르크 슈나이더 네슬레 최고경영자는 세계지식포럼에서 강조했다. 네슬레는 150년 이상의 역사를 가졌으며 다양한 농산품을 공급받아 사업을 영위하는 세계 최대 식품회사다. 그는 "환경오염 문제 등이 발생하게 되면 네슬레 비즈니스는 타격을 받을 수밖에 없다"며 "정말 많은 농민과 함께하고 있기 때문에 ESG와 관련해 탄소중립성도 중요하게 생각한다"고 말했다.

슈나이더 CEO는 전반적으로 젊은 세대이면서 소득 수준이 높을수록 ESG에 대한 관심이 높다고 분석했다. 그는 "전 세계 차세대 리더, 대학생을 보면 환경에 대한 걱정이 높다"며 "(ESG에 실패하게 된다면) 자신들의 소비행동과 신념을 통해 움직이는 차세대 소비자를 놓칠 수밖에 없다"고 주장했다. 점점 더 많은 국가와 기업들이 탄소중립 선언을 하고 있는 가운데 네슬레도 공장을 지을 때 20~30년 시간을 내다보고 이산화탄소, 메탄가스 등의 배출을 염두해두고 투자한다고 밝혔다.

슈나이더 CEO는 ESG 역량이 낮고 환경에 신경 쓰지 않는 기업들은 자본비용이 늘어날 것이라고 예측했다. 그는 "투자사들이 기업에 투자할 때 일차적으로 ESG와 관련된 정보를 요구하고 있다. 실제 근본적인 데이터를 요구하고 있다"며 "ESG 데이터를 살펴보면 어떠한 기업들이 이산화탄소 배출을 지출 1달러당 얼마만큼 줄여나가고 있는지 알 수 있어 관련 측정단위가 생겨나고 이 단위를 통해서 상장사들 간 비교가 가능해질 것"이라고 강조했다.

안드레 안도니안 맥킨지 한국 대표는 ESG 전략이 단순히 마케팅이나 부차적인 수준이 아니라 기업 경영과 투자 결정에 있어서 가장 중요한 요소가 되고 있다고 진단했다. 그는 "전 세계 대부분의 기업들은 경제발전과 비즈니스를 위해서 ESG가 중요하다는 것을 인식한다"며 "그럼에도 불구하고 미국의 절반 이상 기업들은 이를 충분히 달성하지 못하고 있다"고 지적했다.

그는 "기업들은 실제로 ESG를 중심으로 한 전략을 통해서 새롭게 기회를 창출할 수 있다는 사실을 인지해야 한다"며 "ESG는 더 높은 가격 프리미엄으로 고객을 유치할 수 있다"고 밝혔다. 그는 "순환경제를 실천함으로써 비용을 23% 정도 감소할 수 있다"며 "직원들이 친환경 목적의식에 공감한다면 4배 이상 적극적으로 일하는 것으로 분석됐다"고 말했다.

레이철 로드 블랙록 아시아태평양 총괄대표도 이런 지속가능 투자가 훨씬 빠른 속도로 전환되고 있다고 봤다. 그는 "올해는 ESG와 관련된 투자가 2배 정도 늘어날 것이라고 예상한다"며 "지속가능성을 생각하지 않는 기업들의 자본비용이 높아질 것"이라고 말했다. 그는 "기후변화 리스크는 장기적인 기업자산 리스크에도 영향을 미칠 것이기 때문에 지속가능성을 실제 사업에 적용해야 한다"고 덧붙였다.

로드 총괄대표는 신흥국 시장에도 주목했다. 그는 "9조 달러가 신흥국 시장에 투입되면 에너지 소비의 3분의 2 정도를 신재생 에너지로 바꿀 수 있을 것이라고 분석하고 있다"며 "한국은 전기차와 관련해 앞서나가고 있으며 킬로미터당 충전소가 가장 많은 국가 중에 하나"라고 말했다.

연사들은 코로나19 펜데믹 이후 기업들이 ESG 전략에 대한 중요성을 보다 적극적으로 깨닫기 시작했다고 평가했다. 로드 총괄대표는 "기업들은 사회에서 가지는 역할을 분명히 인식해야 한다"며 "포용성 있는 지속가능한 비즈니스를 어떻게 할 수 있는지 고민해야 한다"고 말했다.

안드레 안도니안 대표는 "한국 기업들의 ESG 관심이 크게 증가했다"며 "일부 기업이 훌륭하게 ESG 활동을 하고 있지만 여전히 대부분의 관련 작업은 진행 중"이라고 말했다. 기업이 자사 ESG 활동을 실제보다 과장하는 경향을 일컫는 '그린워싱'에 대한 문제점도 부각됐다. 안도니안 대표는 "한국 소비자들은 까다롭다는 게 장점"이라며 "마케팅에서 사실에 근간하지 않은 과장 등을 잘 찾아내는 시장 중에 하나"라고 말했다. 이를 위해 기업 입장에선 현실적인 목표를 설정해 중요하고 정확한 측정을 통한 발표가 필요하다고 봤다.

사회문제 해결하는 미래 기업의 탄생

염재호 SK 이사회 의장 · **김용학** 전 연세대 총장 · **송호근** 포스텍 석좌교수
양원준 포스코 경영지원본부장 · **이형희** SK SV위원회 위원장

/

"옛날에 기업은 장사해서 돈만 벌면 됐다. 하지만 문명사적 대전환이 일어나는 지금은 다르다. 기술이 발전하고 사회가 복잡해지면서 정부가 풀지 못하는 문제들이 많아졌다. 여기서 기업시민의 역할이 대두된다. 전 세계에서 장사하면서 돈을 벌었던 효율성 가지고 이제 사회문제를 기업이 해결해야 하는 것 아닌가."

염재호 SK(주) 이사회 의장(겸 고려대 명예교수, 고려대 전 총장)은 제22회 세계지식포럼 세션 '문명사적 전환기, 미래 기업의 탄생'에서 사회문제 해결에서 기업의 적극적 역할을 주문하며 이같이 말했다. ESG가 각 기업 경영의 주요한 화두로 부상함에 따라 기업의 목적이 전통적인 경제적 이윤 추구를 넘어 다양한 이해관계자와 공존 공생하는 기업시민으로서의 역할이 강조되는 문명사적 전환기가 오고 있다는 주장이다.

염 의장은 국회의사당의 세종시 이전을 예로 들며 "기업인 일론 머스크가 구상하는 하이퍼튜브가 현실화되면 여의도에서 세종시까지 10분이면 갈 수 있어, 소모적 논쟁을 하지 않아도 된다"며 "기업의 상상력이 만들어낼 수 있는 미래가 많다"고 했다. 세션에는 염 의장 외에도 김용학 전 연세대 총장(겸 연세대 명예교수), 송호근 포스텍 석좌교수, 양원준 포스코 경영지원본부장, 이형희 SK SUPEX추구협의회

SV위원회 위원장 등이 참석해 미래 기업의 역할상에 대해 토론했다.

송호근 교수는 "국가, 공동체, 시장의 손길이 미치지 못하는 제4의 영역에서 기업이 나서야 한다"며 "시민성의 핵심인 공존공생을 기업에 이식한 기업시민 개념은 ESG를 포괄하는 경영이념"이라고 했다. 이어 그는 "21세기 문명들이 대변혁을 겪으며 많은 곳에서 기업시민으로 전환이 이뤄지고 있다"며 "기업시민들이 어떤 가치를 만들고 공감을 일으키냐가 앞으로 인류 역사의 중요 연결고리가 될 것"이라고 했다.

송 교수는 기업시민 개념을 실천하고 있는 곳들로 20세기 초에 기업시민 성명을 채택한 코카콜라, 지멘스, 맥도날드, 엑손모빌, 포드 등 다국적 기업들의 사례를 들었다. 이들 기업들은 '기업이 사회 구성원으로서 사회적 책임을 다하고 지역사회와 유대 관계를 맺어야 한다', '기업시민으로서 사회적 행동 양식을 바꿔야 한다' 등의 개념을 사헌에 넣고 실천하고 있다. 그는 이런 기업시민 개념이 반기문 전 UN 총장이 주장했던 '글로벌 시티즌십' 개념과도 일맥상통한다고도 했다. 이어 송 교수는 "문명이 21세기에 대변혁을 겪으며 기업시민으로의 패러다임 전환이 이뤄지고 있다"며 "기업시민의 가치를 만들고 공감을 일으키는 것이 향후 100년의 인류 역사에서 중요한 연결고리가 될 것"이라고 덧붙였다. 그는 한국의 기업시민으로는 포스코와 SK를 꼽았다.

이형희 위원장은 "기업시민과 ESG 모두 경제적 가치와 사회적 가치의 공통점을 관통하는 단어"라며 기업시민 개념과 ESG 경영의 연관성을 강조했다. 이어 그는 "환경정책·사회적 가치관 등이 빠르게 바뀌어가는 때, 여기에 공감하고 적응하는 게 중요해졌다"며 "적응하지 못하면 리스크에 노출되는 시대가 왔다"고 덧붙였다.

양원준 포스코 경영지원본부장은 포스코가 기업시민의식을 바탕으로 실천하는 사례들을 소개했다. 양 본부장은 현재 포스코가 직면한 대전환을 '탄소중립과 기후변화', '이해관계자 자본주의 등장'으로 꼽았다. 탄소중립을 달성하기 위해 포스코는 '수소환원제철법'이라는 공법을 개발 중에 있다. 석탄을 쓰는 기존 방법 대신 수소를 활용해 탄소배출량을 획기적으로 줄이는 방법이다. 양 본부장은 "수소를 쓰면 그린 철강을 만들 수 있다"며 "시간과 비용이 많이 들어 포스코뿐 아니라 정부와 연구기관 도움도 필요하다"고 했다.

이해관계자 자본주의는 주주를 포함한 종업원, 소비자, 협력업체, 채권자, 지역사회 등 광범한 이해관계자들이 공동의 주인이라는 주장으로 최근 다보스 포럼 등에서 깊게 본격화됐다. 기업시민과도 일맥상통하는 개념이다. 양 본부장은 "포스코는 2019년 7월 기업 시민헌장을 제정하고, 2020년 7월 CCMS(기업시민 매뉴얼)을 발표하는 등 기업시민 개념을 일상에서 체화하고 있다"며 "미래 기업의 롤모델이 될 수 있도록 기업시민 경영이념을 적극 실천하고 변화를 주도하겠다"고 했다.

ESG 경영 Case Study

사친 사푸테 노벨리스 수석 부사장 · **로베르트 메츠커** 로열필립스 부사장
힐데 뢰드 에퀴노르 기후 및 지속가능성 수석 부사장 · **야체크 올차크** 필립모리스인터내셔널 CEO

ESG 경영은 요즘 경영계에서 빼놓을 수 없는 화두다. 전 세계 유수의 투자자, 투자펀드들이 투자처를 결정할 때 사회책임투자와 지속가능성 관점에서 기업의 환경보호Environment, 사회적 책임Social responsibility, 지배구조Governance를 고려한다. 탄소를 많이 배출하는 기업이나 지배구조가 투명하지 않은 기업들은 투자할 때 제외하는 식이다.

제22회 세계지식포럼 'ESG 실천에 앞서는 기업들' 세션에서 전 세계 ESG 경영을 선도하는 글로벌 기업인들이 모여 ESG 경영의 현재와 미래에 대해 논의했다. 알루미늄 압연 및 재활용 기업으로, 9개국에 걸쳐 33개 제조시설을 운영 중이며 5만 명 직원을 두고 있는 노벨리스의 사친 사푸테 수석 부사장 겸 아시아 사장, 의료기기 등 헬스 테크놀로지 분야의 선도적 기업 로열필립스의 로베르트 메츠커 부사장 겸 지속가능성 최고책임자, 세계 최대의 석유·가스 기업으로 한국에도 사무실을 두고 있는 에퀴노르의 힐데 뢰드 기후 및 지속가능성 수석 부사장 등이다. 이들은 ESG 경영을 현장에 적용한 자신들 사례를 소개하고, 향후 계획도 발표했다.

사푸테 부사장은 알루미늄 산업의 온실가스 배출량이 상당함을 거론하며 알루미늄을 재활용할 경우 획기적인 감축할 수 있다고 했다. 그는 "전 세계 산업의 8%만이 재활용 등 순환경제 부분인데 알

루미늄 산업의 순환경제 비중은 33%에 달한다. 노벨리스는 이를 더욱 확대할 계획이다"고 했다. 그는 단기적으로는 2024년까지 30%의 온실가스 발자국을 줄이고 장기적으로는 2050년까지 탄소중립을 달성하는 것이 노벨리스의 목표라고 밝혔다. 서울에 아시아 본사를 두고 있는 노벨리스는 한국에서도 알루미늄 재활용에 앞장서고 있다. 경상북도 영주에 위치한 노벨리스코리아 리사이클링 센터는 아시아 전역에서 들여온 폐알루미늄을 재활용하고 있다. 지배구조 측면에서도 사푸테 부사장은 "2024년까지 전체 임원의 30%를 여성 임원으로 확보하고, 선임 기술직 비중은 여성 비율을 15%까지 끌어올리려는 목표를 갖고 있다"고 했다.

로베르트 메츠커 로열필립스 부사장(겸 지속가능성 최고책임자)은 "의료 산업은 나라로 치면 전 세계에서 5위에 해당하는 이산화탄소 배출국으로 오염과 배출이 많은 산업"이라며 "보건의료인 모두를 위한 웰빙'을 주제로 순환경제를 만드는 게 목표"라고 했다. 그는 디지털 솔루션을 활용하면 오염물질 배출량을 줄일 수 있을 뿐만 아니라 진료 비용을 줄이고 보건의료 접근성도 높일 수 있다고 했다. 또 로열필립스는 환경친화적인 디자인과 설계를 통해 탄소 배출량도 줄이고 있다. "로열필립스 제품의 70% 정도가 에코 디자인 제품이고, 2025년까지 모든 제품들을 환경친화적인 설계로 바꾸는 게 목표"라고 메츠커 부사장은 설명했다.

힐데 뢰드 에퀴노르 수석 부사장은 "에퀴노르는 에너지 기업이라 기후 문제가 굉장히 중요하다"며 "ESG 요소들을 회사 전반에 반영하려 노력하고 있다"고 했다. 힐데 뢰드 부사장은 재생 에너지 보급을 가속화해 2030년까지 설비 용량을 12~16기가와트까지 키우는 게 목표라고 했다. 재생 에너지 보급을 늘려 온실가스 배출을 줄이겠다는 얘기다. 또 그는 탄소 포집·저장 기술에도 투자하고 있다며, 2035년까지 약 1,500~3,000만 톤의 이산화탄소를 북해 지역에 저장해 '넷제로'(온실가스 순 배출량을 0으로 만드는 것)를 달성하겠다는 계획을 밝혔다. "재생 에너지와 저탄소 기술에 투자하는 비중을 2025년까지 30%로 늘리고, 2030년까지 50% 이상으로 확대하겠다"고 그는 설명했다.

힐데 뢰드 부사장은 재생 에너지 산업의 유망한 분야인 해상풍력 발전도 소개했다. 그는 "석유가스 사업과 같은 기술들을 활용해 기존 산업과 시너지가 상당하다"며 "상당한 잠재력을 갖고 있는 한국도 중요 국가"라고 했다.

제22회 세계지식포럼에서는 담배회사인 필립모리스의 ESG 경영 사례도 소개됐다. '필립모리스의 혁신과 담배연기 없는 미래 비전' 세션 연사로 나선 야체크 올차크 필립모리스인터내셔널PMI CEO는 "PMI의 ESG 경영 핵심은 '변화'로 이는 비즈니스의 핵심인 제품과도 맞닿아 있다. PMI의 지속가능성은 일반 담배의 폐해를 해결하고 담배를 끊지 않는 모든 성인들에게 과학에 기초해 더 나은, 덜 해로운 대안을 제공하는 것에서 출발한다"고 말했다.

필립모리스는 세계 판매 상위 15개 담배 브랜드 가운데 세계 1위의 말보로를 비롯해 총 6개 브랜드 제품을 가지고 있으며, 이는 전 세계 180개 이상의 시장에서 판매되고 있다. PMI는 개발과 판매하는 담배 연기 없는 제품으로 궐련을 대체하기 위해 담배 연기가 없는 히팅 방식의 혁신적인 아이코스IQOS와 전용 담배 제품인 히츠HEETS 등을 출시했다. 야체크 올차크 CEO는 "PMI는 비연소 제품을 단순히 포트폴리오 일부로서 제공하는 것이 아니다"며 "성인들에게 비연소 제품이 일반 담배를 계속해서 흡연하는 것보다 더 나은 대안이 될 수 있기 때문에 일반 담배를 완전히 대체해야 한다는 목적을 분명히 하고 있다"고 말했다.

PMI 과학적 연구는 이러한 제품이 흡연을 지속하고자 하는 성인들에게 훨씬 더 나은 선택이라는 것을 전달하고자 한다. 이를 위해 PMI 변화는 세 가지 중요한 축을 바탕으로 이뤄지고 있다. 첫 번째는 '제품 변화'다. 새로운 혁신적인 제품이 없다면 PMI의 비즈니스가 장기적으로 지속가능하다고 생각하기 어렵기 때문이다. 두 번째는 '내부 변화'로, 새로운 문화와 새로운 업무 방식의 중요성을 인식해야 한다는 것이다. PMI는 기존 인재와 역량을 보완하기 위해 다른 다양한 산업에서 많은 기술과 인재들을 채용했다. 세 번째는 '외부 변화'다. 비정부기구나 과학계, 업계의 다른 기업들, 그리고 정부 등 다양한 이해관계자들도 각자의 역할을 해야 한다는 것이다.

PMI는 일반 담배가 과거의 유물이 되는 그날을 향해 매일 전진하고 있다. 야체크 올차크 CEO는 "불과 6년 전만 해도 PMI 전체 순매출의 100%가 일반 담배에서 발생했지만, 2021년 2분기 기준 PMI 순매출의 거의 30%가 비연소 제품에서 발생했다"며 "2025년에는 전체 순 매출의 50% 이상을 비연소 제품에서 창출해 비연소 제품을 비즈니스의 주 영역으로 삼는 것이 PMI의 목표"라고 말했다. 이와 함께 PMI는 2025년까지는 니코틴 외 제품으로부터 최소 10억 달러 이상의 순 매출을 달성하는 것을 목표로 니코틴 외 비즈니스로 영역을 확장하고 있다.

PMI는 앞으로도 혁신적인 기능을 탑재할 아이코스 신제품을 지속적으로 선보일 예정이다. 그는 "2017년 아이코스가 한국에 출시된 이후, 향상된 기능과 더 나은 디자인, 개선된 안전 기능 등을 갖춘 아이코스 신제품을 지속적으로 선보였다"며 "성인 흡연자들이 일반 담배에서 전환할 수 있도록 앞으로도 지속적으로 혁신하고 성인 흡연자들을 만족시킬 수 있는 새로운 대체재를 출시하겠다"고 밝혔다.

디지털 시대의
새로운 경로

탈레스그룹: 퀀텀 테크놀로지 시대에 대비하라

파트리스 켄 탈레스그룹 회장 겸 CEO

프랑스 최대이자 세계 10위 방산업체인 탈레스그룹을 이끌고 있는 파트리스 켄 회장은 제22회 세계지식포럼 '파괴적 혁신: 퀀텀 테크놀로지 시대에 대비하라' 세션에 참석, 양자기술Quantum Technology의 발전이 방위산업을 비롯한 다양한 비즈니스 분야에 미칠 영향에 대해 견해를 밝혔다.

켄 회장은 "양자기술 확보는 여러 산업계에서 경쟁우위 요소로 활용될 수 있다. 예를 들어 양자센서를 통해 군사첩보 차원에서 숨겨져 있는 동굴이나 터널을 찾아낼 수 있다. 정보전에서 우위를 점할 수 있다는 의미"라고 강조했다. 그는 이어 "사이버전 측면에서는 은행과 공공기관이 사용하는 암호화 열쇠는 슈퍼컴퓨터로는 풀 수 없지만,

양자컴퓨터가 개발되면 쉽게 암호화 열쇠를 풀 수 있다"고 경고했다. 그러면서 그는 "5~10년 이내 여러 개인 정보가 범죄자의 손에 들어 가는 심각한 보안 위협이 발생할 수 있다"고 덧붙였다.

켄 회장은 양자기술 발전으로 내비게이션에도 혁신적 변화가 일 어날 수 있다고 밝혔다. 그는 "현재 항공기는 관성항법장치를 사용하 고, 위성항법장치GPS 수신기가 필요하다"며 "하지만 양자기술을 활용 하면 GPS 신호가 없어도 활주로에 정확히 착륙할 수 있다"고 소개 했다. 그는 이어 "GPS가 없는 지역에서도 사용할 수 있는 장점도 있 다"고 부연했다.

방위산업 외 다양한 분야에서의 양자기술 활용방안에 대해서도 소개했다. 그는 "의료 부문에 양자기술이 도입되면 인체 연구를 세포 단위에서 할 수 있게 된다. 보다 심층적이면서도 보편적으로 활용하 게 되면 정확하게 질병을 진단할 수 있다. 알츠하이머 같은 병도 보 다 빨리 진단을 내릴 수도 있다. 결국 난치병을 치유할 수 있다"고 말 했다. 그는 또 "양자컴퓨팅을 활용하게 되면, 특정 물질이 미세한 수 준에서 어떤 움직임을 보일지 시뮬레이션을 할 수 있다. 물질의 성질 및 소재를 빠르게 개발할 수도 있다"고 덧붙였다.

기업 입장에서 양자기술을 보유한다는 건, 여러 산업계에서 경쟁 우위로 활용될 수 있다는 주장도 폈다. 그는 "자동차 업계에서 특정 회사가 초경량 신소재를 사용한다는 건 경쟁우위"라고 말했다. 그러 면서 그는 "탈레스가 자부심을 갖고 있는 건, 기술적 파괴혁신의 기 회를 놓치지 않았다는 것이다. 양자기술도 마찬가지"라고 밝혔다. 그는 퀀텀 안테나와 관련해서도 "기존 안테나는 주파수 범위가 제한적이었다. 반면 퀀텀 안테나는 주파수가 광범위하다. 퀀텀센서는 군사용뿐만 아니라 민간용으로도 사업영역을 확대할 수 있다"고 소개했다.

양자기술이 기후변화의 솔루션이 될 수 있다는 의견도 제시했다. 그는 "퀀텀기술은 현재 사용하는 기술의 임팩트를 줄이는 데 도움이 된다. 다시 말해 연산력이 높으면서 적은 에너지를 소모할 수 있다는 의미다. 슈퍼컴퓨터와 비교하면 에너지 소모 단위가 다를 정도다. 이는 진정한 혁신이라 할 수 있다. 기술이 환경에 미치는 영향을 줄일 수 있다"고 주장했다.

그는 또 "양자 안테나는 모든 주파수 대역을 커버하기 때문에 개별 안테나를 개발하지 않아도 된다. 결국 에너지 소모가 적고 원자재 소모량도 적다"며 "또 양자기술은 적은 천연자원을 필요로 한다. 특히 유한한 자원을 활용하려면 최적화가 중요하다. 비행기를 특정 경로에 이르는 데 드는 에너지 소모량을 줄여야 한다고 치자. 이러한 목표를 달성하려면 산술적인 문제 공식을 풀어야 한다. 많은 변수가 관여돼 있기 때문이다. 양자기술은 이를 손쉽게 계산할 수 있게 해줄 것이다. 결국 친환경적인 세상을 만들 수 있다. 지구에 이로운 기술이 될 것"이라고 전망했다.

SAS: 팬데믹 대응을 위한 기술

짐 굿나이트 SAS 공동창업자 겸 CEO · **크리스토퍼 도노반** 클리블랜드 클리닉 기업 정보 관리 전무

"코로나19 펜데믹은 '데이터 문해력'이 중요하다는 점을 일깨웠다. 데이터를 소비하고 해석할 수 있는 능력이 점점 더 중요해질 것이다."

세계지식포럼의 '포스트코로나 어떻게 준비해야 하나' 세션에서 짐 굿나이트 SAS 공동창업자 겸 최고경영자는 데이터의 중요성에 대해 이같이 강조했다. SAS는 기업이 빅데이터를 활용해 의사결정을 내리도록 지원하는 인공지능 기반 소프트웨어를 제공하고 있다. 그는 "코로나19로 빅데이터 분석이 일상화된 현실에서 해석 능력 등 준비를 제대로 갖추지 못하면 수많은 데이터에서 의미를 도출해내지 못할 것이고 오히려 어마어마한 양에 압도될 수 있다"고 말했다. 데이터 문해력을 갖추기 위해서는 견고한 교육 기반이 있어야 청소년들이 능숙한 독자가 될 수 있다는 얘기다.

짐 굿나이트 CEO는 펜데믹 이후에도 세계엔 노동력 부족이라든지 공급망 붕괴와 같은 문제가 여전히 남게 되는 만큼, 인공지능과 빅데이터가 핵심 대안이 될 것이라고 분석했다. 그는 "AI는 반복적인 작업을 자동화하고 빅데이터를 사용해 보다 지능적인 결정을 내리는 도구"라며 "특정 분야 숙련된 인력이 부족한 조직에 강력한 해법을 제공할 수 있다"고 말했다.

개발도상국이 데이터 분석 프로그램과 같이 디지털 혁신을 진행함에 따라 이점을 누릴 수 있다고 분석했다. 짐 굿나이트 CEO는 "개

도국은 (데이터 분석 기술로) 여러 세대 기술을 건너뛸 수 있다"며 "그러면 SAS의 애널리틱스를 더 빨리 사용할 수 있다"고 말했다. 대표적 사례가 통신 분야다. 기존 유선전화나 구리선 인프라 등이 없어도 바로 건너뛰고 최신 모바일 기술을 채택할 수 있다는 것이다. 금융서비스 기관들이 이런 모바일 기술을 사용하고 있기 때문에 디지털 결제, 소액대출 등의 금융 시스템을 스마트폰 한 대로 지원이 가능하다는 것이다.

이 과정에서 애널리틱스를 사용하면 대출을 평가하고 위험을 완화하고 있다고 예상했다. 그는 "새로운 길에 빠르게 적응하는 능력은 개도국을 발전시킬 수 있는 기회"라며 "정부 차원에서 여러 복잡한 프로젝트를 관리한 자원이나 인력이 부족할 수 있는데 AI를 사용해서 프로세스 자동화하고 지능적인 의사결정을 도입할 수 있다"고 말했다.

세션에 함께 참여한 크리스토퍼 도노반 미국 클리블랜드 클리닉 기업 정보 관리 및 분석 담당 전무는 코로나19로 인한 긴급상황 속에서도 데이터 분석을 활용해 슬기롭게 대처했다고 밝혔다. 그는 "가능한 시나리오를 여러 개 만들고 감염률·취약인구 수·사회적 거리두기 여부·정부 규제 실시 등 주요 가정을 설정했다"며 "이를 통해 감원률·입원률 등 형태로 다양한 결과를 도출해 시나리오를 만들고 어떻게 대응할 것인지 결정했다"고 밝혔다. 현재는 변이 바이러스라는 특수한 상황이 있지만 1년 반에 걸쳐 코로나 바이러스 데이터가 축적돼 데이터 분석 시스템을 이용한 바이러스 예측 가능성이 올라갔다고 평가했다.

크리스토퍼 도노반 전무는 이러한 과정을 통해 클리블랜드 클리닉의 분석 시스템도 한층 업그레이드 됐다고 설명했다. 그는 "과거만 돌아보는 것이 아니라 미래를 내다보고 잠재적인 결과를 예측하고 모델링하면서 시나리오에 대응하고 예측된 결과를 위한 행동 계획을 세우고 있다"며 "우리가 생각하고 행동하고 관리하는 방식이 변하고 있어 데이터와 분석 통찰에 많이 의존하고 있다"고 말했다.

스포츠 프랜차이즈도 코로나로 큰 타격을 입은 업종 중 하나다. 미국 스포츠 엔터테인먼트 기업 'AEG스포츠'는 인공지능과 머신러닝 분석 기술 도입을 통해 팬과 소통하는 방법을 모색하고 있다고 짐 굿나이트 대표는 소개했다. 그는 "AI와 머신러닝을 활용해 코로나19 기간 동안에도 팬 감정을 지속적으로 분석해 맞춤 메시지를 전송하는 방식으로 팬 만족도 등을 높일 수 있었다"고 설명했다.

머신러닝의 성공사례

미셸 리 AWS 머신러닝솔루션랩 부사장

"머신러닝은 '테라 인코그니타(미지의 땅)'가 아니다. 머신러닝은 오늘날 모든 산업 부문에 성공적으로 적용되며 실제 생활의 문제들을 해결하고 있다."

제22회 세계지식포럼 온라인 세션 'AWS: 실제 머신러닝 사용하기'에서 미셸 리 아마존 웹 서비스AWS 머신러닝솔루션랩 부사장은 이 같이 말하며 머신러닝의 활용성을 강조했다. AWS는 클라우드 분야 시장 선도기업으로 많은 머신러닝 업체들이 AWS 서비스를 이용하고 있다. 세션에서 머신러닝을 도입해 성공을 거둔 포뮬러 원F1, 롯데마트 등 기업·기관 사례가 잇따라 소개돼 비즈니스 리더들 눈길을 끌었다.

세계적인 자동차 경주 대회인 F1에서 누가 최고의 드라이버인지는 오래전부터 뜨거운 관심사였다. F1 팬들은 이를 두고 줄곧 논쟁해왔다. F1은 선수들 경기 성과를 높이고 팬들의 관람 경험 향상을 위해 AWS와 협업해 지난해 이를 밝혀냈다. 놀랍게도 최고의 드라이버는 기존에 알려진 강자 미하엘 슈마허, 루이스 해밀턴 등이 아니었다. 브라질 선수 아이트롱 세나가 1위로 꼽혔고, 이는 한동안 팬들 사이에서 화제가 됐다. AWS는 1983년부터 오늘날까지 쌓인 데이터를 모아서 분석했다. 예선전 기록을 모두 모으되, 머신러닝을 통해 날씨나 차량의 영향 등을 배제하고 순수 기량만 분석해 1위 선수를 과학적으로 밝혔다.

롯데마트도 AWS와 협업을 통해 이득을 톡톡히 봤다. 고객 추천 방식을 개선에 신상품 구매가 40% 늘었다는 게 미셸 리 부사장은 설명했다. 구매 내역을 바탕으로 고객에 상품을 추천해 마트에서 출시한 신상품들이 각광받지 못했던 기존 방식과 달리, 매출 내역·고객 프로필 등에 대한 머신러닝 분석을 바탕으로 신상품들을 고객에게 추천한 덕분이었다.

상대적으로 속도가 느린 조직인 정부기관도 머신러닝의 수혜를 받을 수 있다. 2014년~2017년 미국 특허상표청장을 역임했던 미셸 리 부사장은 "인공지능과 머신러닝 데이터 분석을 통해 기관의 업무 처리 속도를 향상시킬 수 있었다"며 "200년 이상 역사를 가진 정부기관이 머신러닝으로 개선됐다면 다른 모든 조직도 마찬가지 기회를 누릴 수 있다"고 강조했다.

이어 미셸 리 부사장은 머신러닝을 성공적으로 비즈니스에 활용하기 위해 7가지 원칙이 필요하다고 강조했다. '필요한 데이터들을 확보하고 포괄적인 데이터 전략을 수립하라', '신중하게 사례들을 선택하라', '기술 전문가와 해당 분야 전문가가 협력하라', '경영진의 지원과 실험적인 문화가 중요하다' 등이다. '머신러닝을 파트너와 도입할지 스스로 구축할지 결정하라', '개발 및 생산을 지원하는 인프라에 투자하라', '장기계획을 구축하고 당장 시작하라' 등도 있다.

데이터 전략을 어떻게 고안할지에 대해 미셸 리 부사장은 세 가지 질문을 스스로에게 던져볼 것을 권했다. '오늘날 어떤 데이터를 쓸 수 있는지', '어떤 데이터가 적은 노력으로 활용될 수 있는지', '1년 안에 내가 원하게 될 데이터는 무엇인지' 등이다. 그는 "데이터는 오늘날 기업들에게 물리적 자산이나 지적 자산만큼이나 가치가 있다"며 "데이터에 대해서 신중하게 생각하고 데이터 전략을 수립하라"고 했다. 그러면서 데이터를 이용해 좋은 결과를 얻은 예로 미국 '내셔널 풋볼리그' 사례를 들었다.

미국 내셔널풋볼리그는 매 시즌 50,000회 이상의 경기가 벌어지며 각 경기마다 수천 개의 데이터가 나온다. 내셔널풋볼리그는 지난 수십 년간 수집한 데이터와 최근 새롭게 수집한 데이터들을 결합해 머신러닝 모델을 개발했다. 각 경기와 해당 경기에서의 플레이를 학습하고 시뮬레이션하는 데 활용했고, 이를 통해 미식축구를 더 재밌고 안전하게 진행할 수 있게 됐다고 미셸 리 부사장은 설명했다. 새로운 규칙이나 장비를 만들고, 부상이 발생할 기미가 보이면 미리 개입할 수 있었던 것도 모두 데이터 덕분이다.

데스크톱: 게임의 룰이 바뀐다

송영길 엔컴퓨팅 CEO

/

"25년 동안 가격이 저렴하면서 성능 좋은 컴퓨터를 개발도상국에 공급하기 위해 노력해왔다. 보통 합리적인 가격에 좋은 컴퓨터를 공급하려면 가격을 낮추기 위해 저렴한 부품을 사용해야 한다고 생각하지만 새로운 첨단기술을 사용하면 게임의 룰을 완전히 바꿔버릴 수 있다."

제22회 세계지식포럼 '데스크톱 가상화 기술의 무한한 확장성' 세션에서 송영길 엔컴퓨팅 최고경영자는 가상화 기술을 통해 국가의 경제 규모와 관계없이 차세대 컴퓨터 기술을 향유할 수 있다고 자신감을 내비쳤다. 데스크톱 가상화 기술은 오늘날 기업이 글로벌 팬데믹에서 재택근무를 위한 디지털 워크스페이스의 핵심 인프라 기술로 널리 활용하고 있다. 이 기술은 한정된 컴퓨팅 리소스를 최대한 활용한다는 측면에서, 개발도상국의 교육시장과 중소기업 등의 시장에서 부족한 수의 PC의 대안으로 사용될 수 있어 주목도가 높다.

송 CEO는 이 세션에서 예산 부족으로 인한 한정된 IT 리소스 및 노후 컴퓨터를 써야 하는 여러 비즈니스 컴퓨팅 환경에서도 누구나 쉽게 도입할 수 있는 데스크톱 가상화의 새로운 접근 방식과 앤컴퓨팅이 지난 15년 동안 500만 대 이상의 제품을 보급한 실제 사례를 소개했다.

송 CEO는 개발도상국 국민이 정보를 습득하기 위해 문해력을 높일 필요가 있다고 강조했다. 그는 "읽고 쓰는 능력을 갖춰야 책을 읽고 문서를 읽으며 정보를 얻을 수 있다"며 "선진국의 문해율은 99%에 달하지만 경제 수준이 높지 않은 개도국에서는 평균보다 낮은 문해율을 가지고 있는 것이 문제"라고 지적했다.

특히 정보기술IT이 보편화되며 선진국과 개도국 사이의 디지털 문해율(리터러시)의 차이가 커지고 있는 것을 해결 과제로 꼽았다. 디지털 도구와 플랫폼을 사용하는 법을 알고 온라인에서 정보를 얻을 수 있는 방법을 알기 위해서는 인터넷 접속이 필요하고 컴퓨터나 스마트폰을 광범위하게 보급해야만 한다고 강조했다.

그럼에도 부족한 예산과 물류 문제를 해결하지 못해 개도국에 IT기기 인프라스트럭처를 구축하지 못하고 있는 상황이다. 이 같은 문제가 해결돼 IT기기를 사용할 수 있게 되더라도 빠른 속도로 발전하는 기술을 따라가지 못해 방치되거나 인력 부족으로 지속적인 관리가 어려워 각종 문제 발생 시 해결하지 못하는 문제점이 발생한다. 전기료나 유지비용도 무시할 수 없는 수준이다.

송 CEO는 "개도국에는 기술을 이해하는 전문가를 불러 수리하기가 어렵다"며 "컴퓨터 부품을 교체하는 일은 사실상 불가능하기 때문에 2년 정도 사용하다 고장난 것은 창고에 버려지거나 다시 사용되지 않는 경우를 많이 봤다"고 언급했다. 이어 "수명이 다한 컴퓨터는 전자 폐기물로 또 다른 문제를 초래하고 있다"며 "새로운 아이디어를 통해 해결해야 한다"고 덧붙였다.

송 CEO는 문제 해결을 위해 가상화 기술을 확장해야 한다고 강조했다. 송 CEO는 "컴퓨터에서 CPU나 메모리 사용량을 보면 90% 정도가 휴면 상태로 남아 있는 걸 볼 수 있다"며 "노트북과 같은 작은 규모로도 메인 프레임처럼 작동하게 만들면 컴퓨터 한 대를 여러 사람이 공유할 수 있게 되는 것"이라고 말했다.

송 CEO는 가상화 기술을 대형 오븐에 비유했다. 그는 "굉장히 큰 오븐을 데우면 내부 공간들을 활용해 피자를 1개가 아니라 여러 개를 만들 수 있다"며 "이 공간들을 다른 사람에게 빌려주고 공유하는 것이 가상화 기술의 개념"이라고 설명했다.

이어 "작은 피자를 다양한 맛으로 구워낼 수 있고 동시에 할 수도 있다"며 "굽는 데 시간이 지연되지 않고 여러 개의 피자를 굽는다고 개별 피자의 맛이 이상해지는 것도 아니다"며 가상화 기술을 통해 여러 사람이 하나의 컴퓨터를 사용하는 데 문제가 없다는 점을 강조했다. 그리고 엔컴퓨팅이 만든 소형 컴퓨터가 개도국의 가상화 인프라 구축에 도움을 주고 있음을 소개했다. 대형 컴퓨터가 운송 부담을 끼치는 문제도 해결하고 생산 비용을 줄여 효과를 볼 수 있다는 설명이다.

송 CEO는 "저렴하면서 합리적인 대안을 만들어낸 것"이라며 "개도국 학생들이 더 많이 각자의 컴퓨터를 가질 수 있도록, 그래서 가상화 기술이 확산되도록 노력할 것"이라고 말했다.

메타버스가 바꿀 미래

김대원 넥슨코리아 신규개발 총괄 부사장 · **김민석** 자이언트스텝 최고사업담당
전진수 SK텔레콤 메타버스 컴퍼니장

'메타버스Metaverse, Meta+Universe'란 단어는 미국의 유명 공상과학 소설 작가 닐 스티븐슨이 펴낸《스노 크래시》에서 처음 등장했다. 당시가 1992년이니 벌써 30년이나 된 개념이다. 현실과 가상의 경계를 주제로 한 영화가 이후 여럿 히트를 쳤다. 〈쥬만지〉(1996), 〈매트릭스〉(1999), 〈아바타〉(2009) 등이 대표적이다. 그리고 오늘날 메타버스 열풍이 불고 있다. 왜일까. 그리고 메타버스는 앞으로 어떻게 변화할까.

이러한 주제로 갖고 제22회 세계지식포럼에서 토론이 벌어졌다. '메타버스의 현재와 기업 혁신 전략' 세션에서 국내 전문가들이 다양한 견해를 내놓았다. 메타버스의 글로벌 시장 규모가 2024년이면 330조 원에 달할 것이라는 전망도 나온다. 현재의 10배 규모다. 해외

기업 가운데는 페이스북이 가장 적극적이다. 가상현실VR 기기가 스마트폰을 대신할 디바이스가 될 수 있도록 열심히 보급 중이다. 정보통신기술 강국인 한국의 기업들도 메타버스 비즈니스에 뛰어들고 있다.

김대훤 넥슨코리아 신규개발 총괄 부사장은 "기술발전과 인식의 변화로 인해 전부터 있던 개념인 메타버스가 주목받게 됐고, 또 앞으로도 계속될 것"이라며 "앞으로는 재미의 영역과 융합이 될 것"이라고 내다봤다. 그러면서 그는 "소셜네트워크 활용과 온라인 게임의 연계는 이미 10년 전부터 하고 있었다. 다만 기술발전과 인식의 변화가 이뤄졌다. 네트워크 속도가 빨라지고, 기기 성능이 좋아지면서 코로나19 이후에도 이러한 트렌드는 유지될 거라 생각한다"고 말했다. 그는 또 "이제 공간적·시간적 한계는 없어지고 기술은 많이 좋아졌다. 사용자들도 이제는 직접 무엇인가를 만들 수 있는 시대가 됐다. 1인 크리에이터의 발전이 대표적인 사례. 가상화 기술로 효율성과 능률을 올리고, 교육훈련을 시뮬레이션 할 수 있다"고 덧붙였다.

김민석 자이언트스텝 최고사업담당은 "이미 출시된 인공지능 스피커와 더불어 극단의 퀄리티로 구현된 화면 속 인자한 할머니가 아이를 돌본다면 아이가 느낄 안도감이 얼마나 커질까. 혹은 수술 잘하는 의사가 가상의 육체에 집도하는 장면을 화상으로 송출한다면, 의료의 발달은 얼마나 이뤄질 수 있을까"라고 되물었다. 그러면서 그는 "메타버스를 공간의 유희로만 생각하면 그 범위가 작지만, 다음 단계로 나아간다면 좋은 도구가 될 수 있다"고 말했다. 그는 또 "메타버스를 활용하는 분야로 교육·쇼핑·패션 등이 있는데, 특정 분야에만 쏠리지 않았으면 좋겠다. 소비자가 다양한 경험을 할 수 있어야 한다"고 덧붙였다.

전진수 SK텔레콤 메타버스 컴퍼니장(상무)은 "스마트폰의 등장과 함께 크리에이터와 인플루언서와 같은 직업이 보편화됐듯, 메타버스 안에서도 새로운 직업군이 생겨날 것"이라고 분석했다. 그는 이어 "기존 스마트폰의 경우 터치를 통한 인터페이스인 반면, 메타버스는 공간정보·몸짓 등 오감을 사용하면서 경험을 한다"며 "이것이 새로운 문화와 비즈니스에 큰 역할을 할 것"이라고 예상했다.

전문가들은 한국이 메타버스를 통해 잘할 수 있는 영역을 찾아야 한다고 조언했다. 전진수 상무는 "한국인은 콘텐츠를 통해 사람에게 감동을 줄 수 있는 능력이 있다"며 "메타버스라는 새로운 기회를 통해 감성을 어루만지면서도 몰입감 있는 콘텐츠를 제공한다면 글로벌 정보기술 분야에서 큰 역할을 할 수 있다"고 밝혔다.

정부 차원의 지원을 묻는 질문에 김대욱 부사장은 "스토킹과 사기처럼 가상세계에서 일어날 수 범죄 등 메타버스 산업을 방해하는 위험요소를 제거하는 데 나서주면 좋겠다"고 건의했다. 전진수 상무는 "메타버스는 모든 IT 요소가 엮여야만 비즈니스가 되는 만큼, 기술 기반 인프라스트럭처의 수준을 전반적으로 높이는 데 신경을 써줬으면 한다"면서 "또한 국내에 한정된 규제를 고민하기보다, 글로벌 시각에서 성장을 도와줘야 한다"고 제안했다.

AI 성공을 위한 4가지 요소

이홍락 LG AI연구원 CSAI · **테드 서전트** 토론토대 교수

"인공지능이 성공하기 위해서는 알고리즘, 인프라, 데이터, 비즈니스 모델 발굴 등 4가지 요소를 충족해야 한다."

'AI시대의 새로운 기회' 세션에서 LG AI연구원의 이홍락 CSAI(겸 미시건대 교수)는 '더 나은 세상을 만드는 AI'라는 주제로 발표했다. 그는 "AI의 성공을 위해서는 원천적인 AI기술을 학습하고 데이터, 인프라, 비즈니스 모델이 각각 효율적으로 결합해야 한다"고 말했다.

이 같은 4가지 요소를 결합하기 위해서는 AI 선순환 구조를 구축하는 게 중요하다고도 밝혔다. 이홍락 CSAI는 또 "AI생태계는 기업과 학계가 협력하는 구조로 구성돼 있으며, 이에 기반한 공동연구가 증가하고 있다"며 "기업은 재능있는 인재와의 협업으로 좋은 연구 결과를 확보하고, 학계는 기업이 가진 데이터와 컴퓨팅 자원을 활용할 수 있다"며 서로 윈-윈이라고 강조했다.

이홍락 CSAI는 머신러닝 분야의 세계적 권위자로 2013년 국제전기전자공학회IEEE에서 세계 10대 AI 연구자로 선정되기도 했다. 그는 현재 미국 미시건대에서 교수도 겸임하고 있다. 이홍락 CSAI는 LG의 핵심 계열사를 대상으로 AI 기초연구 및 응용연구를 진행하는 LG AI 연구원을 소개했다.

이홍락 CSAI는 "LG AI 연구원은 LG의 핵심 계열사를 대상으로 AI의 기초연구와 응용연구, 역량 강화를 위한 역할을 담당하고 있다.

각 계열사의 데이터에 접근해 계열사별 문제를 해결하고 조직의 데이터를 융합하여 활용하는 과제를 진행하고 있다"고 밝혔다.

초거대 AI에 대한 연구를 시작하면서 인공지능 관련 핵심 인재 채용도 가속화하고 있다고 했다. 그는 "최근 초거대 AI에 대한 연구를 시작했고, 자체 연구 강화를 위해서 인공지능 관련 핵심 인재 채용을 가속화하고 있다"며 "LG AI연구원은 올해 상반기까지 15건의 논문을 발표했다. 국내외 대학들과 미국 캐나다 등 해외 거점 기반의 공동 연구도 강화하고 있다"고 설명했다.

LG의 대표적인 기초연구 분야 중 하나로 신약 개발 사례를 들었다. 신약 개발에 약물 특성을 보유한 물질인 '리드' 발굴까지는 3년 6개월의 시간이 걸리는데, AI를 활용하면 8개월이면 된다고 밝혔다. 그는 "기존 방식에 따르면 연구원들은 각 개인들이 보유하고 있는 노하우를 바탕으로 신약 후보를 탐색하고 또 약물을 설계하고 합성하고 테스트를 거치는 작업을 약 만 번 정도 반복해야 한다"며 "이 과정에서 평균적으로 3년 6개월의 시간이 소요된다"고 설명했다.

대신 AI 모델을 생성하고 학습하면 신약을 내놓는 데 8개월이면 된다고 말했다. 그는 "신약 후보 물질에 대한 데이터를 만들고 예측 모델을 활용해 우선순위 테스트를 먼저 진행하면서 실험 수를 최소화했더니, 시간이 대폭 단축됐다"고 밝혔다.

나중에는 암을 위한 백신도 개발하겠다고 포부를 밝혔다. 이홍락 CSAI는 "저희는 암을 위한 백신을 개발하고자 한다. 개별 환자의 맞춤화된 백신이 될 것"이라며 "유전자 정보를 분석해서 특정 개인에 맞는 백신을 위해 효과적인 물질을 합성할 예정"이라고 밝혔다.

야심 찬 계획으로는 자율 운영되는 인간형 로봇 개발을 목표로 꼽았다. 그는 "집에서 모든 집안일을 대체해 줄 수 있는 그런 로봇을 생각하고 있다. LG는 소비자 가전 쪽에 많은 강점을 갖고 있는데, 지금도 빨래를 집어서 세탁기에 넣는다든지, 혹은 설거지를 한다든지 하는 집안일엔 손이 쓰인다"고 말했다. 그는 이어 "로봇 AI 구현으로 가전을 사용할 때 사람들이 직접 손으로 해야 하는 일들을 줄이고 인간은 다른 더 생산적인 일을 할 수 있는 시간과 여유가 생기게 할 것"이라고 선언했다.

한편 테드 서전트 토론토대 교수는 'AI를 이용한 재료정보학 개발의 혁명'을 주제로 발표했다. 테드 교수는 소재 개발과 관련해 AI를 통해 획기적으로 시간을 단축하고, 탁월한 수준의 성능을 보유하게 됐다고 했다. 그는 "기존에는 다양한 물질의 가능성을 파악하기 위해 과학적 직관을 사용해 가설을 만들고 새로운 소재에 대한 아이디어를 바탕으로 실제로 만들어본다"면서 "1,000개의 합성물을 만들려고 하면, 그 자체로 굉장히 시간이 많이 걸린다"고 지적했다.

대신 AI를 활용하면 획기적으로 시간이 줄어든다고 했다. 테드 교수는 "1,000개, 1만 개, 10만 개의 합성물을 AI로 계산을 해보고, AI가 이 데이터를 근거해 기계학습을 하게 되면 어마어마한 양의 합성물을 체계적으로 스크리닝할 수 있다"며 "가장 잠재력이 높은 합성물을 우선으로 연구해볼 수 있고, 실제 실험한 데이터와 컴퓨터상의 데이터를 합쳐서 AI를 통해 또 다른 학습도 가능하다"고 강조했다. AI

를 이용한 알고리즘을 통해 지속적인 발전이 가능해졌다는 얘기다.

NFT의 미래와 디지털 경제

김균태 해시드 공동창업자 · **세바스찬 보르제** 더샌드박스 공동창업자 · **웨이레이 유** 플로우 마케팅 팀장

가상현실이라는 메타버스 시대가 본격화됨에 따라 디지털 예술품과 비디오 소유권 등이 디지털 토큰 형태로 거래되는 NFT 시장은 한층 다른 변곡점을 맞을 전망이다. 일종의 블록체인 기반 진품 보증서인 NFTNon-Fungible Token(대체 불가능한 토큰)는 메타버스와 게임, 소셜 네트워크SNS 등 플랫폼과 결합하며 파급력을 더해가고 있다.

실제로 비플Beeple이라는 디지털 아티스트의 작품은 크리스티 경매에서 6,930만 달러(약 785억 원)에 팔렸다. 이후 NFT화 된 그림, 음악, 게임 아이템, 영상 등 다양한 블록체인 기반 디지털 콘텐츠들의 거래가 폭발적으로 늘었다. 제22회 세계지식포럼 'NFT의 미래 그리고 게임, 메타버스, 디지털 경제'에 참석한 패널들은 이구동성으로 "2022년에 NFT 중심의 경제활동이 더욱 가속화될 것"이라고 내다봤다.

NFT가 음악, 스포츠, 코미디, 패션 등 일상의 전 영역을 파고들면서 혁신을 이뤄낸다는 얘기다. 이를 통해 더 많은 사람들이 NFT를 교환가치가 높은 재화로 인식할 수 있다는 전망이다. 먼저 앞으로 가상세계는 곧 우리의 일반적인 삶으로 여겨질 정도로 일상화될 것으

로 내다봤다.

김균태 해시드 공동창업자(겸 파트너)는 "현재까지는 가상세계가 아이들 장난감 수준으로 여겨졌지만, 앞으로는 우리의 인생으로 받아들여질 것"이라며 "블록체인과 같은 기술이 가상세계의 신뢰 부족의 문제의 근간으로서 역할을 해낼 수 있다"고 설명했다. 그는 "인간은 더 이상 노동을 하지 않는 시대가 올 것 같다"고도 했다. 노동 감소에 따라 가상세계를 경험할 시간적인 여유가 더 생겼다는 얘기다.

특히 유저들이 직접 활동하며 돈을 버는 '플레이 투 언Play To Earn' 게임 모델이 블록체인의 특징을 가장 효과적으로 나타낸다고 했다. 김 공동창업자는 "게임을 하는 것만으로 가상세계에서 수익을 창출하거나 콘텐츠를 만들어서 수익을 만드는 것이 가능해졌다"며 "블록체인의 개방성과 상호운용성에 기반해 기존의 로직 위해 새로운 데이터를 적용하면 누구의 허락 없이도 새로운 시스템을 만들어내는게 가능해진다"고 강조했다.

가상세계의 땅을 구입하고 직접 게임과 아이템을 제작해 거래할 수도 있는 '더샌드박스'가 이 같은 모델이다. 세바스찬 보르제 더샌드박스 공동창업자(겸 COO)는 "더샌드박스의 진정한 오너십 개념은 NFT로 구현할 수 있었다. NFT가 비디오 게임 산업의 근간을 완전히 흔들고 혁신하고 있다"며 "게임 안의 모든 콘텐츠를 유저들이 모두 만들게 하는 방식이 메타버스의 새로운 전제"라고 강조했다.

유저들이 가상세계의 거버넌스에 직접 참여하는 형태가 된다는 얘기다. 세바스찬 보르제 창업자는 "게임 안의 예산 배분이나 지원금

기준 등 게임 커뮤니티의 핵심 결정을 유저 스스로가 할 수 있도록 해서 본인의 영향력을 행사할 수 있게 된다"고 말했다.

블록체인 기반 고양이육성게임 크립토키티를 개발한 회사인 대퍼랩스는 NFT 시장의 대표격인 가상자산 플로우를 만들었다. 대퍼랩스는 NBA와 손잡고 NFT플랫폼인 'NBA탑샷'을 만들기도 했다. 웨이레이 유 플로우 마케팅 팀장은 "블록체인 서비스라고 하더라도 절대 '재미' 부분을 놓쳐서는 안 된다"고 조언했다. 아울러 그는 "특정 시점에서 핵심 컬렉터들은 희소성을 원하지만, 전체 소비자들을 확대하자는 탈중앙화 측면에서 앱을 개발했다"고 설명했다.

웨이레이 유 팀장은 이어 "앞으로 어떤 시장 순환의 사이클이 있을 것인지 예측은 어렵다"면서도 "'NFT의 종말이 올 것인가' 질문이 많은데, 현재 혁신이 여러 영역에서 이뤄지고 있기 때문에 종말이 오지는 않을 것으로 확신한다"고 밝혔다.

NFT 시장에서 성공을 바라는 스타트업에게는 '커뮤니티 속 핵심 유저'와의 끈끈한 유대를 맺어야 한다고 강조했다. 김균태 공동창업자는 "커뮤니티의 입장권을 발행하는 등 유니크한 경험을 주면서 커뮤니티와 개발팀 사이에 끈끈한 유대가 필요하다"며 "특히 경제적 요소와 게임을 합체시킴으로써 유저들 스스로 플랫폼에서 자신이 할 수 있는 일을 찾아나설 수 있도록 설계할 필요가 있다"고 조언했다. 이를 위해 김 공동창업자는 "메타버스가 무조건 퀄리티가 좋고, 그래픽 수준이 높아야 한다는 선입견에 사로잡히지 않아야 한다"고 덧붙였다

4차산업혁명 시대의 디지털 전환

수미르 바티아 레노버 인프라스트럭처 솔루션 그룹 아시아태평양 사장 · **제이슨 콘야드** VM웨어 CIO

"2000년과 2020년을 비교해보면, 기업의 52%가 존재하지 않는 기업이다.

적응하지 못하면 역사의 유물로 남는다." – 수미르 바티아

전 세계는 4차 산업혁명의 한가운데에 있다. 디지털 기술을 기반으로 진행되는 4차 산업혁명의 시대에서 성공적으로 디지털 전환을 완료하는 것이 기업 경영자들에게 최우선 과제가 됐다. 하지만 디지털 전환에 시도하는 기업들의 70%가 결국 실패할 정도로 쉽지 않은 과제이기도 하다. 제22회 세계지식포럼 '성공적인 기업 디지털 전환의 비밀' 세션에 참가한 패널들은 "사고방식의 전환이 디지털 전환의 핵심 열쇠다. 지금은 일하고 사업하고 인재를 구하는 모든 방식이 달라졌다"고 운을 뗐다.

제이슨 콘야드 VM웨어 CIO는 "디지털 전환은 삶의 모든 영역에서 일어날 수 있다. 기술적 관점에서 뿐만 아니라 프로세스와 사고방식 관점에서도 작동한다"며 "인류 전체가 겪고 있는 새로운 혁명에 제대로 적응하지 못하면 멸종될 수 있다는 위기의식을 갖고 임해야 한다"고 강조했다.

VM웨어도 지난 10개월 동안 코로나 팬데믹을 겪어내며 디지털 전환을 만들어냈다. 제이슨 CIO는 "우리 모두 원격근무로 전환했고, 곧 출근과 원격근무를 병행하는 하이브리드 형태의 일을 찾았다"며

"우리 사업을 구독 모델로 전환해 고객들에게 전달하기도 한다"고 예를 들었다.

이와 관련해 안성훈 서울대 교수도 "자동차를 생산하고 판매하던 것이 구독 서비스로 전환하는 경우도 있다"며 "자동차 회사가 우주 항공 회사와도 경쟁하면서 날아다니는 자동차를 만드는 등의 일이 일어나는 시대"라고 정리했다.

제이슨 CIO는 디지털 전환이 새로운 기회를 창출하고 있다며 인재 채용을 예로 들었다. 그는 "과거 우리가 채용 프로세스를 진행할 때는 우리의 사무실이 있는 도시에서만 직원을 찾았다. 하지만 이제는 훌륭한 인재를 지구 어디에 있든지 간에 채용할 수 있다"며 "우리의 사고방식이 완벽히 달라진 것"이라고 설명했다.

다만 디지털 전환이 단기가 아닌 장기적 과정임을 잊어서는 안 된다고 했다. 또 경영진의 의지만큼이나 조직원의 의지가 중요한 만큼 조직원을 어떻게 독려하며 나아갈 것인지를 고민해야 한다고 했다. 수미르 바티아 레노버 인프라스트럭처 솔루션 그룹 아태 사장은 "디지털 전환을 시작했다고 해서 바로 결과가 보이는 것은 아니다. 시간이 흘러야 진가가 드러난다"며 "대신 명확한 결과와 목표를 설정하는 것이 중요하다"고 밝혔다.

수미르 사장은 "디지털 전환을 시도할 때 너무 과도하고 버거운 목표는 설정하지 않기를 바란다. 처음 수행할 목표는 작게 설정해야 한다"고 "조직이 작은 성과를 만들 때마다 굉장히 강조하면서 중요한 결과로 여겨야 한다"고 했다. 그는 이 같은 태도를 '스타트업의 사고방식'이라고 정의했다. 수미르 사장은 "주기적으로 조직 문화에 변화를 느낄 때마다 상을 수여하는 등 축하하고 격려해주는 게 굉장히 중요하다. 이 성과가 우리에게 정말 큰 도움이 됐다고 조직원이 느끼게 하는 것"이라고 말했다.

디지털 전환의 목표가 진행 상황과 맞지 않으면 과감히 인정하고, 방향을 바꿔야 된다고도 했다. 수미르 사장은 "이게 아니다 싶으면 지금까지 만들어온 것들을 포기하기 힘들더라도, 과감히 방향을 바꿔야 한다"며 "그 상황을 부정해서는 안 된다"고 강조했다. 제이슨 CIO도 "문제에 봉착하면 기존의 작업방식을 다시 고쳐서, 에자일한 작업 방식이 중요하다"고 덧붙였다. 디지털 전환의 과정 자체에 매몰되어서는 목표를 이룰 수 없다는 얘기다.

신입 직원처럼 적극적으로 질문을 멈추지 않은 조직원과 함께 질문을 찾아갈 수 있도록 노력해야 한다고 했다. 제이슨 CIO는 "질문 자체에 답이 있다. 직원들이 질문할 때 답을 찾기 위해 조직 차원에서 함께 노력하다 보면 하나의 가능성을 찾게 된다"고 밝혔다.

디지털 권위주의에 맞서는 방법

빅토리아 콜먼 미 공군 수석사이언티스트

/

"디지털 권위주의는 쿠바, 시리아, 이란, 북한, 중국과 같은 국가에서만 국한된 일이 아니다. 민주주의 국가에서는 악의적 댓글이나 허위 정보 배포, 맞춤형 메시지 전송 등으로 나타나고 있다."

전 미국 방위고등연구계획국DARPA 디렉터였던 빅토리아 콜먼 미국 공군 수석과학자는 디지털 권위주의 극복을 위해 각국이 나서 정책적, 기술적인 방안을 모색해야 한다고 촉구했다. 그는 미국 첨단기술의 산실로 불리는 DARPA에서 여성으로서는 역대 세 번째로 국장직을 수행한 경력을 갖고 있다.

그가 이야기하는 디지털 권위주의는 국내외 인구를 감시, 탄압, 조종하기 위해 권위주의 정권이 정보기술을 사용하는 것을 의미한다. 중국에서는 소수 민족을 대상으로 한 광범위한 모바일 해킹 캠페인이 전개되고 있으며 통화기록, 위치, 연락처, 사진 등 정보를 얻기 위해 이란, 북한, 시리아 등에서도 유사한 휴대전화 감시 앱이 등장했다. 멕시코에서는 정부가 테러범들을 다루기 위해 조달한 스파이웨어가 반체제 인사들을 침묵시킨다는 명목하에 시민들을 감시하고 있다.

콜먼 수석과학자는 "미얀마에서는 쿠데타를 일으킨 군부가 인터넷 연결을 끊고 페이스북, 트위터를 차단했다"며 "중국은 안면인식기술, 모바일 해킹을 통해 소수 민족을 압제하고 있다"고 말했다. 그는 또 "쿠바에서는 2019년 헌법 개정안 투표를 하면서 독립 언론을 차단했을 뿐 아니라 이란에서도 미디어 검열을 통해 120여 개의 언론 매체를 막은 사례가 있다"며 "이집트, 베네수엘라도 수백 개의 언론기관 웹사이트를 차단한 기록이 있다"고 말했다. 콜먼 수석과학자는 디지털 권위주의가 민주주의가 갖고 있는 열린 사회의 기본 원칙을 저해하고 있으며 권위주의 국가를 강화시키는 방향으로 악용되고 있다고 봤다.

문제는 민주주의 국가 역시 디지털 권위주의에서 자유롭지 못하다는 데 있다. 허위 정보의 배포, 악의적 댓글, 맞춤형 메시지 등의 방식으로 민주주의 국가에서도 디지털 권위주의가 만연돼 있다고 봤다. 그는 "인공지능과 플랫폼이 이를 더 악화시키고 있다"며 "현재 디지털 권위주의는 전례를 찾아볼 수 없을 정도의 규모로 전 세계를 위협하고 있다"고 지적했다. 한때는 '우려' 정도로 넘어갔던 디지털 권위주의가 우리 삶에 직접적인 영향을 끼치고 있는 만큼 '걱정'을 넘어 이를 해결할 수 있는 실천 방안을 모색해야 할 때라는 것이다.

콜먼 수석과학자는 "지난 수년간 디지털 권위주의에 맞설 수 있는 많은 기술이 개발됐다"며 "다만 이는 '비대칭적인 싸움'으로 흘러가고 있다"고 이야기했다. 디지털 권위주의를 행하는 쪽은 정보, 자원이 풍부한 압제 정권인 반면, 이에 대항하는 쪽은 개인이고 소수화된 세력이다. 그는 "지금이야말로 온 사회가 민주국가로서 디지털 권위주의에 대응해야 하는 시기"라며 "현존하는 검열을 우회할 수 있는 기술은 물론, 정책적인 지원이 시급하다"고 봤다.

그는 "위험이 임박했다"는 말로 재차 디지털 권위주의의 위험성을 강조했다. 다만 희망도 찾을 수 있다고 이야기했다. 그는 "전 세계 활동가들의 자유에 대한 노력과 행동, 캠페인, 사이버 무기 감시 등이 진행되고 있다"고 말했다. 콜먼 수석과학자는 또 "터키의 경우 3년간 위키피디아가 차단됐지만 터키 대법원이 이 같은 정책을 뒤집어 지금은 접속이 가능해졌다"며 "디지털 권위주의에 저항하는 행동에 지지를 표하지만 동참하지 못하는 평범한 사람들의 니즈를 고려한 새로운 기술 개발 도입이 이뤄져야 한다"고 덧붙였다.

팬데믹 이후 전개될
산업의 미래

가전, 이제 자동차 속으로

게리 셔피로 CTA 회장 겸 CEO · **조주완** LG전자 CSO

　"모빌리티 관련 하드·소프트웨어의 발전으로 새로운 차량을 경험할 수 있다. LG전자는 자동차 안에서 마치 집에 있는 것과 같은 경험을 제공하는 '캐빈' 솔루션을 갖추고 있다. 이는 장거리 운전자와 동승자를 위한 것으로, 차 안에 냉장고 등 가전기기를 갖추고, 곡면 유기발광다이오드OLED로 영상 콘텐츠를 시청한다. 하차와 함께 자외선램프가 켜지면서 소독을 시작하고 로봇이 바닥 청소를 해준다."

　조주완 LG전자 최고전략책임자CSO(부사장)가 그리는 가전의 미래다. 조주완 부사장은 제22회 세계지식포럼 '가전산업의 미래환경 및 기술변화와 LG전자의 혁신' 강연에서 "차 안을 재창조하는 것"이라면서 이같이 말했다. '더 나은 삶을 위한 혁신'이란 제목으로 강연을 진행한 조 부사장은 '소비자 경험'을 여러 차례 강조했다. 그는 "LG전자의 혁신의 중심에는 소비자가 있다"며 "그러기 위해서는 소비자에게 더 큰 가치를 제공하기 위해 최대한 많은 사용자 만족에 중심을 둔 '소비자 경험' 강화가 중요하다"고 말했다. 그는 이어 "과거에는 단순히 최대한 많은 사용자 만족에 초점을 뒀다면, 이제는 소비자 한 명을 위한 '맞춤'을 통해 가장 만족스런 경험을 선사한다"고 설명했다. 그러면서 그는 "또한 소비자 세분화를 통해 제품에 대한 서비스 충성 고객을 만들고 입소문을 내려 노력하고 있다"고 덧붙였다.

조 부사장은 "코로나19로 라이프 스타일이 바뀌었다고 하는데, 기존의 모멘텀이 가속화됐을 뿐"이라며 "집에 머무는 시간이 많아지면서 다자 간 소통이 외부와 이뤄지게 됐다"고 소개했다. 그러면서 그는 "원격의료와 학습의 영역에서 실시간 채팅 등을 통해 다양한 상호작용의 기회가 생겼다"며 "LG전자도 이들과 협력해 TV를 넘어선 경험을 실현하고자 한다"고 강조했다. 가전기기가 똑똑해지면서 인터넷을 통한 연결을 통해 완전히 새로운 서비스를 제공하게 됐다는 설명이다. 바코드를 스캔하는 것만으로도 원하는 요리 조리법을 확인할 수 있고, 그 외에도 데이터를 활용해 맞춤형 소비자 서비스를 제공할 수 있게 된 것이다. 예를 들어 정수기 필터 교체 시기, 세탁기에서 거품이 넘치지 않도록 세제량 확인, 전자식 마스크, 개인용 공기청정기 그리고 가정용 맥주 제조 솔루션에 이르기까지 분야도 광범위하다.

조 부사장은 "열린 혁신도 신성장 전략의 한 부분"이라며 "어느 기업도 혼자 할 수는 없고, 변화 속도 역시 따라가기 힘들다. 글로벌 파트너든, 다른 분야의 기업이든 파트너십을 통해서만 혁신적인 아이디어를 창출할 수 있다"고 말했다.

조 부사장과 함께 강연에 참여한 게리 셔피로 미국소비자기술협회CTA 회장 겸 최고경영자는 코로나19 이후 변화할 국제전자제품박람회CES의 모습을 온·오프라인 청중들에게 소개했다. CTA는 CES 주관사다. 셔피로 회장은 "코로나 이전 CES에서는 참석자 한 명당 평균 약 30회의 미팅을 진행했다"며 "이 숫자를 2배로 늘려야 한다"고 말했다. 그는 "과거에는 CES를 온라인으로 진행하는 걸 상상할 수 없었지만, 앞으로는 계속 온라인으로 열 것"이라고 밝혀, 행사를 하이브리드 형태로 진행함으로써 각종 비즈니스 미팅의 효율성을 극대화할 것임을 시사했다.

그러면서도 셔피로 회장은 "대면회의가 이메일보다 34배 더 많은 비즈니스 승인 건수를 기록한다는 조사 결과가 있다"며 "디지털 이벤트를 연다는 건 비범한 일이지만, 사업적으로 봤을 땐 직접적인 사람 간 상호작용을 통해 나오는 에너지가 중요하다"고 강조했다. 그는 이어 "팬데믹 이후 미래는 빠르게 움직이고 적응하고 회복력을 보이는 혁신가의 것"이라며 "주변 사람들을 만날 때마다 스스로를 불편하게 만들고 위험을 감수하라고 조언한다"고 소개했다. 그러면서 그는 "팬데믹으로 인한 고립·분열·경제적 불확실성 등을 받아들일 수 있어야 한다"고 덧붙였다.

생활 속으로 들어온 로봇: 오늘과 내일

마크 레이버트 보스턴다이내믹스 창업자 겸 회장

제22회 세계지식포럼 '현실세계를 위한 로봇, 오늘 내일 그리고 미래' 세션이 열린 장충아레나에는 네 개의 발을 움직이는 로봇개가 나타났다. 경쾌한 발걸음으로 청중이 앉아 있는 테이블 사이를 이동하던 로봇은 머리에 달린 기다란 '팔'을 흔들며 인사했다. 곧 계단을 올라 무대로 올라온 로봇은 장애물을 뛰어넘고 천천히, 혹은 빠르게 자유자재로 움직이며 청중들의 시선을 빼앗았다. 무대 위에 서 있던 마크 레이버트 보스턴다이내믹스 창업자 겸 회장은 "이 로봇은 보스턴다이내믹스의 '오늘'을 보여주고 있다"며 "조만간 물건을 나를 수 있는 로봇을 선보이고 궁극적으로는 인간을 닮은 로봇도 출시할 계획"이라고 말했다.

보스턴다이내믹스는 세계에서 가장 앞선 로봇을 개발하는 기업으로 꼽힌다. 1992년 미국 매사추세츠공대MIT 선임연구원이었던 레이버트 회장이 학내 분사 기업으로 세운 로봇업체로 구글, 소프트뱅크에 이어 지난해 현대차그룹이 인수했다. 이날 보스턴다이내믹스가 행사장에서 공개한 로봇개의 이름은 '스팟'. 보스턴다이내믹스가 20년 가까운 연구개발 끝에 지난해 6월 출시한 로봇으로, 지구상에 존재하는 4족 보행 로봇 중 가장 뛰어난 기능을 자랑한다.

보스턴다이내믹스가 유튜브 등을 통해 스팟과 같은 로봇을 공개할 때마다 사람들은 놀라면서도 의아해했다. '과연 이 로봇을 일상생활에 유용하게 활용할 수 있을까?' 레이버트 회장은 이날 스팟이 활용되고 있는 사례를 공개했다. 1986년 원자력발전소 사고로 방사능이 유출된 체르노빌을 비롯해 영국의 석유회사 BP가 운영하는 유전에서도 스팟이 활동하고 있다. 민간 우주기업 스페이스X는 발사체 실험 도중 폭발이 발생하면 스팟을 투입해 사고 지역 정보를 수집하기도 한다.

레이버트 회장은 "전기를 생산하는 발전소에서는 사람이 들어갈 수 없는 곳이 많아 유지보수를 하려면 발전소 가동을 멈춰야 했다"며 "지금 일부 발전소에서는 스팟을 투입, 발전소를 가동하면서 데이터 수집을 해 경제적 이득을 얻고 있다"고 말했다. 그는 "현재 수백 대의 스팟이 전 세계 곳곳에서 활동하고 있다"고 덧붙였다. 보스턴다이내믹스는 현재 스팟을 약 9,000만 원에 판매하고 있다.

이날 레이버트 회장은 내년 출시를 앞두고 있는 보스턴다이내믹스의 새로운 로봇 '스트레치'의 실험 영상도 청중들에게 공개했다. 작은 포크레인처럼 생긴 로봇 스트레치는 약 23kg에 달하는 무거운 상자를 시간당 800개씩 옮길 수 있는 외팔 로봇이다. 로봇 아래에는 바퀴가 달려 있어 상자를 들고 이동도 가능하다. 레이버트 회장은 "현재 인류는 매년 약 5,000억 개의 상자를 나르고 있다"며 "스트레치를 이용하면 선적 · 하역 업무 등이 가능하다"고 말했다.

레이버트 회장은 사람을 닮은 '휴머노이드 로봇' 아틀라스의 영상을 보여주며 "우리가 그리고 있는 미래"라고 이야기했다. 역시 인류가 지금까지 만든 휴머노이드 로봇 중 가장 뛰어나다는 평가를 받고 있는 아틀라스는 앞구르기는 물론 계단을 자유자재로 뛰어다닐 수 있을 뿐 아니라 뒤로 덤블링을 하기도 한다. 아틀라스는 처음 개발했을 때만 해도 무게가 170kg에 달했지만 3D프린팅 등 첨단 기술을 활용, 지금은 무게를 89kg로 줄이는 데 성공했으며 더 큰 힘을 발휘할 수 있는 로봇으로 진화했다. 레이버트 회장은 "현재 이 로봇들은 운동 지능에서 뛰어난 모습을 보이고 있다"며 "미래에는 인지 지능을 갖고 상호작용하는 로봇 개발이 가능할 것"으로 내다봤다.

불가능을 가능으로 만드는 나노기술

나명희 SK 하이닉스 미래기술연구원 부사장 · **에런 티엔** 싱가포르국립대 공과대학장

우리의 삶은 코로나19 팬데믹의 과정에서 영원히 바뀌었다고 해도 과언이 아니다. 물리적 거리 두기에 점점 익숙해지는 동시에 다양한 기술의 도움으로 가상 연결에 점점 더 의존하게 됐다. 이 모든 것을 가능케 한 기술의 중추는 반도체다. 반도체 기술의 급속한 발전은 이제는 우리가 더 이상 이것들 없이 산다고 상상할 수 없는 수많은 장치들을 통해 우리의 일상을 바꾸어놓았다. 그 대가로 우리 사회의 이러한 생활 방식의 변화는 기술 발전을 훨씬 더 빠른 속도로 이끌고 있다.

반도체의 핵심 기술 중 하나는 '작게 만드는' 것이다. 이제 이러한 장치의 치수는 나노미터 척도를 넘어 이전 세대의 기술과 동일하거나 더 낮은 비용으로 하나의 칩에 훨씬 더 많은 기능을 탑재하고 있

다. 우리 사회가 미래 세대의 이익을 위해 환경적으로 보다 지속가능한 기술 솔루션을 요구한다는 것 역시 새로운 도전 과제다.

제22회 세계지식포럼에서는 반도체 산업에서 혁신을 주도하는 석학들이 '비욘드 나노'를 위한 지혜를 모았다. 2001년 IBM에 입사해 20년이 넘는 반도체 기술 연구를 해온 나명희 SK하이닉스 미래기술연구원 부사장과 인텔, TSMC, 삼성 등 반도체 업계 선두주자들과 함께 일하며 차세대 반도체 기술 연구개발과 신기술 프로세스 시스템 공동설계를 지휘한 에런 티엔 싱가포르국립대 공과대학장이 그 주인공이다. 이 세션에서는 반도체 기술 개발의 다음 돌파구는 무엇인지, 4차 산업혁명에 어떤 영향을 미칠지, 그리고 이를 현실화하기 위한 방안은 무엇인지에 대한 진단이 이뤄졌다.

나 부사장은 그동안 반도체 산업의 패러다임이었던 '무어의 법칙'이 그 역할을 다했다고 진단했다. 무어의 법칙이란 마이크로칩 집적도가 24개월마다 2배로 늘어난다는 법칙이다. 인텔을 공동 창업한 고든 무어가 1965년 창안한 개념이다. 나 부사장은 "최근 2년 만에 반도체 집적도를 측정하는 AI파라미터 카운트는 240배 증가했다"며 "지난 수십 년간 무어의 법칙이 우리 업계의 패러다임을 주도해왔는데, 앞으로 우리 산업에서 기술이 얼마나 더 빨리 발전해야 하는지를 보여주는 지표"라고 설명했다.

나 부사장은 메타버스를 사례로 들며 반도체 산업 혁신의 필요성을 진단했다. 그는 "미국 힙합가수 래비스 스콧의 메타버스 콘서트에 1,000만 명이 참석했을 정도로 메타버스는 굉장히 흥미로운 주제이고 우리 모두가 여기에 들떠 있다"며 "페이스북과 마이크로소프트, 엔비디아가 메타버스를 이야기하고 있고, 가상의 삶을 만들어내는 가상현실은 우리 앞에 다가와 있다"고 평가했다.

이어 나 부사장은 "소비자들은 최고의 경험을 하길 원하며 가상의 삶이 실제 삶처럼 느껴지길 원하고 있는데, VR·AR(가상·증강현실) 기술과 클라우드 데이터는 물론 사용자와 컴퓨터, 클라우드 사이에 모두 이음새 없이 이어져야 한다"며 "이를 구현해내려면 저전력의 에너지칩이 필요하고, 많은 장치들이 수반돼야 하는데, 이는 우리가 가진 기술을 극한상황까지 밀어붙이고 있다"고 말했다.

그렇다면 현재의 반도체 기술은 어느 단계에 와 있을까. 나 부사장은 2차원(2D)에서 개발이 진행되던 반도체 기술이 3차원(3D)으로 이동하고 있다고 진단했다. 그는 "하루 24시간에서 시간이 더 늘어날 수 없고, 원자 단위보다 물질이 더 줄어들 수 없는 등 우리에게는 결코 변화시킬 수 없는 게 있다"며 "반도체 업계에서는 2D에서의 제약이 있다는 것을 깨닫고 3D 차원으로 이동하고 있다"고 설명했다.

나 부사장은 반도체 산업이 향후 '집합의 시대Convergence Era'를 거쳐 '융합의 시대Integration Era'로 옮겨갈 것으로 봤다. 나 부사장은 "현재 메모리와 컴퓨터는 완전히 분리돼 있고, 메모리와 파운드리를 나눠서 이야기한다"며 "메모리조차도 D램과 낸드, HDD 등 위계가 나뉘어 있고 그 역할도 각기 다르다"고 말했다. 이어 "많은 메모리를 서로 시너지를 내는 방향으로 사용하면 성능을 높일 수 있고, 에너지 사용량도 크게 줄일 수 있는데, 지금 반도체 산업은 이 컨버전스 시대의 초입에 있다"며 "사람의 뇌와 같이 데이터 이동 없이 동시에 연산을 하고 저장을 하는 융합의 시대가 향후 반도체 산업의 궁극적인 목표"라고 설명했다.

나 부사장은 인류의 지속가능성을 위해서도 비욘드 나노로의 반도체 혁신이 필수적이라고 봤다. 그는 "가상의 삶이 구현되면 디지털 자산이 필수적인 요소가 될 것이고, 암호화폐는 중추적인 역할을 담당할 것"이라며 "하지만 현재 연간 암호화폐를 발굴하는 데 필요한 에너지만 대한민국 전력 소비량의 20%를 차지할 정도"라고 말했다.

이어 "컴퓨터가 사용하는 전체 에너지 63%가 데이터 이동에서 발생하는데, 컴퓨터에서 메모리로 이동하는데 정말 필요한 부분만 제외하고 데이터 이동을 안 하면 전력을 줄일 수 있다"며 "비욘드 나노 시대로의 이동은 탄소 족적을 조절해야 하는 반도체 산업에 있어, 더 이상 선택이 아닌 의무"라고 강조했다.

나 부사장으로부터 바통을 넘겨받은 에런 티엔 싱가포르국립대 공과대학장도 인공지능 등 첨단 기술이 친환경적이지 않다는 목소리를 내며 힘을 보탰다. 티엔 학장은 "AI 하나를 모델 트레이닝하는데 차량 5대가 신차부터 내구연한이 다할 때까지 내뿜는 양만큼의 탄소를 배출한다"며 "고성능 컴퓨터를 트레이닝하는 데 굉장히 많은 에너지가 필요한데, 인류의 지속가능성을 위해서는 친환경성이 저해되지 않도록 하는 것이 중요하다"고 말했다.

티엔 학장은 신소재에서 반도체 혁신의 길을 찾았다. 그는 "소재는 DNA와 같다. DNA를 여러 방식으로 재구성하면 각각 다른 세포,

다른 기능이 생긴다"며 "지금 현재 우리는 실리콘을 소재로 쓰고 있는데, 여기에 티타늄 등 여러 소재를 추가하면 새로운 기능이 만들어진다"고 설명했다. 이어 그는 "반도체 기술을 처음 촉발시킨 게 신소재였다"며 "1970년대까지만 해도 주기율표에서 몇 안 되는 요소만 반도체 공정에 쓰이고 있지만, 지금은 주기율표상 거의 모든 요소들이 공정에 들어가고 있고, 실리콘과 크리스탈과 같은 신소재 속성에 따라 반도체가 발전해왔다고 해도 과언이 아니다"고 평가했다.

티엔 학장은 동아시아가 향후 반도체 혁신을 위한 소재 개발의 주축이 될 것으로 내다봤다. 그는 "누가 투자하는지를 살펴보면 다음 혁신이 어디에서 일어날지를 알 수 있다"며 "과거 40~50년대만 해도 소재 혁신은 주로 서구권 국가에서 이뤄졌지만, 현재는 대부분 아시아 국가들이 소재 과학 분야에서 훨씬 더 많은 논문을 발표하고 있다. 그래서 앞으로 소재 과학의 중심지는 아시아권이 될 가능성이 높다"고 말했다.

2030년 아시아 소비시장

마그누스 엑봄 라자다 그룹 CSO · **올리버 톤비** 맥킨지 싱가포르 사무소 시니어파트너
김종윤 야놀자 및 야놀자 클라우드 CEO

/

'아시아 시장과 첨단 기술이 글로벌 소비 기업 성패를 가른다.'
비즈니스 리더들이 처방한 포스트코로나 시대 기업 성공 전략을

한 문장으로 요약한 것이다. 여행 테크 기업 '야놀자'를 이끌고 있는 김종윤 대표와 동남아시아 최대 전자상거래 기업 라자다그룹의 마그누스 엑봄 최고전략책임자CSO(겸 라자다 말레이시아 CEO), 올리버 톤비 맥킨지 싱가포르 사무소 시니어 파트너가 강조한 키워드는 '아시아'와 '기술 확보의 중요성'이었다.

먼저 톤비 파트너는 "아시아는 다른 지역에 비해 젊은 인구가 풍부한 데다 소득 증가 속도가 가파르다"며 "2030년까지 아시아 지역 소비 증가 규모가 10조 달러에 달할 것"이라고 내다봤다. 소득과 성장의 증가, 혁신과 파괴적 기술의 도입이 아시아에서 동시다발적으로 일어나는 만큼 이 시장을 잡지 않고서는 성공을 논할 수 없다는 분석이다.

이에 기업인들이 변화하는 아시아 시장 흐름에 발맞출 수 있는 핵심 전략으로 디지털 전환과 ESG 경영을 강조했다. 김 대표는 "디지털 전환이 뉴노멀(새로운 표준)이 됐다"며 인공지능과 클라우드 기술 도입 등 디지털 전환을 시장 개척의 해법으로 꼽았다. 예컨대 AI와 클라우드 기술을 기반으로 호텔을 관리하면 개인 맞춤형 서비스가 가능해 필요한 물품은 고객이 갖고 오게 하는 등의 자원 낭비를 막고 운영비까지 감축할 수 있다는 얘기다.

김 대표는 "특히 여행 업계는 이동과 소비가 많은 업종"이라며 "이산화탄소와 플라스틱 배출 등이 많아 통합적인 관점에서 ESG 전략을 구축해야 한다"고 지적했다. 그는 "뉴노멀 시대 이전에는 ESG가 하나의 선택지에 불과했지만, 이제 소비자와 투자자는 ESG를 안하는 기업은 '안 좋은 회사'라고 인식한다"며 "디지털 전환과 ESG를 제대로 못한다면 시장에서 완전히 퇴출될 가능성이 있다"고 말했다.

김 대표는 "AI·클라우드 기반 호텔 한 곳을 지으면 호텔 운영비 절감은 물론, 연간 발생하는 플라스틱 폐기물과 이산화탄소를 감축할 수 있다"고 분석했다.

엑봄 CSO 역시 디지털 전환이 대세라는 점에 공감했다. 그는 "본격적으로 동남아에 진출했던 2012년만 해도 3G 통신망이 기본일 정도로 디지털 기술을 거의 사용하지 않았다"며 "밀레니얼 세대 등장으로 지난 10년간 커다란 변화가 있었다"고 회상했다.

엑봄 CSO는 코로나19 시대를 거치는 동안 온라인 운영 방식을 도입하며 동남아 중소기업 72%가 더 많은 고객에 접근할 수 있었다는 분석 결과를 내놓기도 했다. 그는 "이제 오프라인 매장 면적이 중요한 게 아니라 누가 먼저 데이터 전략을 도입했는지가 중요한 시대가 됐다"고 설명했다.

이에 톤비 파트너는 "아시아의 인구 통계학적, 소비행동 변화에 집중해야 한다"며 "변화하는 생태계 안에서 기업의 역할을 파악하고 적극적으로 다른 기업과 파트너십을 구축할 필요가 있다"고 조언했다. 그는 "아시아 시장을 선점하기 위해서는 어느 때보다 강력한 민첩함이 요구된다"며 "지금 승자처럼 보이는 기업도 팬데믹 이후에는 입장이 확연히 달라질 수 있기 때문에 성장 지도를 다시 구성해야 한다"고 역설했다.

다만 전문가들은 부의 양극화 등 소득 불평등과 포용적 성장의 부재를 앞으로 아시아가 극복해야 할 과제로 거론했다.

조선해양산업의 탈탄소, 스마트화

폴 스클라브너스 MIT 교수 · **주원호** 현대중공업 CTO

최근 몇 년간 분야와 지역을 막론하고 떠오른 핵심적인 키워드는 바로 4차 산업혁명과 기후위기 대응이다. 조선해양산업도 두 개의 시대적 변화에 즉각적이고 직접적으로 맞닥뜨리는 분야 중 하나다. 막대한 화석연료를 소비하는 대형선박들로 인해 그간 대기오염이 심각하게 진행됐으며 한편으로는 4차 산업혁명시대에 각광받는 자동운항 · 첨단물류 기술 등이 모두 선박에 적용되기 안성맞춤이기 때문이다.

이에 맞춰 현재 탄소중립과 스마트선박 관련 기술이 어느 수준까지 발전했고, 앞으로 어떤 기술들이 필요할지 짚어보는 것이 그 어느 때보다 중요해졌다. 해양공학 분야의 세계적 석학인 폴 스클라브너스 메사추세츠공대MIT 조선해양공학과 교수는 소형원자로를 적극 활용해야만 탄소중립을 이뤄낼 수 있을 것이라 강조했다. 스클라브너스 교수는 "(소형원자로는) 완전하게 탈탄소화를 이뤄낼 수 있는 기술"이라며 "대중과 산업계가 기술의 잠재력을 깨닫고 받아들이는 순간 예정된 목표보다 더 빠르게 탄소중립을 이뤄낼 수 있을 것"이라고 말했다.

소형원자로는 국내 정치권에서도 최근 자주 회자되고 있다. 대중에게 가장 널리 알려진 사건은 지난 4·7재보궐선거를 앞두고 오세훈·박영선 예비후보가 설전을 벌인 일이다. 오세훈 서울시장은 후보 시절이던 지난 2월 "빌 게이츠가 가장 강조하는 것은 2050년까지 '탄소제로'로 가기 위해 원전이 절대적으로 필요하다는 것"이라며 "박 후보는 이 내용을 모르고 빌 게이츠의 말과 책을 거론하는 건가"라고 꼬집었다. 이에 박영선 예비후보는 "(빌 게이츠는) 원전의 위험성 때문에 이동파 원자로로 불리는 차세대 원자로에 관심을 보이고 있는 것"이라며 "내용을 정확히 파악하고 상대를 존중해주시는 게 필요해 보인다"고 응수했다. 결과적으로 두 정치인 모두 소형원자로가 미래시대의 중요한 친환경·안전 에너지원이라는 것에는 뜻을 같이한 셈이다. 송영길 더불어민주당 대표 역시 문재인 대통령을 만나 소형원자로를 적극 활용하자는 제안을 한 바 있다.

스클라브너스 교수가 소형원자로 예찬론을 펼치자 좌장을 맡은 김용환 서울대 조선해양공학과 교수는 국내 정치 상황을 감안한 듯 안전성에 문제가 없냐는 질문을 던졌다. 이에 스클라브너스 교수는 "기존 원자로와 소형원자로가 어떻게 다른지를 대중들이 이해하고 나면 지금과 같은 불안은 사라질 것"이라며 "소형원자로는 체르노빌이나 후쿠시마에서 발생했던 것과 같은 재난으로 이어지지 않을 것"이라 설명했다.

주원호 현대중공업 최고기술책임자CTO도 현재 개발 중이거나 적용 중인 각종 첨단기술을 소개했다. 그는 "온실가스 감축을 위한 가장 좋은 방법은 대체연료라며 LNG · LPG가 대표적이며 암모니아 수소도 사용을 확대할 것"이라고 말했다. 이어 "현대중공업은 최초의 LNG 추진선, 최초의 LNG 추진 대형 컨테이너선, 세계 최대 LNG 벌크캐리어 등을 자체적 연료탱크와 시스템으로 제작해 인도했다" 고 설명했다.

주 CTO는 물류혁신에 대해서도 "2022년 말 통합스마트전기추진 선박을 인도할 예정인데, 이는 부분적으로 자율운항 선박이 될 것" 이라 전했다. 그는 이어서 "완전 자율운항 선박이 운영관리되는 것 은 AI를 통해서 이뤄질 예정"이라며 "완전자율 AI 시스템을 구현하 기 위해 이미 다양한 네비게이터를 개발했고 지속적으로 업데이트 할 것"이라 말했다.

현대중공업은 제조 분야에서도 스마트제조 로드맵을 2030년까 지 구현할 예정이다. 또한 스마트제조 시스템과 지능형 로봇 자동화 를 결합한 '디지털 트윈' 조선소를 구축할 계획이라고 덧붙였다. 주 CTO는 "친환경선박·자율운항선박·스마트 제조시설을 구현하려면 기업과 정부 등 모두가 협력해야 하고 ESG 차원에서도 여러 이해관 계자들의 참여가 필요하다"며 "업계가 아주 빠르게 변하고 있는 만 큼 지금까지 설명한 요소들은 혁신을 위한 노력의 끝이 아니라 긴 여정의 시작에 불과하다"고 강조했다.

바비 브라운: 포스트코로나 시대의 코스메틱

바비 브라운 바비브라운 코스메틱스 창업자

"K뷰티는 한 번의 유행으로 끝나지 않을 것이다. 고른 피부결을 살려 아름다움을 드러내는 '근본의 아름다움'의 가치는 앞으로도 공감을 얻어나갈 것이라고 생각한다."

바비 브라운 바비브라운 코스메틱스 창업자는 세계적인 한국 화장품 인기에서 비롯된 'K뷰티'에 대해 이 같은 견해를 밝혔다. 브라운은 "준비된 아름다움을 드러낸다는 점에서 K뷰티와 내 생각은 동일하다"고 강조했다.

브라운은 메이크업 아티스트로 활약하던 1991년 자신의 이름을 딴 화장품 브랜드 '바비브라운 코스메틱스'를 설립해 주목을 받았다. 바비브라운이 전 세계 메이크업 아티스트들의 사랑을 받자 이를 주목한 에스티 로더가 1995년 바비브라운을 인수했다. 브라운은 매각 후에도 브랜드 성장에 기여하다가 2016년 회사를 떠나겠다고 선언하면서 화장품 업계를 떠났다.

2020년 브라운은 '존스로드Jones Road'라는 새 브랜드를 선보이며 4년 만에 화장품 업계에 돌아왔다. 색조 화장품 일색이었던 바비브라운과 달리 친환경을 강조한 '클린 뷰티'를 내세우며 피부 본연의 아름다움을 강조했다.

브라운은 코로나19 팬데믹으로 인해 화장품에 대해 인식이 변화한 것이 자신을 다시 업계로 복귀하게 만들었다고 설명했다. 마스크로 얼굴 절반이 가려지면서 두꺼운 색조 대신 자연스럽게 피부를 표현할 수 있는 화장품이 관심받기 시작했다는 설명이다. 브라운은 "집에서 화상으로 대화하고 사회관계망서비스ₛₙₛ로만 개성을 알릴 수 있는 제한적인 상황에서 지나치게 과한 화장이 아닌 본연의 아름다움을 보여주고 싶어하는 사람들이 많다는 걸 느꼈다"며 "몇 가지로 단순화한 제품만으로 가볍게 꾸밀 수 있다는 것을 보여주고 싶었다"고 말했다.

이어 "일관되게 유지돼온 것은 사람들 모두가 아름다워질 수 있다는 점"이라며 "유행이 중요한 게 아니라 자신에게 어울리는 외관을 내면의 아름다움에서 찾을 수 있어야 한다"고 덧붙였다. 브라운은 "평소에도 유기농 제품을 챙기고 청결을 중요하게 여겨왔다"며 "내가 만든 제품에도 화학물질이나 유해물질은 들어가면 안 된다고 생각하고 있다"고 강조했다.

브라운은 이 같은 현상이 코로나19 극복 이후에도 이어질 것이라고 예상했다. 그는 "클린 뷰티는 앞으로도 계속해서 화장품 업계의 중요한 요소가 될 것"이라며 "코로나19 이후에도 너무 과하지 않으면서 아름다운 메이크업은 뷰티 트렌드로 자리잡을 것"이라고 내다봤다.

그는 30년 만에 자신의 브랜드를 선보이며 달라진 시장 환경에도 놀라움을 감추지 못했다. 브라운은 "당시에는 홍보 방법이 매장 안내나 인터뷰 등 제한적이었지만, 지금은 인터넷의 발달로 소비자와 실시간 소통하는 구조로 단순화됐다"며 "SNS에서는 소통을 넘어 화장을 가르칠 수도 있고, 모든 것이 심플해졌다"고 말했다.

청중들은 여성 사업가로 성공한 브라운에게 자신의 삶에서 가장 중요한 가치가 무엇인지 물었다. 이에 브라운은 "꾸준히 노력하고 어떤 일이든 포기하지 않고 열심히 해야 한다"며 "자신을 자연스럽게 받아들이고 일해야 진정 원하는 일을 쟁취할 수 있다"고 답했다. 삶의 주인이 자기 자신이라는 점을 항상 중요하게 생각해야 한다며 모든 일을 앞서서 걱정할 필요가 없다고 지적했다. 브라운은 "모든 사람들이 자신이 인생에서 무엇을 얻고 싶은지 알고 그것을 쟁취하길 바란다"며 "자신의 내면을 가꾸고 끝까지 정진해야 자연스러운 나 자신을 받아들일 수 있게 되는 것"이라고 강조했다.

이날 좌장으로 참여한 인기 뷰티 인플루언서 이사배 이사배아트 대표는 "메이크업을 처음 시작했을 때 보고 배운 책이 브라운의 저서였다"며 "아름다움은 건강한 자아에서 비롯된다는 브라운 신념이 K뷰티와 맞닿은 것 같다"고 말했다.

탄소중립을 위한 수소, 그리고 수소경제

우치다 야스히로 미쓰이물산 에너지솔루션본부 차세대 에너지사업부장 · **전순일** 현대자동차 연료전지설계실장

/

"한국 기업과 일본 기업은 과거부터 해외 조달과 관련해 밀접하게 협력하면서 파트너십을 구축한 경험이 풍부하다. 수소사회 구축에서도 양국 기업이 협력 관계를 단단히 해야 한다."

'탄소제로, 그리고 수소생태계와 경제'를 주제로 열린 한국과 일본 전문가들의 토론에서 우치다 야스히로 미쓰이물산 차세대에너지사업부장은 "일본 정부는 2030년까지 석탄화력 등 비효율적 에너지를 최소화하고 2050년 '탄소중립'을 달성하겠다고 선언했다"며 "이를 통해 2030년까지 온실가스 배출량을 현재보다 46% 감축시키는 상당히 도전적인 목표를 제시했다"고 소개했다.

우치다 부장은 "탄소중립을 위해 수소사회 확대가 필수적"이라면서도 "다만 아직까지 수소를 해외로부터 조달해야 하기 때문에 비싼 게 사실"이라고 말했다. 그는 "한국에는 수소 관련 기술이 뛰어난 기업이 많고, 일본 기업은 해외에서 수소 인프라 투자 경험이 많다"며 "두 나라 기업이 수소사회 활성화를 위해 협력할 부분이 많다"고 강조했다.

우치다 부장은 "수소의 수송과 관련해 일본 기업들은 암모니아를 활용하는 방법을 강구하고 있다"며 "기존 화학품 관련 설비를 그대로 이용할 수 있고 안정적이기 때문에 장기보존할 수 있는 장점이 있다"고 말했다.

세계적으로 친환경이 화두가 되면서 수소차에 업계 관심이 쏠리고 있다. 이른바 '수소 모빌리티'의 현재 상황을 보면 한국이 앞서가는 가운데 일본이 바짝 붙는 양상을 보이고 있다. 한국 정부는 2022년까지 수소충전소 310곳 구축 등 수소생태계 조성에 적극 나선다는 방침을 밝힌 바 있다.

수소차 개발 '산증인'으로 통하는 전순일 현대차 연료전지설계실장(상무)은 수소차 대중화를 위해 '3E_{Everyone, Everything, Everywhere}'를 강조했다. 전 실장은 수소의 잠재력으로 효율성이 좋고, 탄소중립 목표를 달성하는 데 기여하고, 미세먼지 정화 기능이 우수하고 일자리 창출을 일으키고, 임팩트가 크고, 인프라 구축 범위가 적고, 인프라 구축 비용이 적고, 재사용률이 높은 점 등 7가지 잠재력을 언급했다. 이를 통해 탄소중립을 이루는 것이 현대차가 추구하는 목표라고 강조했다.

전 실장은 "현대차의 경우 2045년 탄소중립을 선언하고 2025년에는 가장 많이 팔리고 있는 차량인 제네시스를 모두 전동화할 계획"이라며 "2028년에는 모든 상용차에 수소 시스템을 탑재해 2040년까지 모든 권역에서 전동화를 이뤄낼 것"이라고 설명했다. 이어 "과거에는 한국이 차만 잘하는 나라였지만 이제는 전 세계가 수소 1등 국가가 되겠다고 나서는 상황이니까, 한국도 차만 보지 말고 생태계 전체를 봐야 한다"며 "정부와 기업이 함께 노력해서 생태계를 구축하자는 움직임이 일어나고 있다"고 말했다.

전 실장은 "최근 현대차가 '하이드로젠 웨이브' 행사를 통해 수소차 전략을 발표했는데 대중화가 매우 중요하다"며 "대중화를 하려면 가격경쟁력과 확장성이 있어야 한다"고 강조했다. 전 실장은 이어 "수소의 안전성에 대한 대중적인 우려와 오해도 대중화를 위해 극복해야 할 과제"라며 "이밖에 관련 규제나 인증 같은 것을 조금 완화시켜주면 새로운 기술이 더 성장하는 데 도움이 될 것으로 기대한다"고 덧붙였다.

전 실장은 "현대차는 다른 자동차 기업에 비해 개발 역사가 짧지만 적극적인 리스크 테이킹을 통해 발전해왔다"며 "현대차뿐만 아니라 정부와 협력업체 모두가 하나로 엮여 좋은 성과물이 나오고 있는 것"이라고 강조했다.

백승욱 한국표준과학연구원 책임연구원은 "탄소중립이 강조되면서 여기에 도달하기 위한 기술적 한계를 수소 쪽이 상당히 보완해줄 것이라는 기대가 높아지고 있다"며 "앞으로 규모의 경제로 가면서 수소 공급망(서플라이 체인)이 굉장히 중요한 화두가 될 것"이라고 예측했다.

우버가 말하는 모빌리티 서비스의 미래

프라디프 파라메스와란 우버 아시아태평양 대표

/

"우버는 공유솔루션, 전기차 '멀티모달Multimodal'을 통해 아시아 지역 공략에 나설 것이다."

프라디프 파라메스와란 우버 아시아태평양 대표는 아시아의 탄소 배출 문제를 해결하기 위해 세 가지 전략을 추구해나갈 것이라는 청사진을 제시했다. 파라메스와란 대표는 무엇보다 아시아 국가들 사이에서 우버와 같은 공유솔루션 확대가 필요하다고 강조했다. 한국과 같은 아시아 국가들은 훌륭한 대중교통 시스템을 갖고 있지만 개인 소유 차량은 오히려 증가하고 있어 탄소 배출량이 늘어나고 있다.

파라메스와란 대표는 "공유차량 한 대가 운행되면 탄소배출량은 3분의 1에서 4분의 1가량 줄어든다"고 말했다.

또한 우버는 2030년까지는 미국과 캐나다, 유럽에서 2040년까지는 전 세계에서 운행하는 모든 차량을 전기차로 전환한다는 계획을 세웠다. 그는 "2025년까지 약 8,000만 달러(약 940억 원)를 투입해 우버 드라이버들의 전기차 전환을 돕고 있다"며 "2040년 이전에 목표를 달성할 수 있을 것"이라고 말했다. 파라메스와란 대표는 마지막으로 멀티모달 시스템에 대해 강조했다. 우버가 이야기하는 멀티모달이란 대중교통과 공유차량은 물론 전기 스쿠터, 자전거 등 다양한 교통수단이 결합된 이동형태를 의미한다. 그는 "집에서 스쿠터를 타고 역_{station}으로 가서 대중교통 수단을 이용한 뒤 목적지에 도달할 때까지 여러 교통수단을 사용할 수 있는 서비스 개발에 공을 들이고 있다"고 말했다.

우버는 2014년 한국 시장에 진출했지만 택시회사와 서울시의 반발로 곧 서비스를 철수했다. 이어 SK그룹과 손잡고 '우티'라는 이름의 서비스를 2021년 출시했다. 파라메스와란 대표는 "지난 몇 년간 한국 시장 동참을 위해 모색해왔다"며 "SK그룹과 협업해 '경쟁'과 '선택'을 제공키로 결정했다"고 말했다. 그는 SK그룹이 갖고 있는 T맵이라는 솔루션과 우버의 강점을 결합해 강력한 운영체계를 확보했다고 자신했다.

특히 한국 시장은 우버에게 있어서 도전적인 시장이다. 우버는 강력한 플랫폼으로 진출하는 국가마다 관련 부문 '1위'로 시장을 선도

했지만 한국에서는 '카카오T'가 시장을 지배하고 있기 때문이다. 그는 "우리가 진출하는 시장에서 항상 리더였지만 한국은 이 같은 측면에서 어려움이 있는 것이 사실"이라며 "카카오가 그동안 쌓아온 시장 구축 방식을 존중하는 만큼 우리가 다른 나라에서 쌓아왔던 파트너십, 시너지 등을 발휘해 운전자와 고객 모두에게 좋은 가치를 제공할 수 있다고 본다"고 설명했다. 또한 우티 서비스는 카카오의 강력한 대체제가 될 것으로 자신했다.

파라메스와란 대표는 한국을 포함한 아시아태평양 지역이 상당히 중요한 요지가 될 것으로 기대하고 있다. 인구의 꾸준한 증가와 우버 시스템을 이용할 수 있는 소비자의 증가 등 단순한 시장이라기보다는 혁신의 상황을 시험할 수 있는 '테스트 베드'가 될 수 있어서다. 파라메스와란 대표는 "아시아 시장은 택시와 우버가 협력할 수 있는지 알게 해준 중요한 곳"이라며 "일본·한국·홍콩·대만 4개국은 세계 최대의 택시 시장을 갖고 있는 만큼 우버와 택시 사업자들이 더 나은 상생관계를 유지할 수 있을 것"으로 기대했다. 그는 또 "한국 국민들은 신기술을 좋아하고 혁신을 사랑하는 만큼 도전적인 시장이지만 준비는 되어 있다"고 말했다.

파라메스와란 대표는 한국의 규제당국도 호의적으로 움직이고 있는 만큼 상황을 낙관적으로 보고 있다고 밝혔다. 그는 "저렴하고 안전한 교통수단을 제공하는 부문에 있어서 어떤 규제당국도 우버를 반대하지는 않는다"며 "특히 환경오염을 줄이고 교통체증을 완화하는 등 삶의 질이 중요해지고 있는 만큼 기술을 통해서 이 같은 문제에 기여하고 운전자에게 혜택을 나눠줄 계획"이라고 말했다.

우버는 또한 자율주행기술에도 많은 투자를 이어가고 있다. 하늘을 나는 자동차, UAM도 마찬가지다. 당장 구현될 수는 없다 하더라도 10년 동안 빠른 발전이 있던 만큼 관련 파트너십을 통해 관련 기술 확보에도 관심을 기울이고 있다.

PART 3

부의 탐색

Wealth Discovery

//////

마켓 업데이트 2022: 투자 전략 다시 짜기

피터 오펜하이머 골드만삭스 최고 글로벌 에쿼티 전략가

골드만삭스 최고 글로벌 에쿼티 전략가이자 유럽 매크로 리서치 대표다. 2002년에는 유럽 및 글로벌 전략가로 골드만삭스에 입사했으며, 2003년에는 매니징 디렉터, 2006 년에는 파트너로 승진했다. 골드만삭스 입사 전에는 HSBC의 매니징 디렉터이자 최고 투자전략가로 활동했으며, 햄브로스 은행의 최고 경제전략가로 근무했다. 현재 영국 국가경제사회연구소 개발위원회 위원으로도 재직하고 있다.

최희남 금융협력대사

2020년 11월 외교부로부터 금융협력대사에 임명됐다. 2018년부터 2021년 5월까지 한국투자공사(KIC)의 이사회 의장사장으로 일했으며 2016~2018년에는 국제통화기금(IMF)과 세계은행(WB Group) 상임이사를 지냈다. 1985년 공직에 입문한 그는 2012년 기획재정부 국제금융협력국장, 2013년 국제금융정책국장을 거쳐 2014년부터 2016년까지 국제경제관리관(국제담당차관보)의 역할을 수행했다.

세계지식포럼에서 온·오프라인 하이브리드 방식으로 진행된 피터 오펜하이머 골드만삭스 최고 글로벌 에쿼티 전략가와 최희남 금융협력대사의 대담 현장

오펜하이머 먼저 금융시장의 관점에서 2020년을 돌아보도록 하겠습니다. 우선 볼 수 있는 것은 전 세계 주식시장이 서서히 회복되고 있다는 점입니다. 주식과 같은 위험자산이 타격을 받았으나 그 이후에 회복했다는 것을 볼 수 있습니다. 또한 전 세계적으로 주식 시장은 팬데믹으로 가장 어려운 시기에도 30%밖에 하락하지 않았습니다. 반면에 과거 국제 금융위기 때는 60% 정도 하락했죠. 왜 그럴 수 있었을까요? 물론 정책적인 지원이 충분히 있었기 때문입니다. 앞서 말씀해주신 대로 역사적인 저금리가 있었습니다. 뿐만 아니라 미국의 전반적인 금융 양상이 훨씬 더 느슨했다는 것을 볼 수 있습니다. 또한 많은 국가에서 재정정책과 통화정책을 통해 시장을 부양했습니다. 그렇다면 이러한 양상이 주식의 밸류에이션에 어떤 영향을

미쳤을까요? 한 가지 우려할 수 있는 점은 벨류에이션이 이미 너무 높다는 것입니다. 주식의 벨류에이션은 전 세계적으로 보았을 때 글로벌 GDP에 비해서 훨씬 높은 수준이고 금융위기 발생 이전, 그리고 21세기 초반에 기술거품이 터졌을 때보다도 높습니다. 우리가 지금의 경기 사이클을 시작할 때 이미 벨류에이션이 높은 상황인 것을 고려하면 장기 수익률이 낮아질 수밖에 없습니다. 한 가지 말씀드리고 싶은 것은 2009년 금융위기 이후에 국공채 금리가 상당히 하락했습니다. 약 4%였던 것이 거의 1% 정도로 떨어지게 되었죠. 그 상황에서 배당률은 크게 바뀌지 않았습니다만 작년에 큰 변화가 있었습니다. 투자자들이 주식 쪽으로 몰려들고 경제 회복에 대한 기대도 컸습니다. 그래서 적극적으로 주식을 매입했는데 수입률이 1%여도 매입했습니다. 국채 같은 경우에는 리스크가 없죠. 그 당시에 국채금리가 6.5%였습니다. 하지만 현재 배당률이 1.5%일 것입니다. 자사주 매입을 고려해도 그러합니다. 장기적으로 보았을 때 디플레이션의 위험도 있는 상황입니다. 그래서 2022년에도 이 사이클이 계속된다면 디플레이션, 혹은 완만한 디플레이션이 발생할 수 있습니다. 한편으로는 인플레이션에 대한 우려도 있고 그렇게 된다면 리스크 주식의 리스크 프리미엄이 떨어져 채권 금리보다 높아질 수 있습니다.

우리가 강조해야 하는 것은 2022년 수익 성장률은 올해보다는 둔화될 것이라는 점입니다. 올해 실적이 아주 빠르게 회복했던 것은 2020년 실적손실에 따른 기저 효과 때문입니다. 그렇다면 어떠한 리스크를 우리가 주의깊게 보아야 할까요? 특히 미국 시장과 관련해서 말씀드리고 싶은 것이 있습니다. 미국의 실적 성장이 다른 지역보다 낮을 것인데 이는 우선 법인세율 때문입니다. 기업 부문의 실효 세율을 비교해보면, 미국은 상당히 낮습니다. 홍콩이나 싱가포르와 비슷한 실정입니다. 그러나 세율이 인상되면서 어쩔 수 없이 기업의 실적에 타격이 생길 수밖에 없습니다. 이에 따라서 몇 퍼센트포인트씩 실적이 감소될 수 있습니다. 실적 증가의 약 2% 정도 타격을 줄수 있겠고요. 그다음 위험은 주식시장에서 인덱스 내 일부 소수 종목들에 대한 집중도가 높다는 것입니다. 만약에 소수의 대형 종목이 타격을 받게 된다면 이들은 인덱스에 영향을 줄 수밖에 없습니다. 마지막으로 가장 두드러지게 우리가 집중해야 하는 리스크는 인플레이션과 채권 금리입니다. 2009년부터 소비자 물가 지수, 원자재 가격, 임금은 상당히 서서히 증가했지만 주식, 채권 등 자산들의 경우에는 인플레이션이 아주 높았습니다. 특히 장기자산이 이러한 관점에서 가장 큰 타격을 받을 수 있습니다.

최희남 미국의 금융 상황이 훨씬 유연하고 금융시장이 여러 정책 지원의 영향을 받았다고 말씀하셨는데요. 최근 시장에서는 연준과 중앙은행이 이러한 팽창 정책을 서서히 거둘 것이고 1년내 테이퍼링(자산매입 축소)을 단행할 것이라고 예상합니다. 이것이 금융시장에 어떠한 타격을 줄지 궁금합니다. 뿐만 아니라 연준에서는 1년 내 테이퍼링을 할 수 있지만 이것과 금리 인상과는 별개라고 했습니다.

오펜하이머　테이퍼링의 효과는 아마도 상대적으로 완만할 것으로 보입니다. 다시 말해서 충분한 경제 성장이 뒷받침된다면 괜찮을 것 같습니다. 지난 한두 달 동안 우려되었던 것은 바로 성장의 모멘텀이 느려지고 있다는 것입니다. 특히 미국과 중국에서 그렇다는 것인데요. 하지만 근간이 되는 성장은 충분히 견고하기 때문에 중앙은행 차원에서 서서히 자산 매입을 축소할 수 있다고 생각합니다. 그리고 연준과 중앙은행들은 아주 조심스럽게 상황을 관찰하고 있고 투자자들이 이러한 변화를 예측할 수 있도록 충분히 여지를 주고 있는 것 같습니다. 시장의 어떠한 깜짝 소식이 없도록 충분히 적응하고 이것이 시장에 반영될 수 있도록 노력하고 있기 때문에 큰 우려 사항은 아니라고 생각합니다.

최희남　성장 이야기로 넘어가도록 하겠습니다. 사실 델타 변이로 인해 소비에 대한 우려가 발생을 하고 있고 인프라 투자도 지연되는 경우가 발생하고 있습니다. 미국 경제성장률이 올해 6.5%에서 하향 조정되는 것으로 보이는데요. 골드만삭스에서도 5.7%로 하향 조정한 것으로 알고 있습니다. 이것이 경제 둔화의 징후일까요? 혹은 팬데믹 이후의 성장률이 회복하는 과정이라고 보면 될까요?

오펜하이머　사실 그 맥락을 먼저 봐야 합니다. 연 5~6% 정도는 미국과 같은 경제에서 엄청난 성장이라는 점을 기억해야 할 것입니다. 이와 같은 성장 속도는 아주 급격한 회복에서 조금은 둔화되는 상황이라고 보시면 되겠습니다. 그래서 성장률과 성장의 속도를 구분할 필요가 있습니다. 이런 속도는 조금씩 둔화되고 있죠. 미국 경제 같은 경우 기존의 성장률로 2022년 말이나 2023년에 회복될 것이라고 생각합니다. 금리는 아직 낮은 상황입니다. 그래서 성장의 장기적인 잠재력은 대체적으로 긍정적이라고 생각합니다. 그리고 말씀하신 하향 조정 같은 경우, 델타 변이의 영향을 반영하고 있는 것 같습니다. 소비가 살아나는 것이 다소 늦어지고 있기 때문입니다. 특히나 서비스 부문에 있어서 3/4분기 회복이 더뎌지고 있기 때문입니다. 하지만 4/4분기 시점에서 혹은 그 이후에는 서비스 부문도 회복될 것이라고 기대하고 있습니다.

최희남 최근 확진자수 증가 추세가 조금 꺾인 상황을 보면 코로나 변이로 인한 성장 둔화는 일시적이지 않을까 하는 희망을 갖게 합니다. 이것이 다시 한번 무역시장을 열고 경제회복을 할 수 있다는 징후가 될까요? 이런 흐름이 주식 시장에도 반영될까요?

오펜하이머 굉장히 흥미로운 점들이 주식시장에서 발견되는데 그중 하나는 2020년 3월 이후 아주 급격한 회복이 발생했다는 것입니다. 주요 주식시장의 지표를 보면 주요 상장주들의 변화가 있었다는 것을 볼 수 있습니다. 예를 들어 기술 회사들의 성장이 주식시장을 견인했습니다. 특히 채권 수익이 낮았기 때문에 이러한 성장이 두드러졌습니다. 지난해 말 같은 경우에는 백신에 대한 희망적인 소식이 나타나고 투자자들이 조금 더 낙관적으로 회복을 전망하면서 경제와 경기에 더 민감한 주식들이 올라가고 있는 것을 볼 수 있었습니다. 그렇지만 최근 지난 2~3개월의 상황을 살펴보게 된다면 성장 전망이 하향 조정되고 델타 변이가 나타나면서 경기에 민감한 주식들보다는 기술주들이 다시 상승했습니다. 저희는 델타 변이의 확진자 숫자가 꺾이면서 회복이 계속되기를 기대하고 있습니다. 그렇게 된다면 추가적으로 경기에 민감한 주식들이 살아날 것이라고 기대를 하고 있습니다. 특히나 금리나 채권 수익률에 민감한 주식들이 살아나지 않을까 생각합니다.

예측 2022:
인플레이션에 대비하라

노벨경제학상 수상자 폴 밀그럼: 글로벌 공급망의 회복

폴 밀그럼 스탠퍼드대 교수, 2020년 노벨경제학상 수상자

"코로나19 대유행을 겪으면서 기업들이 강력하면서도 회복력을 갖춘 글로벌 공급망을 구축해야 한다는 인식을 갖게 됐다."

2020년 노벨 경제학상 수상자인 폴 밀그럼 스탠퍼드대 교수는 현재 글로벌 시장에 대해 이 같은 진단을 내놓았다. 게임이론으로 노벨상을 받은 밀그럼 교수는 자원 효율적 배분을 연구해온 학자다. 밀그럼 교수는 공급망 구축에 대한 기업의 달라진 시각을 긍정적으로 평가했다. 훗날 다시 일어날 수도 있는 경제충격을 흡수할 범퍼가 될 것으로 내다본 것이다. 그는 "코로나와 유사한 충격이 와도 영향을 최소화할 수 있도록, 기업은 재택근무를 늘리고 출근 횟수를 줄이는 등의 타당한 전략을 세울 것"이라고 전망했다. 그러면서 그는 "기업

이 전염병 확산으로 인한 영구적 환경변화에 적응하기까지 시간이 걸릴 것"이라면서도 "대신 코로나 충격으로 인한 급격한 경제위축이 다시 있을 거라곤 생각지 않는다"고 강조했다.

다만 밀그럼 교수는 공급망 확보·보호를 위해 세계 주요국 기업들이 공장을 본국에 세우는 등 '유턴'을 하게 되면, 결국 그 피해는 저소득 국가가 보게 될 것이라는 우려를 제기했다. 그는 "저비용·저숙련 노동력이 로봇 등의 기술로 대체되면서, 지리적인 일자리 분포에 영향을 주고 있다"며 "저비용과 함께 회복탄력성을 중시하는 기업들이 공급망 차질을 우려해 자국으로 생산기지를 돌리게 되면, 저소득 국가들이 잃을 게 많다"고 지적했다.

밀그럼 교수는 자원의 효율적 배분을 연구해온 학자지만, 최근 논란인 나라별 백신 배분에 대한 논란에 대해서는 "경제가 아닌 정치적 차원의 문제"라고 선을 그었다. 그는 "최고위직 정치인이 자국에 미접종 국민이 있는 상황에서, 다른 나라에 접종 우선순위를 주겠다고 하기는 어렵다"며 "경제학적 해답은 없다. 정치적 문제를 극복하고, 충분한 백신을 바탕으로 빠른 속도로 공유하는 것이 유일한 방법"이라고 덧붙였다.

그밖에 코로나 대유행으로 계층 간 양극화가 가속화된 게 아니냐는 질문에 밀그럼 교수는 "이전부터 있던 현상이 가속화된 것"이라 전제하면서도 "코로나 이후 경제 회복에 걸린 시간은 한 분기에 불과한데, 급격한 회복 과정에서 미국의 경우 고등학교 졸업자와 대학 졸업자 간 소득격차가 벌어졌다"고 말했다. 그는 이어 "특히 인공지능 등 신기술이 도입되면서 정보기술 계열 산업에서는 많은 일자리가 생겨난 반면, 도소매업은 그러지 못했는데 이는 우려되는 부분"이라고 말했다.

그는 자원 배분 외에 미국과 중국의 갈등, 백신 공급, 기후변화 등 다양한 주제에 대한 견해도 내놓았다. 기본소득도 그중 하나였다. 밀그럼 교수는 국내에서 이슈가 되고 있는 기본소득제와 관련해 비판적인 입장을 취했다. 그는 "보편적 기본소득제를 시행하기에 지금은 시기상조"라며 "코로나19로 자동화 트렌드가 가속화된 건 맞지만, 이로 인해 새로운 일자리가 창출된 분야도 있다"고 말했다.

밀그럼 교수는 일자리 손실이 이뤄지는 분야에 대한 보상이 이뤄지지 않을 경우, 보편적 기본소득제의 중요성이 커질 것이라는 데는 동의했다. 하지만 그는 "과거 1840년에도 산업혁명과 자동화로 전통적 일자리가 사라지고 근로자층이 파괴될 거란 우려가 있었으나, 그 예상은 틀렸다. 기술발전이 이뤄지면서 새로운 일자리가 만들어졌다"고 밝혔다. 그러면서 그는 "지금도 비디오게임 디자이너, 각종 프로그래머, 검색광고 알고리즘 개발 등의 일자리가 생겨났다"며 "디지털 전환 등으로 일자리를 잃은 사람 중 새 일자리로 보상받지 못한 이들에게 기본소득을 제공할 수는 있지만, 이는 좀 더 두고봐야 할 문제"라고 강조했다.

글로벌 경제전망: 거시적 관점에서의 글로벌 경제

데이비드 켈리 JP모건애셋매니지먼트 CSO · **존 리** 메리츠자산운용 대표이사

/

"미국 성장주는 너무 비싸다. 미국 외 여러 나라에서 소형주와 가치주를 담을 때다."

20년 넘게 자산시장을 분석해왔으며 현재 세계 금융업계에서 가장 영향력이 큰 투자 전문가 중 하나인 데이비드 켈리 JP모건애셋매니지먼트 최고글로벌전략가CSO는 포트폴리오 다각화의 중요성을 강조했다. 켈리는 "스탠더드앤드푸어스S&P 500의 12개월 선행 주가수익비율PER은 21배"라며 "25년 평균치에서 30%나 높은 상태이기 때문에 시장에 조정이 있을 것으로 본다"고 설명했다.

글로벌 투자자 사이에 만연한 미국 주식에 대한 과신을 경계한 것이다. 한국은행에 따르면, 2020년 말 한국인이 미국에 투자한 금액은 5,345억 달러(625조 원)로 전년 대비 1,148억 달러(134조 원)나 급증했다.

하지만 켈리는 미국이 역사상으로 안전하기만 한 시장이 아니었다는 점을 주목해야 한다고 조언한다. 그는 "미국엔 9·11테러도 있었고, 글로벌 금융위기도 발생했으며, 코로나19 팬데믹에서도 예상 못한 충격이 있었다"며 "미국 주식 외에 여러 주식으로 포트폴리오를 다각화함으로써 쇼크에 대비할 필요가 있다"고 말했다.

그는 "전 세계적으로 여러 국가 주식시장의 PER이 미국보다 30%쯤 낮다"며 "그만큼 할인이 있다는 뜻이기 때문에 각국 주식시장별

로 밸류에이션을 잘 봐야 한다"고 설명했다. 이어 "경제가 올해 4분기에서 내년까지 계속 회복된다면 더 많은 금융기관과 에너지 기업이 개선된 성과를 보일 것"이라며 "그동안 저평가됐던 가치주들이 순환적으로 오르리라 본다"고 부연했다.

테이퍼링(자산 매입 축소)은 시장에 큰 영향을 미치지 못할 것이라고 예상했다. 그는 "이미 사람들이 예상한 금융정책은 자산가격에 큰 영향을 미치지 못한다"고 말했다. 이어 "테이퍼링은 12월께 시작될 것"이라며 "Fed는 매월 매입하는 국채 규모를 매달 1,200억 달러에서 점진적으로 축소해 내년 7월이면 국채를 전혀 매입하지 않게 될 것"이라고 했다. 달러화 강세는 오래 지속되진 않을 것으로 관측했다. 켈리는 "미국에서 가장 큰 노동 인구인 베이비붐 세대가 은퇴하고 이민율도 떨어지면서 일할 사람이 없어지고 있다"며 "미국은 무역 적자가 큰 상태일 뿐만 아니라 성장 속도도 느려지고 있어 달러가 약세로 돌아설 수밖에 없다"고 예상했다.

2030대를 중심으로 부는 가상화폐 투자 열풍은 위험하다고 봤다. 켈리는 "화폐는 가치가 안정적이어야 하고 이것을 바탕으로 거래해야 하는데, 가상화폐는 가격 변동 폭이 크기에 진정한 의미의 화폐라고 볼 수 없다"며 "사람들은 이것이 빠르게 오른다는 점에서 흥미를 느끼는 것 같은데 20년 전 뉴스를 찾아봐도 급속도로 가격이 상승했다가 갑자기 사라진 자산들이 있었다"고 말했다. 그는 "투자는 본인이 전문적인 분야에서 해야 한다"며 "천천히 부를 쌓아가는 게 중요하지 예측으로 투기하는 것은 옳지 않다"고 역설했다.

중국 시장 투자자들에겐 정책과 규제를 잘 살펴보라고 조언했다. 켈리는 "중국 정부는 기업 규제도 늘리고 사교육도 통제하고 있다"며 "정부가 더 많은 통제권을 가져가다 보면 혁신은 저하된다"고 했다. 그는 "사기업 통제는 경기침체로 이어질 수 있고 이는 중국 시장의 밸류에이션을 떨어뜨릴 수 있다"며 "중국 시장에 투자할 땐 중국 정부 규제를 꼼꼼히 들여다볼 필요가 있다"고 조언했다. 그러면서도 "중국 채권 시장에는 투자 기회가 있을 것이라 본다"며 "다른 시장과 연결되지 않았기 때문"이라고 했다.

동학개미운동 선봉장으로 불리는 존 리 메리츠자산운용 대표는 한국인이 주식에 더 많은 관심을 가져야 한다고 강조했다. 그는 "한국인 전체 노후 자금의 70~80%는 부동산에 투자돼 있고, 주식시장 투자 비중은 2~3%밖에 되지 않는다"며 "부동산은 절대 실패하지 않는다는 믿음 때문인데 굉장히 위험하다고 본다"고 우려했다. 그는 "장기적으로 봤을 때 주식 투자의 수익률이 더 좋을 것이라고 본다"며 "많은 한국 투자자가 작년에 주식 투자를 처음 시작했는데 좋은 선택이라고 평가하고 싶다"고 덧붙였다.

글로벌 투자전망: 팬데믹 회복기에서의 투자옥석 고르기

린 이푸 베이징대 국가발전연구원 명예원장 겸 교수 · **사와다 야스유키** 도쿄대 교수
조동철 KDI국제정책대학원 교수

한·중·일 경제 구루들이 "팬데믹 사태로 저금리 환경에 막대한 돈이 풀리며 글로벌 자산가격이 급등했지만 내년에는 이 같은 상승 열기가 식을 것"이라고 내다봤다. 자산 거품이 꺼지는 데 대비해 주식·부동산 운용 전략 등 돈의 흐름을 재점검해야 한다는 분석이 나온다.

조동철 KDI 국제정책대학원 교수, 린 이푸 중국 베이징대 국가발전연구원 명예원장, 사와다 야스유키 일본 도쿄대 교수는 각각 한·중·일을 대표하는 경제학자다. 조 교수는 지난해까지 한국은행 금융통화위원을 역임하며 통화정책 큰 그림을 그렸고 린 이푸 교수는 2008~2012년 세계은행WB 수석 부총재를 지냈다. 사와다 교수는 지난달까지 아시아개발은행ADB 수석 이코노미스트로 활동하며 거시경제 전망에 탁월한 능력을 보여줬다.

이들은 내년 세계 경제가 점진적으로 회복하겠지만 2021년 세계 성장률을 끌어올렸던 두 축인 미국 확장재정과 저금리 통화정책에 변화가 생기며 내년 최대 경제변수가 될 것이라고 예고했다.

린 이푸 교수는 "2007~2008년과 비교했을 때 실물경제가 많이 호전되지 않았지만 저금리 기조로 증시 수준이 지나치게 높아진 게 문제"라며 "미국 기준금리 인상이 단행되면 자산가격에 조정이 있을

것"이라고 말했다. 그는 "미국에서 테이퍼링(자산 매입축소)이 진행되면 신흥국에서 자본유출 현상이 발생할 것"이라며 "자본유출로 신흥국 거시경제까지 압박받을 수 있다"고 우려했다. 사와다 교수도 "미국발 통화정책 변화가 경제 리스크"라고 말했다.

조 교수는 "미국의 강력한 재정정책으로 올해 한국과 미국 등 주요국 성장률이 상당 부분 높아질 수 있었다"며 "내년도 미국 재정정책은 현재 논의 단계로 불확실성이 있다"고 지적했다. 그는 2021년 세계 성장률을 6%선으로 예상했지만 기저 효과 등이 사라지는 내년에는 5%대로 성장 강도가 낮아질 것으로 봤다.

한 · 중 · 일 대표 경제학자들은 미국 재정 · 통화정책 기류 변화로 내년 세계 경제 변동성이 커질 것으로 보면서도 아시아가 주도하는 디지털 경제가 포스트팬데믹 시대 버팀목이 될 수 있다고 내다봤다.

사와다 교수는 "아시아에서는 코로나19 사태 이전에도 급속한 경제 디지털화가 진행됐는데 팬데믹 국면에 재택근무, 전자상거래 등 속도가 더 빨라졌다"며 "앞으로 아시아 경제가 회복이 더 강하게 이뤄질 수 있을지를 결정짓는 요인은 디지털 경제"라고 말했다.

아시아가 디지털 경제 중심지로 발전하고 있는데 아직 온라인 상거래 규모 등이 미국에는 미치지 못하고 있어 성장 잠재력이 더 크다는 진단이다. 사와대 교수는 "2025년까지 디지털 경제로 인해 글로벌 생산성이 4조 3,000억 달러 이상 늘어날 것으로 보이는데, 이 가운데 아시아 지역에서 1조 7,000억 달러 규모의 경제 효과가 나올 전망"이라며 "2022년 경제에서 아시아의 디지털 경제 성장은 굉장히 중요한 요소가 될 것"이라고 분석했다.

조 교수도 "팬데믹 사태 이후에는 지금까지 기술 혁신이 진행됐던 비대면 언택트 산업 양상이 완전히 달라질 전망"이라고 예견했다. 다만 디지털 경제 전환에 따라 전통 산업에 타격이 우려된다는 지적도 나왔다. 린 이푸 원장은 "소비가 비슷한 상황에서 전자상거래 소비가 더 많이 늘어난다면 대면 소비는 줄어들 수밖에 없다"며 "전반적으로는 소비에 불확실성이 있다"고 지적했다.

내년 거시경제를 놓고보면 저금리 유동성 환경에 급격히 증가한 자산시장 열기가 잦아들 것이라는 전망이 주류를 이뤘다. 린 이푸 교수는 "2008년 금융위기 전 다우지수가 1만 선이었을 때도 너무 고점 아니냐는 시장의 우려가 있었는데 지금은 3만 4,000선까지 올랐다"며 "미국 주식 등 자산시장이 상당히 고조됐다"고 향후 전망을 부정적으로 봤다. 자산가격 급등은 한국에서도 공통적으로 나타나는 현상이다. 2017년만 해도 중국 경제 규모(명목 국내총생산)의 7.8배였던 국민순자산은 지난해 9.2배까지 크게 뛰어올랐다. 단기간 부동산과 금융자산 가격이 급격히 상승한 데 따른 것이다.

린 이푸 교수는 "높은 자산가격이 유지됐던 것은 결국 낮은 금리 때문"이라며 "미국 테이퍼링 이후 금리 인상이 단행된다면 분명히 자산 가격의 조정이 있을 것"이라고 강조했다.

경제 구루들은 2021년 급등세가 두드러졌던 물가에 대해 최근 압박이 강해졌음을 인정하면서도 크게 우려할 만한 수준은 아니라는 평가를 내놨다. 조 교수는 "미국 등 물가 상황이 팬데믹 이전보다는 높게 나오겠지만 걱정할 수준은 아니며 오히려 성공적인 통화정책의 결과로도 해석할 수도 있다"며 "팬데믹 사태 이전에 선진국 중앙은행들의 목표는 시장의 인플레이션 기대치가 너무 떨어지지 않도록 하는 것이었다"고 지적했다. 조 교수는 비슷한 이유로 스태그플레이션(경기침체에 물가급등이 겹친 현상)이 발생할 가능성도 적다고 일축했다.

전문가들은 악화일로를 걸었던 미·중 통상분쟁은 어느 정도 진정될 것으로 봤다. 경제적 측면에서 보면 중국만큼 저렴한 가격으로 미국에 제품을 공급할 수 있는 대체 국가를 찾기 어렵기 때문이다. 린 이푸 교수는 "중국 수입을 더 줄이면 팬데믹 국면에서 미국 인플레이션 압력이 더 커질 수 있다"며 "미국의 강력한 대對중국 제재 조치를 어느 정도는 완화할 것으로 본다"고 전망했다.

글로벌 리스크: 글로벌 시스템의 취약성

리처드 레빅 레빅 회장 및 CEO · **데이비드 제이콥** 마시 아시아 CEO
린 이푸 베이징대 국가발전연구원, 명예원장 겸 교수 · **정형민** 국제금융센터 리스크분석본부장

"희망의 부재가 현 시대 가장 큰 리스크다." - 리처드 레빅 레빅 회장
"국제적 상호연결성이 높아지며 위기의 파급력도 커졌다.
모든 조직이 회복탄력성을 갖춰야 한다." - 데이비드 제이콥 마시 아시아CEO

전략 커뮤니케이션 컨설팅 기업 레빅의 창업자인 리처드 레빅 회

장과 글로벌 보험중개사 마시 아시아의 데이비드 제이콥 CEO는 전세계가 초연결사회로 진입하며 국제적 위험 요소도 극대화하고 있다고 입을 모아 지적했다. 이웃 도시와 국가에 발생한 위기가 순식간에 자신의 리스크가 될 수 있기에 약한 고리(시스템·조직의 약점이 되는 부분)를 보완하기 위한 초국가적 대응이 필요하다고 강조했다.

향후 각국에 드리울 수 있는 위험 요소를 정치·경제·사회적으로 살펴봄으로써 코로나19와 같은 전 지구적 대재앙의 재발 방지책을 모색해보려는 차원으로 진행된 토론에서 제이콥 CEO는 "리스크가 그 어느 시기보다 세계 곳곳에 산재해 있다"며 "코로나19 팬데믹을 통해서 우리가 확인한 것은 글로벌 시스템의 취약성"이라고 말했다. 그는 "모든 조직이 회복탄력성을 갖출 수 있는 혁신적 솔루션을 찾아야 한다"며 "여러 국가에서 더 저렴한 보험 서비스를 많은 사람에게 공급해서 자연재해, 사이버 테러로부터 보호되지 않는 사각 지대를 제거해야 할 것"이라고 덧붙였다. 그는 "지난해 아시아에서 자연재해와 관련된 손실이 670억 달러(78조 원)나 발생했는데 이중 보험으로 보호된 영역은 아주 좁다"며 "기업 모델 분석 등 정량화 작업을 통해 민관이 협력하는 보험 파트너십을 만들어야 한다"고 제안했다.

레빅 회장은 "전 세계에서 하나의 공통된 위험 요소가 있다면 바로 '희망의 부재'"라고 역설했다. 그는 "2차 세계대전, 석유파동, 인플레이션 등 우리는 수 차례 위기를 겪었지만 지금처럼 희망이 부재한 시기는 처음"이라며 "과거엔 위기 후엔 늘 경제성장이 있었고, 다음 세대가 전 세대보다는 잘살 것이라는 희망이 있었다"고 설명했다. 이어 "구조적 위험이 나날이 늘어나며 개개인의 공포가 커지고 있다"
며 "법적·비즈니스적 차원을 넘어 정서와 관련된 리스크를 보다 철
저히 살펴야 할 것"이라고 주장했다.

코로나19 타격에서 회복되는 데는 선진국과 신흥국 사이 격차가
발생할 것이란 관측이 제기됐다. 정형민 국제금융센터 리스크분석본
부장은 "코로나19 감염이 다시 확대되는 와중에도 입원율이나 치명
률이 크게 늘어나지 않는다는 점은 지속적인 경제성장 가능성을 보
여준다"면서도 "신흥국에서는 백신 접종률을 높이기 전까진 선진국
같은 회복 속도를 보여주진 못할 것"이라고 내다봤다.

정 본부장은 인플레이션 리스크도 경계할 필요가 있다고 말했다.
그는 "올해 인플레이션은 우리가 예상한 것보다 빠르다"며 "팬데믹
중 반도체 시장에 대한 투자가 부족했고, 지속적인 감염 확대로 인해
글로벌 네트워크에 차질이 발생했기 때문"이라고 설명했다. 이어 "반
도체 등 글로벌 공급망이 추가적으로 개선되려면 적어도 내년 중반
은 돼야 할 것"이라고 부연했다.

세계은행 부총재를 지낸 린 이푸 베이징대 교수에겐 '최근 중국의
기업 규제 강화는 시장경제에 반하는 모습이 아닌가'라는 질문이 주
어졌다. 린 이푸 교수는 "알리바바 같은 기업은 독점적 지위를 지니
고 있어서 통제하는 것이 굉장히 어렵다"며 "중소기업들도 공정하게
경쟁할 수 있는 환경을 조성해주려는 차원으로 봐야 한다"고 대답했
다. 그는 중국이 미래에도 세계 경제성장률의 30%를 기여할 수 있다
고 예측했다.

연사들은 글로벌 리스크를 줄이기 위해 ESG 경영을 강화할 필요성에 대해서도 언급했다. 레빅 회장은 "수익성만 강조하는 밀턴 프리드먼식 접근법은 더 이상 유효하지 않다"며 "브랜드의 중심에는 '와이Why'에 대한 질문이 있어야 한다"고 말했다. 그는 "애플, 구글, 나이키, 미쉐린타이어를 보면 기업을 넘어 종교가 되고 있다"며 "철학적 추종자를 만들 수 있는 기업이 되면 더 많은 리스크를 감당할 수 있다"고 했다.

포스트코로나
투자 전략

빅데이터·머신러닝 투자에 적용하기

루크 엘리스 맨그룹 CEO

무한에 가까운 정보의 홍수 속에서 데이터와 기술의 힘을 활용하는 것은 투자 성과를 가르는 중요 요인이 되고 있다. 빅데이터와 머신러닝을 동반한 새로운 기술이 투자에 접목되는 가운데 금융투자업계도 변화하는 투자환경에서 살아남기 위해 적극적으로 기술을 도입하고 있다. 시장의 데이터가 기하급수적으로 증가하면서 0.1%라도 더 정확하게 미래를 예측할 알고리즘이 경쟁력을 더해줄 것이란 배경에서다.

현재 약 200조 원(1700억 달러)의 자산을 운용하는 맨그룹은 인공지능 머신러닝을 활용해 투자 상장사 정보를 한발 앞서 분석하고 투자기법에 활용하고 있다. 맨그룹은 세계 최대 대체투자 운용사 중 하나로 200년의 역사를 자랑한다.

맨그룹의 루크 엘리스 대표 CEO는 이 같은 첨단 기술을 활용한 맨그룹의 투자 방식을 소개했다. 그는 2010년 맨그룹에 합류해 투자 전반을 관리하는 사장직을 역임했다. 1998년부터 2008년까지는 맨 FRM 상무이사 등을 맡았다. 런던 JP모건의 상무이사와 주식 파생상품 및 프랍 트레이딩 사업부의 글로벌 본부장으로도 근무하기도 했다.

엘리스 CEO는 "인공지능과 관련된 많은 발표를 보면 인공지능과 머신러닝이 할 수 있는 게 무엇인지에 대해서만 이야기하고 구체적으로 어떻게 사용하는지 말하지 않는다"며 "맨그룹은 전체 자산의 70%를 계량분석(퀀트)을 통해 투자하고, 머신러닝 구현을 많이 해왔다"고 말했다.

맨그룹은 머신러닝 기반 감성분석 AI를 이용하고 있다. 하나의 단어에 대한 긍정과 부정을 평가하는 데에서 한발 더 나아가 문장 구조와 단어 조합을 학습시켜 의미를 파악하는 것이다. 엘리스 CEO는 "세금이라는 단어가 나오면 통상적으로는 기업에 부정적인 것으로 느껴지지만 '부담을 줄였다'라는 문장을 만나면 소화가 되면서 긍정적인 요인이 된다"며 "1세대 기계학습 기술에서는 단어의 긍정과 부정만을 학습시켰지만 크게 진전이 없었고, 지금은 구조화된 학습과 신경망구조 탐색을 통해 기계가 맥락에 대한 이해를 할 수 있도록 하고 있다"고 설명했다.

맨그룹은 연 2만~3만 건에 달하는 전 세계 상장사 실적 발표를

AI가 듣게 하고 이를 기록해 분석한다. 엘리스 CEO는 "사람은 30초 동안 3개 문장 정도를 읽어내지만 머신러닝을 마친 인공지능은 1800만 개에 달하는 문장을 같은 시간 동안 읽어낼 수 있다"며 "금융시장에서는 방대한 양의 정보가 있는 만큼 리스크를 줄이고 투자에 성공하기 위해서는 빠른 정보처리가 중요하다"고 설명했다.

일반 투자자들이 쏟아내는 반응도 분석 대상이다. 미국 상장사 정보와 개인투자자들의 반응이 집약되는 '월스트리트 베트'에서는 하루 댓글만 20만 개에 달한다. 이모티콘과 자연어 학습을 마친 맨그룹의 AI는 투자자들의 감정 정보를 분석해 업종별로 투자 심리가 어느 쪽으로 움직이는지 확인한다.

엘리스 대표는 "하루 종일 앉아서 웹페이지를 쳐다보고 있지 않아도 시장의 움직임을 읽을 수 있다"며 "투자자들의 심리를 퀀트(계량) 분석하면 롱포지션(매수)과 숏포지션(매도)을 한발 앞서 예측할 수 있고, 이는 리스크 상황에서 투자자 보호에 효과적인 수단이 된다"고 설명했다.

맨그룹은 방대한 양의 기업 데이터를 정리하는 데도 첨단기술을 활용하고 있다. 기업의 가치평가를 할 때 경쟁사를 확인하고, 공급 업체와 고객은 누구인지에 대한 파악이 필요하다. 엘리스 CEO는 "수작업으로 분석을 할 수는 있지만 시간이 아주 많이 걸린다"며 "AI를 통해 발표된 공개 데이터에 적용하면 네트워크 효과를 확인할 수 있고, 서로 다른 회사들을 비교 분석할 수 있다"고 설명했다. 이어

"애플과 같은 회사의 경우에는 다른 400개 상장 종목의 관련 회사들이 있을 수 있다"며 "일일이 수작업을 하지 않고서도 몇 단어를 사용하면 어느 회사가 이 회사의 경쟁사인지를 확인할 수 있고, 어느 회사가 협력사인지도 확인이 가능하다"고 말했다.

불확실한 세계 속 주의신호

오하드 토포 TCK인베스트먼트 회장 · **황영기** TCK인베스트먼트 선임 고문

/

"최근 증권사 은행 고액 자산가들의 투자 비중을 보면 포트폴리오 65%가 주식에 투자하고 있다. 이는 기록적인 비중이다."

가문 · 자산가 · 기업 · 재단 · 기관 등 고객에게 투자 서비스를 제공하는 글로벌 투자회사 TCK인베스트먼트의 오하드 토포 회장의 설명이다. TCK는 2012년 오하드 토포와 하워드 막스에 의해 설립됐으며, 런던과 서울에 각각 지사를 두고 있다.

토포 회장은 한국과 미국 증시가 동반 상승 행진을 보이고 있는 점을 흥미로운 지점으로 꼽았다. 그는 "펜데믹 속에서도 경제가 꾸준히 회복하고 있으며 S&P 500 지수 등도 기업 실적과 함께 계속 성장하고 있다"며 "기업들이 엄청난 실적을 달성하는 한편, 건전한 비즈니스 모델을 통해 필요한 공장은 문을 열고, 필요 없는 공장은 문을 닫는 식으로 유연하게 대처하고 있다"고 말했다. 현재 증시가 코로나19로 인한 펜데믹 저점인 것을 감안하더라도 기업 실적이 좋기 때문

에 고평가로만 볼 수 없다는 것이다.

토포 회장은 특히 한국 코스피 상승세를 주목했다. 그는 "코스피와 기업의 실적 전망치가 맥을 같이 한다"며 "한국 경제의 펀더멘탈이 강해진 것으로 상당히 긍정적인 현상으로 볼 수 있다"고 말했다. 코스피 시가총액 상위 10대 종목이 5년 전과 비교해 크게 변화한 것도 언급했다. 그는 "한국은 신성장산업 비중이 2009년 55%에서 2021년 77%로 상승했다"며 "한국 코스피 시가총액 상위 10대 종목이 대부분 이들 그룹이 차지하는 것으로 재편됐다"고 말했다. 한국의 투자자들이 새로운 경제 체제에 잘 적응해나가고 있다는 점을 높게 평가한 것이다.

앞으로의 경기 전망도 긍정적으로 바라봤다. 토포 회장은 "기업의 실적 개선이 두드러지는 만큼, 현재의 투자 비중이 빠르게 변할 것으로 생각하지 않는다"며 "주식형 펀드에 엄청난 금액의 개인·기관투자자 자금이 유입되고 있다"고 말했다. 그는 글로벌 기업과 국내 기업 실적이 호조세를 보이면서 향후 1년간 증시 전망도 긍정적일 것으로 전망했다. 국내에서 개인 투자자들의 투자 열풍도 주목했다. 그는 "코로나19 등 국내에 큰 위기가 닥쳤을 때 외국인들은 자금을 빼고 있지만, 한국의 경우 개인투자자들이 유입되며 코스피를 떠받쳤다"며 "국내 투자자들의 투자자금이 외국인들의 투자자금 유출을 커버했다"고 말했다. 하지만 국내 증시에서 개인투자자의 비중이 커진 것이 마냥 긍정적인 것은 아니라는 발언을 빼놓지 않았다. 토포 회장은 "경제 회복세에 힘입어 증시가 오르고 있긴 하지만, 개

5년전 한국 시가총액 상위 10개 종목		
순위	회사	구분
1	삼성전자	반도체
2	한국전력	전력
3	현대자동차	자동차
4	삼성물산	산업
5	네이버	인터넷
6	SK하이닉스	반도체
7	현대모비스	자동차
8	아모레퍼시픽	화장품
9	삼성생명	금융
10	포스코	산업

현재 한국 시가총액 상위 10개 종목		
순위	회사	구분
1	삼성전자	반도체
2	SK하이닉스	반도체
3	네이버	인터넷
4	카카오	인터넷
5	삼성바이오로직스	바이오테크
6	삼성SDI	전기차 배터리
7	LG화학	전기차 배터리
8	현대자동차	자동차
9	셀트리온	바이오테크
10	카카오뱅크	핀테크

자료: 블룸버그, 한국거래소 데이터 취합

신경제산업 비중
단위:%

신경제산업 정의: 테크,반도체,원자재,소프트웨어, 미디어&엔터테인먼트,바이오테크와 생활 과학,자동차 등

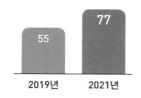

골드만삭스, 가중치는 MSCI 한국지수 참조

국가별 가계자산 구성
단위:%

— 금융자산 — 비금융자산(부동산 포함)

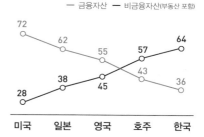

자료: 금융투자협회, 2019년말 기준

인투자자들이 언제든 자금을 회수할 수 있는 것은 불안 요인"이라고 지적했다.

자산 양극화에 대한 위기의식도 언급됐다. 황영기 TCK인베스트먼트 선임고문은 "젊은 세대는 본인 연봉 수준으로 집을 살 수 없기 때문에 명품이라든지 자동차를 산다"며 "미래를 위해 집 살 생각을

하지 않게 됐다"고 말했다. 그는 "부동산 자산가격이 GDP 대비해 역사적으로 높은 수준"이라며 "저출산 문제가 지금 당장 큰 재앙이 되진 않겠지만 나중에는 노년세대 부양 부담이 높아져 암초가 될 것"이라고 진단했다. 미래에 대해 암울한 시대적 분위기가 포퓰리즘 득세로 이어지는 등 정치 분야의 문제로도 이어지고 있다고 판단했다. 네이버, 카카오 등 빅테크에 대한 새로운 규제도 불안요소다. 그는 "기업들이 미래 채용에 적극적으로 나설 수 없게 됐다"며 "시장이 급성장한 만큼 안전띠를 차야 한다"고 말했다.

팬데믹 이후의 머니무브

제인 폴리 라보뱅크 선임 FX 전략가 · **제프리 유** 뉴욕멜런은행 선임 EMEA 시장 전략가
폴 도너번 UBS 글로벌 자산관리 수석 이코노미스트

/

전 세계를 강타한 코로나 팬데믹 이후 글로벌 시장에서 돈의 흐름이 어떻게 전개될지에 대한 관심은 극도로 높아진 상황이다. 이와 관련해 "달러라는 특권적 지위는 미국이 벌이는 금융전쟁의 무기가 되고 있다"고 진단한 제인 폴리 라보뱅크 선임 FX 전략가는 미국이 달러를 잘 활용하고 있지만, 다른 나라들은 달러 시스템을 벗어나고 싶어한다고 설명했다. 이에 대해 그는 "많은 국가가 달러 패권에 저항하고 있다"며 러시아와 중국 등이 미국에 경제적 제재를 당하자 달러 영향력에 벗어나기 위해 달러 보유를 줄이고, 새로운 결제 시스템

을 도입하고 있다고 전했다.

폴리 전략가는 "달러의 펀더멘탈은 미국의 펀더멘탈과 일치하지 않는다"며 "달러의 펀더멘탈은 유동성으로 글로벌한 무역거래에 사용되는 통화 단위로의 강점이 있다"고 분석했다. 이와 함께 전 세계 미국 달러 채권 규모도 상당하기 때문에 다른 화폐들과 다른 특별한 지위에 있는 자산으로 봐야 한다는 것이다.

글로벌 공급망이 단축되면서 달러화 중요성이 낮아질 것이라는 의견도 있었다. 폴 도너번 UBS 글로벌 자산관리 수석 이코노미스트는 "예를 들어 과거에 음악, 게임 등을 즐기려면 DVD 등의 상품을 구매해야 했다"며 "이 과정에서 최소한 4~5개 국가가 개입하며 상품을 만드는 과정에서 (교환 수단으로써) 달러의 역할이 부각됐다"고 말했다. 그는 "이와 반대로 현재는 음악이나 게임을 즐기고 싶다면 스트리밍을 하거나 온라인에서 바로 내려받으면 된다"며 "달러가 화폐로서 중요도가 달라지면 새로운 변화가 나타날 것"이라고 말했다.

코로나 펜데믹처럼 예상하지 못했던 것이 나비효과로 예기치 못한 일을 불러올 수 있다는 점도 강조됐다. 제프리 유 뉴욕멜런은행 선임 EMEA 시장 전략가는 자산 배분 관점에서 펜데믹처럼 예기치 못한 일에 대해서도 준비해야 한다고 언급했다. 그는 "상상해보지 못했던 것들도 자산 정책에 반영했다"며 "올해 일어날 수 있는 '탑텐 서프라이즈' 등을 반영해 자산을 운용해야 잘 대비할 수 있다"고 말했다. 가상화폐 시장에 대한 중요성을 언급하기도 했다. 제프리 유 전략가는 "지금 현재 가상화폐 시장에는 탈중앙화 금융 등 상당히 흥미로운 내용이 있다"며 "앞으로 가상화폐에 대한 역할이 충분히 통화정책 안에 들어갈 수 있기 때문에 간과해선 안될 것"이라고 말했다.

전문가들은 상위계층은 소득은 그대로인데 소비가 줄면서 자산 가격 상승에 따른 부의 불평등이 심화하고 있다고 분석했다. 폴 도너번 수석 이코노미스트는 "상위계층과 은퇴자들의 소득이 변하지 않았다"며 "소득은 올라갔는데 지출은 못 하는 상황이라 돈을 저축할 수밖에 없는 것"이라고 진단했다. 제인 폴리 전략가는 "자산 가격상승이 통화량 증가와 관련돼 있다"며 "세대 간 부의 불평등이 더 심화되고 있으며 미국은 그 격차가 벌어지고 있다"고 말했다. 그는 "과잉저축이 자산가격 상승, 주식가격 상승 등을 가져와 자산 관리에 있어 위험을 회피하기 위해선 신중해야 한다"며 "델타 변이 등을 고려해야 하고 통화 긴축 가능성도 우려해야 한다"고 말했다.

이처럼 최근 각국 정부가 화폐 공급을 늘리면서 발생하는 자산 가격 상승도 경고하는 의견도 나왔다. 제인 폴리 전략가는 "최근 자동차와 골동품, 명품 등 가격이 많이 인상됐는데 이는 중앙은행이 실시한 양적완화와 관련이 있다"며 "통화량 증가로 인해 자산 가격 상승이 발생하면서 세대 간 부의 불평등이 심화되고 있다"고 말했다. 미국도 자산 양극화가 심해지고 있지만, 특히 신흥국의 불평등은 더욱 가속화되고 있다고 경고했다. 이 때문에 비트코인 가격 급등하는 등 가상화폐 시장에서 코인 가격이 상승하는 현상도 발생한다는 분석이다.

국부펀드의 선택: 달러화와 물류

박대양 한국투자공사 CIO · **앨리슨 힐** QIC CIO · **던컨 본필드** 국부펀드국제포럼 CEO
김흥종 대외경제정책연구원(KIEP) 원장

/

'돈 냄새' 맡는 데 선수인 국부펀드들이 포스트코로나 시대 유망 투자처로 미국 달러화와 전자상거래·물류 분야를 꼽았다. 다만 이들은 주식 투자에 대해서는 "지난해 코로나19 국면 이후 저금리 유동성 환경 속에 워낙 가파르게 올랐다"며 추가로 담기에는 부담스럽다는 평가를 내놨다.

박대양 한국투자공사KIC 최고투자책임자CIO와 앨리슨 힐 호주 퀸즐랜드투자공사QIC 최고투자책임자CIO, 던컨 본필드 국부펀드국제포럼IFSWF 최고경영자CEO는 코로나19 시대 이후를 겨냥한 투자 전략을 공개했다.

박 CIO는 "미국 연방준비제도Fed의 통화정책 정상화 움직임 탓에 2022년에는 주식 전망이 밝지 않다"며 "포트폴리오 변동성을 줄이고 수익을 높이기 위해 대체 자산의 비중을 높일 방침"이라고 밝혔다. 그는 "신흥국은 코로나19 타격에서 회복되는 속도가 선진국에 비해 더디며 리스크가 커질 수 있다"면서 "신흥국보다 선진국 투자에 더 주력할 것"이라고 말했다.

전 세계 40여 개 국부펀드가 참여해 구성한 국부펀드국제포럼IFSWF의 본필드 CEO는 "포스트코로나 시대 가장 매력적인 통화는 미국 달러화"라며 "미국이 첨단 경제인 데다 가장 빠른 속도로 코로나19에서 회복될 것으로 관측되기 때문"이라고 분석했다.

미국 금리인상 충격 등에 대비해 주식에 대한 눈높이는 낮추는 분위기다. 힐 CIO는 "코로나19 팬데믹 이후 증시가 굉장히 많이 반등했다"며 "앞으로 주식 비중을 낮추기 위해 인프라스트럭처, 부동산 등 대체자산 비중을 늘리는 방식으로 대응할 계획"이라고 설명했다.

박 CIO도 "가격 급등에 주식 밸류에이션이 좋지 않아졌다"며 "앞으로는 지난 5~10년간 얻었던 투자 수익률을 거두기는 어렵다"고 내다봤다. 주식을 대체할 다른 자산을 찾아내는 게 급해졌다는 뜻이다. 박 CIO는 "다른 국부펀드와 연대해 양질의 투자 자산을 발굴할 것"이라며 "데이터와 물류센터, 통신망, 섬유, 재생 에너지 분야 투자에 관심이 많다"고 역설했다. 본필드 CEO는 "대체자산은 유동성이 떨어질 수밖에 없다"며 "결국 장기투자로 가는 게 답인데 국부펀드들이 전자상거래와 물류 분야 투자에 관심이 많다"고 분위기를 전했다.

이날 국부펀드 운용 '사령탑'들은 일각에서 일고 있는 스태그플레이션(경기침체에 물가급등이 겹친 현상) 발생 가능성은 일축했다.

박 CIO는 "장기적으로 봤을 때 물가가 통제불능 상태로 가지는 않을 것"이라며 "스태그플레이션은 발생하지 않을 것으로 본다"고 말했다. 힐 CIO도 "전 세계적인 공급 제약으로 인해 인플레이션 리스크가 불거졌지만 공급망이 재개되며 점차 관리 가능한 수준으로 안정될 것"이라고 분석했다.

큰손들은 포스트코로나 국면에 각국 재정·통화정책 변화가 예견

되는 만큼 자산운용 전략도 방어적으로 가져가는 게 좋다는 데 뜻을 같이했다. 힐 CIO는 "앞으로는 방어적인 성격의 자산을 편입하는 등 포트폴리오를 잘 다변해야 연간 한 자릿수 수익률이라도 올릴 수 있다"며 "정교한 장기투자 전략도 어느 때보다 중요해졌다"고 말했다.

앞으로는 최근 경영계 화두로 떠오른 ESG 투자도 피해갈 수 없다는 점을 분명히 했다. 박 CIO는 "ESG 성과가 좋지 않은 기업들에 대한 투자를 제한하는 기관들이 늘고 있다"며 "앞으로 국부펀드들이 포트폴리오를 구성할 때는 환경 평가와 기업지배구조에 대한 분석이 반드시 들어가야 한다"고 역설했다.

중국 유니콘 기업에 투자하기

가오 양 보세라자산운용 CEO · **안유화** 성균관대학교 중국대학원 교수

"새로운 혁신 기업의 발전에 더 많은 관심을 가져야 한다. 소프트웨어나 서비스, 농업 관련 기업이 앞으로 새로운 유니콘 기업으로 탄생할 가능성이 크다."

가오 양 보세라자산운용 최고경영자는 새로운 산업에 투자하려는 의지가 있다면 먼저 미래를 내다보고 투자할 수 있는 능력을 갖춰야 한다고 강조했다. 2020년부터 코로나19라는 전례없는 악재가 장기화되면서 경제에 대한 하방압력이 점점 커지고 글로벌 자본, 인재, 무역, 산업사슬이 모두 다양하게 영향을 받고 있다. 이는 중국의 혁

신기업에게 공급망과 수주, 융자 분야에서의 어려움으로 직결됐다.

사모펀드 투자는 항상 스타트업의 중요한 자금조달의 원천이었다. 경기침체, 글로벌 자본시장의 격렬한 변동 및 전염병의 지속적인 글로벌 확산은 투자자들의 공황 심리를 악화시키고 있다. 투자기관이 투자조건을 높이고 투자범위(창구)를 줄이면서 혁신기업들의 중요한 자금조달원이 줄어들고 있다.

양 CEO는 지금이 중국 경제가 성장하는 과정에서 신구가 전환하는 중요한 시점이라고 강조했다. 양 CEO는 "보세라는 중국 5대 펀드사 중 하나로 20년간 중국 경제의 번영과 자본시장 발전에 기여했다"며 "그동안 신흥 경제가 번영하며 부동산 경제는 위축되고 신흥 경제가 주도하는 경제 발전에 드라이브를 걸면서 프라이머리 마켓과 세컨터리 마켓에 대한 투자도 많은 영향을 받고 있다"고 말했다. 중국 사회의 변화로 수요가 증가하는 반면 생산이 부족해지며 국민들이 더 나은 생활을 하고자 하는 수요가 강해지면서 불균형에 대한 불만이 커지고 있는 것이 투자 시장에도 영향을 주고 있다는 분석이다.

양 CEO는 앞으로 어떤 업종이 손해를 보고 수혜를 입을지 잘 포착하는 것이 투자자의 문제가 될 것이라고 지적했다. 그는 "시대가 변하지만 과학기술과 기업가 정신의 중요성, 청년 일자리 문제 등은 계속되고 있다"며 "그 속에서도 많은 신흥 기업과 그와 관련된 유니콘 기업에 대한 이해를 넓혀야 투자를 통한 이윤을 확대할 수 있을 것"이라고 강조했다.

신흥 기업이나 스타트업은 지속 운영 가능성과 수익성에 대한 압박을 겪고 있다. 대부분의 유니콘 스타트업은 비슷한 성장 경로를 가지고 있다. 투자 기회가 왔을 때 빠르게 자본을 축적하고 대량 홍보를 통해 기업 인지도를 확대한 다음 가격 인하, 보조금 등 기타 수단을 동원해 가입자나 사용자를 늘린다. 이를 토대로 다시 자본을 융자해 사업 영역과 범위를 확장하고 수익 규모를 키우는 식이다.

그러나 이처럼 단순한 자본확장을 통해 밸류에이션을 유지하는 것은 오래가지 못한다. 기업의 내부 구조가 얼마나 최적화됐는지, 제품이나 서비스가 사용자의 수요를 충족하는지, 비즈니스 모델이 지속가능한지 여부야말로 기업을 장기적으로 운영하는 데 필요한 핵심요소라는 게 양 CEO의 설명이다.

그는 특히 중국 경제발전의 방식에 변화가 필요하다고 지적했다. 부동산에 지나치게 의존하는 성장 방식을 벗어나 첨단기술 발전을 통해 다양한 문제를 해결해야 한다는 설명이다. 중산층의 지속적인 확대도 중요하다고 강조했다. 양 CEO는 "위가 넓고 아래가 좁은 소득 구조에서 중간층이 두터워지는 소득 구조로 바뀌어야 한다"며 "앞으로 클라우드 서비스 등 업종이 발전해 나가면서 가장 많은 이용자가 발생하는 집단이기 때문"이라고 말했다.

중국의 인건비 급증으로 낮은 수준의 산업이 자연스레 퇴출될 것으로 내다봤다. 양 CEO는 "전기차가 내연기관차를 대체하는 것과 마찬가지"라며 "변화 과정에서 여러 진통이 있겠지만 결국 더 나은 미래로 나아갈 것"이라고 설명했다.

안유화 성균관대학교 중국대학원 교수는 최근 중국 정부의 규제 정책이 어떤 방향으로 변화될지 주목해야 한다고 강조했다. 안 교수는 "대형 플랫폼 기업에 관한 규제의 방향은 반독점과 국가 안보, 인터넷 안보, 네트워크 안보, 개인정보 보호 등이 될 것"이라며 "세계 각국이 어떤 규제 정책을 취하는지 주목해 투자활동을 진행해야 할 것"이라고 말했다.

엔터테인먼트 투자의 세계

바니아 슐로겔 앳워터캐피탈 창업자 겸 CEO

/

"투자는 자산이 아니라 사람에게 해야 한다. 사람에게 투자해야 진정성을 얻을 수 있다."

'할리우드와 엔터테인먼트 투자의 세계'에 대해 설명한 바니아 슐로겔 앳워터캐피탈 창업자 겸 CEO는 자신의 투자 비법에 대해 이같이 밝혔다. 그는 프리 어소시에이션에 투자한 사례를 들며 사람을 중시할 수 있는 지식재산권IP 활용에 대한 중요성을 역설했다. 프리 어소시에이션은 영화, 텔레비전, 디지털과 라이브 콘텐츠 분야에서 채닝 테이텀, 리드 캐롤린, 피터 키어넌 등에 의해 2014년에 설립된 미국 독립 제작사다. 프리 어소시에이션이 제작한 영화 〈매직 마이크〉는 700만 달러의 저예산으로 1억 달러가 넘는 수입을 올리는 등 전 세계적으로 성공했으며, 이를 바탕으로 한 라이브쇼도 만들어지는 등 지금도 흥행하고 있는 IP다.

바니아 슐로겔 창업자는 성공할 수 있는 IP를 만들 수 있는 방법에 대해 콘텐츠에 대해 지분 구조를 바꾸는 등 파트너의 역할을 강조했다. 그는 "매직 마이크처럼 10년이 넘게 흥행하고 있는 IP를 찾기는 쉽지 않다"며 "이는 유니콘 기업을 찾는 것과 같다"고 말했다. 그는 "프리 어소시에이션 소속자들이 단지 고용되는 것이 아니라 영구적인 파트너가 되고 훌륭한 콘텐츠의 공동소유자가 되도록 만들었다"며 "그렇게 된다면 의미 있는 창의적인 기여를 기대할 수 있고, IP에 대한 내러티브 방향 등에 대해 어떻게 전달할 것인지에 대해서 자신들이 개입하고 투자할 수 있어 상업적인 자유를 가지게 된다"고 말했다. 이렇게 만들어진 IP를 바탕으로 새로워진 기회의 창이 열린다고 그는 말했다.

그는 사람들이 만들어내는 창작물에 대한 지분이 충분히 부여되지 못하고 있다고 지적했다. 그는 "(창작자가 창작물을) 재미있게 만들어내고 이를 운영할 수 있는 지분 구조와 소유 구조를 만드는 것이 중요하다"며 "사람들이 재밌게 개입할 수 있고 자유와 권한이 생기는 만큼 여러 가지를 시도하는 과정에서 새로운 가치가 생긴다"고 말했다. 그는 "혁신이라는 것은 전문가에 의해서만 만들어지는 게 아니다"라며 "모든 사람들이 주인의식을 갖게 되면 새로운 것이 만들어지는데 이는 미디어나 엔터테인먼트뿐만 아니라 사회에서도 마찬가지"라고 역설했다.

앞으로 블록체인이 미디어와 엔터테인먼트 업계에서 지분 구조를 건강하게 만들 수 있다는 분석도 나왔다. 이를 가능하게 만드는 핵심 요소가 바로 스마트 컨트랙트(계약)이다. 이는 특정 계약 조건을 블록체인에 기록해 조건을 충족하면 자동으로 계약이 실행되는 프로그램을 말한다.

레이드 카롤린 프리어소시에이션 공동창업자는 "배우, 작가, 프로듀서 많은 구성원이 스마트 컨트랙트를 작성하면 어떤 일을 하든지 간에 가상화폐로 보상을 받을 수 있다"고 말했다. 바니아 슐로겔 앳워터캐피탈 대표는 "대형미디어 회사와 생태계에서 모든 수익 조건을 관리하는 등 콘텐츠 보상에 대한 분배는 어마어마하게 복잡한 구조를 지녔다"며 "(스마트 계약을 이용하면) 미디어 자산의 가치가 성공에 따라서 점점 높아지기 때문에 원작자가 계속해서 영구적으로 수익구조에 참여할 수 있게 된다"고 말했다. 그는 블록체인 기술을 사용하면 진입 장벽이 낮아진다"며 "이 과정에서 민주주의가 생겨나고 다양성과 높은 품질을 기대할 수 있을 것"이라고 말했다.

코로나19 시대에서 미디어와 엔터테인먼트 분야에서 라이브와 디지털의 역할이 더 올라갈 것이라고 바니아 슐로겔 창업자는 분석했다. 그는 "2021년이 되면서 같이 모여서 이야기할 수 있다는 것이 얼마나 놀라운 일인지에 대한 공감대가 커졌다"며 "실제 사람들이 모이는 것에 대한 잠재적인 욕구가 있다"고 말했다. 그는 "통신 인프라, 콘텐츠 디지털화, 디지털 유통 등은 코로나 이후에도 계속 가속화될 것"이라며 "콘텐츠에 포함된 제품을 쉽게 구입할 수 있는 방법이 열릴 것"이라고 말했다.

가상화폐가
향할 곳은

이더리움의 미래, 가상화폐 투자

비탈릭 부테린 이더리움 창시자

"이더리움은 더 좋아질 것이다. 에너지 사용량과 수수료는 낮아질 것이고, 금융뿐 아니라 우리 삶의 다양한 영역으로 이더리움이 확장될 것이다."

가상화폐 이더리움 창시자 비탈릭 부테린이 그리는 '이더리움 청사진'에 전 세계 이더리움 투자자들이 주목했다. 부테린은 이더리움 생태계를 변화시킬 요인으로 '작업증명PoW에서 지분증명PoS로의 전환'과 '확장성 강화'를 들었다. PoW와 PoS는 가상화폐를 채굴하고 가상화폐 생태계를 관리하는 방식을 의미한다. PoW에선 더 많은 컴퓨터를 갖고 더 복잡한 방정식을 계산한 쪽이 가상화폐를 채굴할 수 있지만 PoS에선 기존에 더 많은 화폐를 가지고 있는 쪽이 이자 격으로 추가 화폐를 받는다. 부테린은 2022년 초 이더리움 2.0으로의 업그레이드를 통해 PoW에서 PoS로의 전환을 계획 중이다. 그는 "PoS는 PoW 대비 에너지 사용량을 99% 이상 줄일 수 있다"고 주장했다. 보안성도 강화된다. 전체 코인의 51% 이상을 차지하게 되면 생태계를 장악해 의사결정을 좌지우지할 수 있는데, PoS에서는 PoW에서보다 코인의 51% 이상을 차지하기가 쉽지 않기 때문이다. 부테린은 "PoS를 통해 이더리움이 성공하고 더 많은 활용 사례들이 이더리움 네트워크 위에서 만들어질 수 있을 것"이라고 했다.

또 부테린은 '레이어2 프로토콜' '샤딩' 등 현재 개발 중인 다양한 방법을 통해 이더리움 거래 수수료도 대폭 낮출 수 있다고 주장했다. 그는 "부자들은 수수료가 많아도 개의치 않지만 가난한 사람들에게는 수수료가 중요하다"며 "실제로 테스트되고 일부 적용 중인 이 방법이 보급돼 수수료가 낮아지면 중동·아프리카 등 여러 나라 사람들이 이더리움을 사용하고 금융 외에도 NFT(대체불가능토큰), 엔터테인먼트 등에서 이더리움 영역이 확장될 것"이라고 강조했다.

특히 부테린은 이더리움이 주요한 역할을 하는 NFT 시장에 대해 긍정적으로 전망했다. "NFT는 그 자체로는 금융 기능을 갖고 있지는 않지만 이더리움을 통해 금융과 비금융이 섞이고 있다"며 "작가, 음악가 등 많은 예술가들이 이더리움에 관심을 갖고 있다"고 했다. 예술가들에 기부하는 데도, 그들을 후원하는 데도 이더리움 블록체인이 이용될 수 있기 때문이다. 이밖에도 그는 "이더리움 사용성이 가장 높은 분야 중 하나가 디파이(탈중앙금융)다. 이 분야의 진전이 활발하게 이뤄지고 있다"며 이더리움의 다양한 가능성을 제시했다.

그리고 강연에서는 블록체인 전문가 집단인 블록크래프터스의 주은광 공동창업자 겸 CTO가 메타버스 캐릭터를 통해 좌장으로 참여해 눈길을 끌었다. 부테린도 그를 반기며 "팬데믹 때문에 많은 사람들이 온라인상 생활에 익숙해지게 됐다"며 "이것이 앞으로 많은 변화를 가져오는 걸 목도하게 될 것이다. 10년 뒤라면 메타버스에서만 생활하며 이더리움으로 거래하는 시대가 올 수도 있다"고 했다.

다만 부테린은 최근 엘살바도르가 비트코인을 공식 화폐로 지정한 데 대해서는 부정적 입장을 드러냈다. 그는 "가상화폐는 자유와 개방성을 특징으로 하고, 아직 사용성·보안 문제가 완전히 해결되지는 않았다"며 "정부 차원에서 강제하며 가상화폐를 빠르게 도입하는 건 조심스럽고 우려스러운 상황"이라고 했다.

포스트 팬데믹 시대의 가상자산

얏 시우 애니모카 브랜드 공동 창업자 겸 회장 · **마이크 벨시** 비트고 CEO
에미 요시카와 리플 기업전략운영 부사장

많은 가상화폐 기업가와 전문가들은 최근 가상화폐로 인해 발생한 순기능 사례에 주목하고 있다. 얏 시우 홍콩 NFT 게임 개발 스타트업 '애니모카' 공동 창업자 겸 회장은 이와 관련해 가상화폐 게임인 '엑시 인피니티'를 언급했다. 엑시 인피니티는 NFT를 활용한 이더리움 기반의 수집형 블록체인 게임으로, 이용자는 게임 캐릭터들을 키워가면서 NFT 형태로 소유할 수 있고 시장에서 거래할 수 있다. 그는 "코로나로 인해 많은 일자리가 사라지고 온라인 활동이 가속화됐다"며 "코로나로 타격을 입었던 필리핀에서 사람들이 '엑시 인피니티'를 통해 새로운 수입을 확보하는 등 가상세계로의 '노동의 이동'이 일어났다"고 말했다.

마이크 벨시 디지털자산 금융서비스 기업 '비트고' 대표는 가상화폐를 '금융의 미래'로 정의했다. 그는 "비트코인이 처음 발행되고 몇 년 동안엔 변동성이 너무 심해 신뢰를 크게 받지 못했다"며 "하지만 최근 펜데믹으로 인해서 전 세계 국가들이 권력을 활용해 화폐를 활발히 발행했다"면서 기존 화폐에 대한 불신이 생겼다고 설명했다. 그는 "최근 코로나 펜데믹으로 인해서 전 세계가 화폐를 계속해 찍어내는 상황 속에 기존 투자자들은 투자처를 고민하게 됐다"며 "그 과정에서 가상화폐를 대안으로 찾는 등 과거와는 다른 관점으로 보고 있다"고 말했다. 주요 기관들이 3~5% 내지 작은 비중이지만 가상화폐를 투자 포트폴리오상에 포함시키는 것을 검토하면서 새롭게 부각되고 있다는 것이다.

전반적인 거시적인 환경이 기관 투자자들의 생각을 많이 바꾼 것도 긍정적인 변화로 거론됐다. 에미 요시카와 가상화폐 '리플Ripple' 기업전략운영 부사장은 "가상화폐 시장에서 가상화폐 시총이 수조에 달하기 때문에 기관투자자들이 충분히 진입할 유인이 생겼다"며 "지난 5년 동안 약 200배 성장하는 등 투자할 만한 시장이 됐고, 관련 인프라스트럭처도 기관 투자자를 맞이할 준비가 됐다"고 말했다. 선물이나 옵션 등 다양한 파생상품이 생기면서 다른 금융 상품과도 관련성이 높아지면서 기관투자자들이 이에 뛰어들 본격적인 시간이 온 것이라고 봤다.

에미 요시카와 부사장은 송금 시장에서의 가상화폐의 중요성을 언급했다. 그는 "세계은행 등에 따르면 신흥국 외국인 노동자들이 자국으로 보내는 송금 수수료가 평균적으로 7% 내외라고 알려져 있다"며 "이런 국가간 수수료 문제를 줄이기 위해 리플은 '리플넷'이라는 글로벌 페이먼트 네트워크를 구축해 리플을 이용해 신속하고 저렴한 수수료로 송금할 수 있게 해준다"고 말했다.

기관 투자자가 진입하면서 동시에 규제에 대한 이슈도 커지고 있다는 분석도 나왔다. 마이크 벨시 대표는 "과거에는 기술이 장애물이었다면 현재는 각국 규제 이슈 등을 넘어서는 게 관건"이라고 말했다. 안타나스 구오가 전 유럽의회 의원은 "가상화폐 기업들은 압박을 받게 되며 여러 가지 도전에 직면하게 될 것"이라고 경고했다.

최근 거래량이 폭발적으로 늘어나며 많은 사람들의 관심을 받는 NFT 시장에 대해서 전문가들은 주목했다. 얏 시우 회장은 "NFT를 보는 관점은 물리적인 부동산처럼 저작권을 활용할 수 있다는 것이다"며 "NFT는 크게 성장할 여지가 있으며 상호작용 양식의 기반이 될 것이다"고 말했다. 과거에는 생각하지 않았던 재산권 개념이 현재는 중요해졌듯이 일종의 디지털 재산권인 NFT도 미래에는 주목받는 개념이 될 수 있다고 분석했다.

PART 4

미래를 향한 레이스

Race to Net-Zero & Beyond Gravity

//////

기후변화를 위한 행동

나이절 토핑 COP26 기후행동챔피언

2020년 1월 영국 총리로부터 임명된 영국의 고위급 기후행동챔피언 (UK's High-Level Climate Action Champion)이다. 고위급 챔피언의 역할은 기업과 투자자, 조직, 도시 및 지역들의 협력을 강화하며 행동을 유도하고, 정부 및 유엔기후변화협약(UNFCCC) 당사자들과 이를 조정하는 것이다. 최근에는 탄소제로 경제로의 전환을 가속화를 위한 기업들의 연합(We Mean Business)의 CEO였다.

윤순진 2050 탄소중립위원회 공동위원장

2021년 5월 2050 탄소중립위원회 민간 공동위원장으로 임명됐다. 대한민국의 2050 탄소중립 시나리오 및 2030 온실가스 감축목표 등 탄소중립 관련 정책 수립을 총괄하고 있다. 또한 지속가능발전위원회 위원장을 역임하는 등 정부 다수 위원회에서 활동했다. 현재 서울대 환경대학원 교수로도 재직 중이다.

세계지식포럼에서 진행된 나이절 토핑 COP26 기후행동챔피언(오른쪽)과 윤순진 2050 탄소중립위원회 공동위원장의 대담 현장

토핑 저는 기후변화와 관련해서 말씀을 드리고자 합니다. 최근 비정부 주체들의 중요성이 점점 더 커지고 있습니다. 멕시코시티나 도쿄 등 여러 대도시를 보면 특정 국가보다 더 큰 영향력을 가진 경우도 있습니다. 만약 미국 캘리포니아주가 국가였다면 세계에서 다섯 번째로 큰 경제 규모를 가진 나라가 됩니다. 애플과 아마존의 매출은 전 세계 90개 국가가 합친 GDP에 해당하는 규모입니다. 세계 최대의 자산관리사 블랙록은 8조 달러를 운용하고 있습니다. 기후변화에 대응하기 위해서는 이러한 비정부 주체가 주도하는 새로운 구조가 필요합니다. 과거 어떻게 하면 지방정부나 비정부 주체들을 포함시킬 수 있을까를 논의했던 것이 결국은 파리기후협약으로 이어졌습니다.

저는 현재 기후행동챔피언을 맡고 있습니다. 기후행동챔피언으로서 지방정부와 기업들이 파리기후협약의 세 가지 기둥인 저감, 회복, 재정을 위한 노력을 함께하도록 독려하고 있습니다. 이러한 다자주의와 새로운 구조를 사용해 불평등과 기후변화 위기를 해결하기 위해 노력하고 있습니다. COP26(제26차 유엔기후변화협약 당사국총회)은 가까운 미래에 개최될 예정이고 이러한 이슈를 다루는 아주 핵심적인 회의가 될 것입니다. 최대한 빨리 탄소중립을 이루기 위해서 우리는 탄소중립을 향한 경주를 시작했습니다. 현재 수많은 대학과 기업들이 이에 대한 약속을 하고 있고 10년 내 탄소 배출량을 50% 줄이기 위해 노력할 것입니다. 우리가 펼치는 분야별 협업으로 인해 2030년까지 많은 돌파구가 생겨날 것입니다. 이는 어떻게 보면 '무어의 법칙'과 같습니다. 반도체에서 보았던 무어의 법칙이 이제는 다양한 분야에서 이루어지고 있는 것입니다. 그 결과 석탄은 가까운 미래에 사용이 중단될 것입니다. 이 과정에서 협업과 경쟁이 동시에 이루어지고 있습니다. 최고의 사례는 4G에서 5G로 이동통신 기술이 이동한 것입니다. 전체 이동통신 업계가 협업해 차세대 기술에 대한 결정을 같이 내리지만, 한편에서는 최대한 많은 휴대전화를 판매하기 위해 그 안에서 또 경쟁하고 있습니다. 탄소중립을 위한 경주에서도 협업과 경쟁이 같이 이뤄져야 합니다. 현재 각 나라는 2030년까지 탄소 배출을 50% 줄인다는 목표를 갖고 있습니다. 미국은 52%, EU는 55%, 영국은 68%를 선언했습니다.

이번 COP26에서는 불평등에 대한 주제도 다룰 예정입니다. 역사적으로 탄소배출을 많이 한 국가와 배출로 인해 타격을 받은 국가 간의 불균형이 분명히 있습니다. 이와 관련해 한국은 많은 사람에게 감동을 주는 모델입니다. 엄청난 발전을 한 국가이죠. 글래스고(CPO26 개최지)에서 불평등과 개발, 청정 개발에 대해서 이야기할 때 두 가지 수치를 생각할 것인데요. 바로 4조와 1,000억입니다. 1000억 달러는 COP26 의장국인 영국이 이야기한 것으로, 바로 부국이 부담하기로 2009년에 약속한 투자금액을 의미합니다. 이제 앞으로 5년 이내에 이 약속이 이행되어야 할 것입니다. 그렇지만 이는 탄소중립을 이루고 기후의 취약성을 해결하는 데 충분한 금액이 아닙니다. 여기에는 4조 달러가 필요하고 이를 달성하기 위해서는 민간 금융을 활용할 수밖에 없습니다. 이를 위해 현재 글래스고 파이낸셜 얼라이언스를 통해 협력하고 있습니다. 4월에 출범된 이 얼라이언스에는 보험회사나 은행 같은 자산 소유주들이 함께하면서 탄소중립을 위한 파이낸싱에 노력하고 있습니다.

과거 20세기에는 1·2차 세계대전이 있었습니다. 1차대전 이후 승자들은 아주 이기적인 방식을 선택했습니다. 이 같은 이기적인 승자들의 재건 노력은 결국 2차대전 발발로 이어졌습니다. 반면 2차대전 승자인 미국은 밖으로 눈을 돌리면서 전 세계 경제를 위한 투자를 했습니다. 특히 동아시아와 유럽에 대한 투자를 하면서 어마어마한 성장과 평화를 달성할 수가 있었죠. 향후 COP26이 열리는 글래스고에서는 195개국의 탄소중립을 위한 단결이 필요할 텐데 이 과정에서 195개 정부는 보다 친환경적인 공정한 사회를 선택할지, 이기적인 길을 선택할지 결정할 것입니다.

윤순진 한국은 2030년 NDC(국가 온실가스 감축목표)를 최소 2018년 배출량 대비 35%를 넘는 방향으로 규정했는데 이에 대한 사회적 반응이 다양합니다. 영국 같은 경우 2030년까지 1960년 대비 68%, 2035년까지 78%를 줄이는 목표를 발표했는데 영국도 한국처럼 의견이 다양했는지, 그랬다면 어떤 식으로 의견을 조정했는지 궁금합니다.

토핑 저희는 오래전부터 합의가 있었던 것 같습니다. 우리가 행동을 해야 하고 그 행동은 과격해야 한다, 담대해야 한다는 것에 대한 합의가 있었습니다. 영국의 경우 기후변화위원회가 정부에 관련 자문을 주고 예산 책정에도 여러 가지 조언을 했습니다. 그리고 시민사회의 역할도 컸습니다. 어쨌든 변화가 필요하다고 합의를 한 이상 대화를 하고 첫 발을 내딛으면서 우리의 능력을 믿기 시작한 것이죠. 물론 그 과정에서 너무 빠르다, 반대로 이것도 느리다는 사람들도 있었습니다. 이 과정의 전반적인 속도는 과학에 의지해야 한다고 봅니다. 영국은 자동차 산업이 꽤 강합니다. 2018년 초에 우리는 2040년 내연기관 자동차의 판매를 중단하겠다는 결정을 내렸습니다. 흥미로운 것은 기업들도 여기에 동의를 했습니다. 기술 발전으로 배터리 가격이 계속 저렴해지면서 내연기관이 더 비싸질 것이란 여러 가지 징후가 있었기 때문입니다. 이에 관련 업체들이 이를 2030년으로 당기

자고 이야기를 했고 여기에 맞춰 정부가 목표시기를 2030년으로 조정하자 오히려 자동차, 석유기업이 환호했습니다. 이 과정에는 기업이 얼마나 자신의 능력을 신뢰하는지가 중요합니다. 혁신의 중심에 있고 혁신 동력이 있는 기업이라면 그러한 자신감을 가질 수 있다고 생각합니다. 지금 이 세상에서 버티면 도태될 수밖에 없거든요.

윤순진 사실 영국처럼 오랜 산업화로 조금 더 긴 기간 동안 탄소 배출에 대한 역사적인 책임이 있는 국가들은 다른 나라와 동일한 2050년이 아니라 그보다 더 빨리 넷제로를 달성해야 하지 않을까요.

토핑 기후변화에 관한 정부간협의체IPCC 보고서에 따르면 한국도 탄소 배출에서 세계 7위까지 올라갔습니다. 우리 모두가 행동하지 않으면 지구 평균기온 상승폭을 1.5도 이내로 제한하는 시나리오는 달성하지 못할 수 있습니다. 선진국의 지위를 획득한 한국도 배출량이 많기 때문에 우리가 필요로 하는 목표를 달성하는 데 도움을 주셨으면 합니다. 그래서 NDC를 50%로 설정하셨으면 하는 기대가 있습니다. 이렇게 되면 재생 가능한 에너지를 더 많이 사용하고 또 석탄을 덜 사용하는 그런 변화가 뒤따라야겠죠. 전기차에 대한 시기도 확정하면 어떨까 생각합니다. 현대자동차의 경우에는 2035년으로 잡고 있죠? 2020년에서 2035년까지 청정수소를 한다고 알고 있습니다. 한국 같은 경우에는 국제적인 금융에도 참여하고 있는데요. 이와 관련 한국이 아시아태평양 지역에서 어떠한 리더십을 발휘할 수 있을지가 중요한 것 같습니다.

또 한국은 현재 COP28 유치를 추진하고 계시죠. 다른 아태 지역 나라 중에는 UAE가 유치 경쟁에 뛰어들었는데 한국이 지금부터 COP28까지 어떤 리더십을 발휘할 수 있을지 생각해봐야 할 것입니다.

윤순진 좀 더 빨리 감축 노력에 적극적으로 나섰더라면 하는 아쉬움이 남습니다. 영국 같은 경우를 비롯해 EU 국가들이 90년대부터 30년에 가까운 기간 동안 감축 노력을 해온 것처럼요. 말씀하신 대로 한국은 개도국에서 선진국으로 올라선, 세계적으로 주목할 만한 사례입니다. 때문에 기후변화에 대해 적극적인 대응과 입장을 표명하면 다른 개도국에 대해서도 굉장히 모범적인 사례가 될 수 있을 것이라고 봅니다.

INTERVIEW **나이절 토핑 : Race to Zero**

"한국처럼 수출 중심의 경제 체제를 가진 국가가 탄소중립 체제에 적응하지 못한다면 큰 타격을 입게 될지도 모른다. 기후변화에 적응하는 것은 일종의 성장을 위한 통행료인 셈이다."

〈매일경제신문〉과 만난 나이절 토핑 영국 고위급 기후행동챔피언 UK's High-Level Climate Action Champion의 설명이다. 토핑은 기후변화를 위한 4가지 목표를 제시했다. 하나는 2015년 파리협정을 통해 2050년까지 지구 기온 상승폭을 1.5도 이내로 억제하자는 목표를 지키는 것이다. 이를 위해선 각국 정부와 기업과 은행, 도시 등이 목표를 위해 힘을 모아줄 것을 당부했다. 두 번째는 이러한 행동이 지구 기후가 회복할 수 있음을 보여주는 것이다. 그는 "우리는 지구온난화로 인한 극심한 온도차와 화재, 홍수, 해수면 상승 등 다양한 기후 위기를 겪어왔다"며 "현재 많은 국가들이 이를 해결하기 위해 힘을 모으고 있다"고 말했다. 세 번째로는 선진국들은 기후변화 대응을 위해 2025년까지 매년 1,000억 달러를 제공하겠다고 약속한 것을 언급했다. 이를 위해 그는 신흥국과 개발도상국 등에도 막대한 규모의 재정 지원이 필요할 것이라고 봤다.

마지막으로 세계는 이 전 지구적인 차원의 문제를 다루기 위해 하나로 뭉쳐야 한다고 강조했다. 여기에는 두 가지 이유가 있다. 토핑은 첫 번째 이유로 "전 지구적인 차원의 문제를 다루기 위해서는 결속해야만 하고 기후행동 계획을 따라야 한다"고 말했다. 그는 두 번째 이유로 "세계 경제가 탄소중립 제로로 움직임에 따라 자연스럽게 제도 변화를 요구받는다"며 "한 국가가 탄소중립에 대해 느리게 대처한다면 빠르게 움직이는 다른 국가들에 비해 경쟁력이 떨어질 테고 자연스럽게 세계 시장에서 점유율을 잃게 될 것이다"라고 경고했다.

토핑은 우리는 이러한 산업에서 환경을 가꾸는 것을 멈추면 안 된다고 강조했다. 가장 먼저 해야 할 일은 우리가 '레이스 투 제로Race To Zero'라고 부르는 목표에 참가해 앞으로 5년간 단기적인 계획을 따를 수 있어야 한다는 것이다. 레이스 투 제로는 탄소중립 이행을 다짐하는 국제 캠페인이다. 이 캠페인은 세계 각국의 지방정부와 기업 등 다양한 기관들이 2050 탄소중립 달성 목표를 공표하고 이행하겠다는 약속을 하고 실천한다. 그는 "이는 기업, 도시, 지역 및 투자자들이 파리 목표를 달성하고 보다 포괄적이고 탄력적인 경제를 창출하기 위해 단결한다는 큰 신호를 정부에 보낼 것"이라고 말했다.

토핑은 탄소중립이 가능한 모든 분야에서 의심의 여지없이 100퍼센트에 도달해야 한다고 강조했다. 그는 "우리가 하는 것엔 문제의 여지가 없고 오직 문제는 얼마나 오래 걸리느냐"라며 "신재생 에너지는 전 세계 대부분의 지역에서 화석 연료보다 저렴하다"라고 말했다. 그는 "석탄 발전소를 짓는 것은 경제적으로 볼 때 어리석은 행동이다"며 "이런 나쁜 경제학은 훨씬 저렴한 신재생 에너지를 사용하는 것보다 경제적 비용을 계속 더 소모하게 만들 것이다"고 말했다.

자동차 업계가 친환경으로 전환하는 데에도 주목했다. 나이절 토핑은 "전기자동차를 2~3년 안에 더 저렴하게 구매할 수 있다"며 "이런 이동이 매우 빨리 가속화되고 있다"고 말했다. 실제로 현대자동차는 2035년, 볼보는 2030년, GM은 2035년, 닛산은 2030년 초 등 모든 자동차 회사들이 2030년 초에 전기차로 전환하는 것을 목표로 하고 있다. 그는 "이것은 정책입안자들에게 2030년이나 2035년 탄소중립 선언을 선택하기 쉽게 해준다"며 "우리는 그린 에너지로의 기술 개발을 가속화해야 한다"고 밝혔다.

토핑은 아시아 지역은 기후변화 극복 노력에 더 박차를 가해야 한다고 지적했다. 그는 "중국의 경우 2060년, 한국과 일본은 2050년까지 탄소중립을 달성하기로 한 것은 매우 중요하다"며 "하지만 유럽과 북미, 영국 등은 2030년으로 목표를 일찍 선정했고, 영국은 탄소중립을 이보다 더 빨리 달성하고자 싶어한다"고 말했다. 그는 "아시아 경제가 더 적극적이지 않다면 우리가 함께 탄소중립에 도달하는 것이 매우 어려워질 것이기 때문에 우리는 그것을 볼 필요가 있다"고 말했다.

그는 탄소중립을 실천하는 우리나라 기업에 대한 찬사도 잊지 않았다. 현대차는 2035년에 전기차로 전환하고, 현대차는 스위스에 엑시언트 수소전기트럭을 수출하는 등 관련 활동을 펼치고 있다. 신한금융과 KB금융은 탄소중립은행연합NZBA의 창립 서명 기관으로 참여했다. SK그룹도 탄소중립을 2050년보다 더 빨리 실천할 것을 선언한 바 있다. 그는 "한국 기업들의 이 같은 생각을 지지한다"며 "모든 한국인 사회와 기업 리더들이 더 적극적으로 행동해야 한다"고 밝혔다.

우주, 그리고 인류의 미래

패멀라 멀로이 미 항공우주국(NASA) 부국장

우주탐사 역사에서 우주선을 지휘한 2명의 여성 중 한 명으로 38일간 우주에서 임무를 수행했다. 그의 우주에서의 3가지 임무는 모두 국제우주센터(ISS)의 건설을 위한 것이었다. 20여 년간 미 공군과 NASA에서의 경력 뒤 그는 록히드마틴과 미 연방항공청, 방위고등연구계획국(DARPA), 노바시스템즈 등에서 고위직을 맡았고 호주 우주청의 고문으로도 일했다. 그는 조 바이든 미국 대통령으로부터 부청장 지명을 받았고 지난 6월 미 상원으로부터 인준을 받았다.

신재원 현대자동차 사장

현대자동차의 도심형 항공모빌리티(UAM) 부문을 이끌고 있다. 그는 최근 부상하는 UAM 시장과 현대자동차의 새로운 UAM 사업을 위한 항공기술을 개발하는 역할을 담당하고 있다. 신 사장은 30여 년간 미 항공우주국(NASA) 본부에서 근무하다가 2019년 은퇴했다. 그는 NASA에서 2008~2019년 항공 연구기술개발국 국장을 맡았다. 미국 백악관 국립 과학기술위원회의 미래 교통 소위원회의 공동의장을 맡기도 했으며, 2014~2015년 국제항공연구포럼(IFAR)의 의장으로 일했다.

이상률 한국항공우주연구원 원장

1986년 한국항공우주연구원에 합류한 뒤 35년간 항공우주 분야 연구를 하다 2021년 3월 원장에 취임했다. 원장 취임 전에는 2019년 11월부터 3월까지 원내 달탐사사업단 단장을 지냈으며 2018년 2월부터 6월까지는 부원장직을 맡기도 했다. 그에 앞서 정지 궤도복합위성사업단장, 항공우주시스템연구소장, 위성연구본부장, 다목적실용위성5 호사업단장 등의 역할을 수행했다.

세계지식포럼에서 온 · 오프라인 하이브리드로 진행된 패멀라 멜로이 미 항공우주국(NASA) 부국장, 신재원 현대자동차 사장, 이상률 한국항공우주연구원 원장의 대담 현장

멜로이 먼저 나사의 우선순위 정책에 대해서 말씀드리도록 하겠습니다. 인간의 우주탐사 프로그램 중 가장 우선순위가 높은 것은 2024년 달에 여성 우주인을 보내는 아르테미스 계획입니다. 달을 탐사하는 궤도선도 주요 과제입니다. 또한 그 어느 때보다도 지구에 대한 연구도 계속 이어가고 있습니다. 우주에서 보면서 계속해서 지구가 어떻게 변하고 있는지, 예를 들어 기후변화에 대해서도 예의주시

하고 있습니다. 도심의 항공 모빌리티 부문도 나사에서는 굉장히 중요한 기술로 꼽고 있습니다. 특히 지속가능성과 관련해서 중요한데요. 항공 부문에서의 온실가스를 2050년 동안 50% 절감하고 2060년에는 상업적 항공기에서 탄소중립을 달성할 것을 목표로 하고 있습니다. 또한 지난 수십 년 동안 상업적 우주여행에 대한 이야기도 이어가고 있습니다. 그동안 나사에서도 막대한 투자를 했고 정부도 투자를 단행해 안전하게 우주여행을 왕복할 수 있는 기술들이 개발됐습니다. 민간 파트너들도 참여하면서 비용을 절감할 수 있는 요소도 생겼습니다. 지금까지 이루어졌던 투자들, 특히 탐사에 관련된 투자가 실제로 우주개발에 추진력을 줬고요. 나사뿐 아니라 여러 나라가 여기에 참여하고 있습니다. 이 과정에서 산업 측면에서도 좋은 일자리들을 만들어내고 있습니다. 한 가지 저한테 굉장히 중요했던 것이 우주인들과 함께 일을 하는 것이었습니다. 전 세계의 우주인들과 협업을 통해 국제우주정거장ISS을 구축했는데요 이것은 매우 성공적인 협업 모델이라고 생각합니다. 덕분에 현재 전체 지구를 90분 만에 왕복할 수 있게 됐습니다. 나사는 이런 이유로 국제 파트너십을 강조해 왔습니다. 앞으로도 달 그리고 화성까지 탐사를 확대해 나가면서 저희가 해야 할 일들이 굉장히 많다고 생각합니다. 로켓 다음에 궤도선도 있고요. 착륙과 관련된 기술도 지금 막 개발하고 있습니다. 특히 달 표면에서 사람들을 안전하게 지킬 수 있는 기술도 수반돼야 할 것입니다. 매우 복잡하고 또 엄청나게 어려운 과업이 아닐 수가 없는데 이것을 성공적으로 하기 위해서는 국제 파트너십이 꼭 필요하다고 생각합니다. 저희의 파트너십은 지금 대한민국과도 체결이 되어 있고요. 2021년 5월 당시 한미 정상회담 직후 한국과 아르테미스 협정에 서명했습니다. 그 결과 한국은 국제 우주 정책의 글로벌 리더십에 합류한 것이고, 이는 굉장히 중요한 이정표라고 생각합니다. 그리고 저희는 항공 우주 부문에서 대한민국과도 긴밀하게 협력하고 있습니다. 나사는 한국형 달 궤도선 쪽에 카메라를 공급하고 과학적인 지원도 진행하고 있습니다. 다시 한번 말씀드리면 저희 양국 간의 파트너십은 매우 공고합니다. 그리고 아시아태평양 지역의, 또 한국의 우주에서의 역할이 더 강화되고 있다고 말씀드릴 수 있습니다.

신재원 저는 국제협력의 중요성에 대해서 거듭 강조하고 싶습니다. 엄청난 노력이 필요한 만큼 한 국가가 혼자서 해낼 수 있는 과업이 아니라고 생각합니다. 가장 최근의 사례인데요. 청중분들도 보셨을지 모르겠습니다만 아주 작은 헬리콥터가 화성 비행을 성공적으로 마쳤습니다. 제 기억으로는 올해 4월이었던 것 같습니다. 이것은 가히 혁명적입니다. 화성의 대기층은 매우 얇습니다. 그렇기 때문에 공기압 또는 대기압이 표면층에 가까울수록 희박해, 실제로 지구상 대기압의 1%밖에는 되지 않습니다. 다시 말해서 공기 밀도가 화성 대기권에는 거의 없다는 것이고요. 결국 충분한 공기, 기압이 없기 때문에 부상하는 데 힘을 받을 수 없습니다. 제 기억으로는 15년, 16년 전이었던 것 같은데요. 그때 우리가 고민했던 것은 과연 화성에서 비행을 할 수 있을까였습니다. 당시에는 포기했습니다. 그때는 기술 자체가 그 정도까지 발전해 있지 않았기 때문입니다. 그러다가 7년 전쯤일 것 같은데요. 배터리에 대한 투자, 공기 역학에 대한 이해 등으로 기술이 훨씬 더 발전했습니다. 그래서 올해 바로 그 결과물이 우리 눈앞에 펼쳐진 것이죠. 라이트 형제가 동력 공급과 제어가 되는 비행체를 만든 것이 1903년이죠. 그로부터 120년이 지난 오늘날 인류는, 인간이 만들어낸 비행체를 제대로 제어하고 전원을 공급해 지구가 아닌 다른 행성에서 비행을 시키는 데 성공했습니다. 바로 이러한 우주에서의 임무는 우리의 능력과 에너지, 지적 역량을 국제 협력을 통해 모아야 가능하다고 생각합니다.

이상률 저는 그래서 두 개의 질문을 드리고 싶습니다. 우선 우주와 관련해서 정부의 역할에 대해서 질문드리고 싶습니다. 두 번째 질문은 아태 지역에서 국가들이 독자적으로 우주개발, 그다음에 위성 발사체 관련된 기술을 개발하고자 하는데요. 지금 아태 지역 국가들이 파트너십을 이용할 경우 우주개발에 어떤 공헌을 할 수 있는지 듣고 싶습니다.

멀로이 나사의 투자는 엄청난 규모입니다. 10년 전과 비교하더라도요. 여기 계신 분들은 들으셨겠지만 스페이스X 관련 프로젝트가 있었습니다. 특히 스페이스X 같은 경우에는 그동안 많은 성과가 있었기 때문에 전 세계적으로 유명해졌습니다. 여기에는 정부가 후원을 할 수 있는 여러 가지 방법들이 있습니다. 기업이 재원을 확보하는 것, 그리고 또 역량을 개발하는 것은 굉장히 중요합니다. 이 과정에서 정부는 회사에서 외주를 줘 개발을 요구하고, 전문성을 제공할 수 있습니다. 민간 회사가 재원을 받아서 개발하게 되면, 결국은 회사가 이를 상업적으로 정부에게도 판매할 수 있습니다. 초기에 기업에 제공했던 금융 투자가 정부에게도 궁극적으로 원하는 결과물로 돌아오는 것입니다. 이를 통해 직접 정부가 하는 것보다도 더 저렴하게 개발을 완성할 수 있습니다. 그뿐 아니라 정부가 추가적으로 할 수 있는 것은 두 가지 영역이 있다고 생각하는데요. 첫 번째는 계속해서 권장하는 것입니다. 민간 기술이 있을 때 정부는 그것을 적극 활용하고 기회가 있을 때 재정적인 지원을 해줘야 합니다. 두 번째는 규제와 관련된 것입니다. 좀 더 개방적인 규제 환경이 마련돼야 합니다. 제한적이기보다는 신기술을 개발하는 데 더욱 용이한 환경을 조성해야 합니다. 산업 간에 진입 장벽을 철폐하는 것도 굉장히 중요하다고 생각합니다. 또 한 가지 중요한 것은 이러한 민간 산업을 활성화시키는 데 파트너십이 굉장히 많은 도움이 된다는 사실입니다. 정부 대 정부의 파트너십은 민간과의 교류와 협력을 더욱 활성화하는 데 도움이 될 것이고 이를 통해 여러 가지 장벽도 철폐할 수 있다고 생각합니다. 또 기업들이 서로 모여서 이야기하게 되면 새로운 창의성과 접근법이 나올 것이고, 결국은 전체 경제 생태계가 커질 것이라고 보고 있습니다. 구체적으로 아태 지역과 관련해서 다시 한번 강조하지만, 국가 간에 파트너십이 정말 필요하고 그로 인해서 기업 간에 파트너십이 더욱 더 활성화될 수 있다고 생각합니다. 특히 민간 우주

항공 산업 발전의 핵심은 바로 저렴한 발사 기술의 개발입니다. 우주의 애플리케이션이 위성이라고 생각하는데요. 이를 위해서는 인프라스트럭처가 있어야 할 것이고요. 그 기본이 우주의 진입과 관련된 접근성이라고 생각합니다. 그래서 아시아태평양 국가들은 우선 우주의 접근성에 대해서 생각하고 국가간 협력에 대해 논의했으면 합니다.

INTERVIEW 패멀라 멀로이: 우주인이 말하는 우주

제22회 세계지식포럼 '우주, 그리고 인류의 미래' 세션에 앞서 〈매일경제신문〉은 패멀라 멀로이 미 항공우주국NASA 부국장과 별도의 인터뷰를 진행했다. 패멀라 멀로이는 우주탐사 역사에서 우주선을 지휘한 경험이 있는 단 두 명의 여성 중 한 명이고, 38일간 국제우주정거장 건설을 비롯해 3개 임무를 우주에서 수행했다.

우선 여성으로서 우주탐험의 '유리천장'을 느꼈던 적이 있는지를 물었다. 멀로이 부국장은 "여성도 우주탐험에 충분한 기술적 능력을 갖췄다고 주장해왔다. 단지 연구원으로서 뿐만이 아니라, 파일럿이나 우주선의 지휘관으로서의 활동에도 해당되는 이야기"라며 "앞으로 우주에 더 많은 여성 우주인이 진출하고, 그들이 롤모델이 되면 더 많은 여성이 참여할 수 있을 것"이라 말했다.

한국의 우주기술이 어느 정도 수준인지도 궁금한 내용이다. 멀로이 부국장은 한국이 지금 당장 우주기술을 선도할 수 있는 위치는 아니지만, 향후 경쟁력 있는 국가가 될 수 있는 준비가 잘돼 있다고 총평했다.

한국 우주기술의 대표적 성과로 꼽은 것은 NASA가 추진 중인 '아르테미스 프로그램'에 한국이 참여하게 된 것이다. 이 프로그램은 2024년 달에 여성 우주인을 보내고 향후 화성을 탐험하는 것, 우주 진출이 본격화될 때 세계 여러 국가들이 합의할 수 있는 각종 기준과 원칙을 세우는 것을 목표로 하고 있다. 과거 미국의 달탐사 프로그램이 그리스 신화에 등장하는 태양의 신의 이름을 딴 '아폴로'로 명명됐는데, 아르테미스는 아폴로의 오누이인 달의 신의 이름을 딴 것이다.

이 프로그램에는 현재까지 미국 일본 캐나다 등 10개국이 참여하고 있다. 한국 역시 지난 5월 문재인 대통령과 조 바이든 미국 대통령의 정상회담 이후 아르테미스 협약에 참가하게 됐다. 당시에 아르테미스 프로그램이 어떤 것인지를 소개하는 글은 넘쳐났지만, 한국에 어떤 의미를 갖는 것인지는 불명확해 많은 국민들의 궁금증이 남았다. 이에 대해 멜로이 부국장은 "아르테미스 협약은 향후 우주·태양계 탐험에 있어 올바른 방식과 그렇지 못한 방식을 규정하는 협의체다. 협약에서 정해진 대로 인류는 우주를 탐험하게 될 것"이라며 "가입국들은 현 상황에서 우주정책의 리더가 됐다고 보면 된다. 한국 역시 세계에서 선도국가의 지위를 확보한 셈"이라 설명했다.

멜로이 부국장은 우주산업 분야에서 한국의 경쟁력에 대해서도 "한국이 우주 연구 분야에서 후발주자인 것은 맞지만 과학적인 기초가 탄탄한 국가다. 이런 특징 덕분에 미래에 우주 연구에서 우위를 점할 수 있을 것이라 본다"고 평가했다.

인류가 우주를 탐험해야 하는 이유를 묻자 멀로이 부국장은 "탐험하는 것은 인간에 내재된 특질"이란 답변을 먼저 내놨다. 그는 "인류는 끊임없이 질문하고, 궁금해하며 답을 찾아가는 특질을 갖고 있다. 우주를 탐험하는 것 역시 마찬가지의 과정"이라 답했다. 우주탐험을 통해 얻을 수 있는 실익이 무엇이냐는 질문에는 "지구와 그 안의 생명에 대해 더 많이 알아갈 수 있는 기회를 제공한다. 우주를 연구하며 얻은 결과물은 실제로 우리가 지구를 이해하는 데 큰 도움이 된다"고 말했다. 예를 들어 우주 연구에서는 극미중력microgravity(중력이 극히 미미한 우주 환경을 뜻하는 말)의 다양한 측면을 조사하는데, 이를 지구환경과 비교해가며 지구의 특성을 더 자세히 연구할 수 있다는 설명이다. 멀로이 부국장은 "개인적으로는 다른 행성에서 살고 있는 생명체를 찾는 것이 아주 중요하다고 생각한다. 이들의 생물학적 특성과 지구생명체의 특성을 비교해볼 기회가 생기기 때문"이라 설명했다.

탄소중립을 향한
넷제로 경쟁

세계 최대 가구기업 이케아의 넷제로 전략

예스페르 브로딘 잉카그룹(이케아그룹) CEO

'ESG 경영'은 이제 선택이 아닌 필수가 됐다. ESG가 세계 비즈니스·경영의 '메가 트렌드'로 자리 잡으면서 국내 주요 기업들도 국제적인 눈높이를 맞춰가기 위해 분주하기 움직이고 있다. 2021년 8월 전국경제인연합회에 따르면 국내 10대 그룹이 밝힌 ESG 관련 투자액은 115조 5,200억 원이다. 투자처와 규모를 확정하지 못한 그룹이 포함될 경우 2030년 ESG 관련 투자액은 최소 200조 원을 넘어설 것으로 관측된다.

하지만 포장지만 ESG를 입힌 국내 기업의 행태에 대한 비판의 목소리도 뜨겁다. 같은 해 9월 중소기업중앙회가 개최한 백두포럼에서 반기문 전 유엔 사무총장도 "국내 기업들이 이미지 제고를 위해 사회적책임경영CSR 차원에서 ESG 경영을 접근한 사례가 많았다"며 "ESG를 하는 척(그린 워시)만 해선 안 될 것"이라고 강조했다. 그린 워시란 친환경적인 경영과 이미지로 포장만 하는 것을 말한다.

배종훈 서울대 경영학과 교수가 좌장을 맡아 진행된 예스페르 브로딘 잉카그룹 대표CEO와 대담이 진행된 것도 이 같은 배경에서다. 이케아의 프랜차이즈 기업 중 가장 규모가 큰 홈퍼니싱 리테일 업체인 잉카그룹은 지난 수 년간 다양한 투자와 노력의 결과로 탄소발자국을 줄이면서도 비즈니스 성장을 거듭하며 온실가스 배출이 비즈니스 성장에 필수적이지 않다는 것을 이미 증명해왔다. 이제 막 첫발을 디딘 국내 ESG 환경이 나아갈 길을 제시해줄 만한 모범 사례인 셈이다.

대담에서 브로딘 CEO는 ESG가 기업 적대적인 개념이 아니라 기업 친화적인 개념이라는 점을 강조했다. 기업들에게 비용 부담을 지우는 것이 아니라 낮추는 개념이라는 이유에서다. 그는 "지속가능성은 매우 복잡한 주제이긴 하지만 상당한 부분 중 하나가 원자재 등 자원을 어떻게 스마트하게 활용할 것인가에 초점이 맞춰진다"며 "많은 고객들은 기업이 인류의 지속가능성을 위해 선도적인 역할을 해주기를 기대하고 있고, 이 주제를 회피하는 기업들은 매우 큰 리스크를 안고 가게 된다"고 지적했다.

이케아의 베지볼은 기업의 친환경 전략이 성과를 거둔 대표 사례다. 베지볼은 고기 대신 병아리콩, 완두콩, 당근 등 채소를 재료로 만들어 이산화탄소 배출을 최소화한다. 베지볼은 고기로 만드는 미트

볼 대비 배출하는 탄소량을 4%로 줄였다. 브로딘 CEO는 "보통 사람들은 지속가능성을 겨냥한 상품이 비쌀 것이라고 생각하는데 전혀 그렇지 않다"며 "베지볼은 건강하고 지속가능성도 높아 소비자들의 선택을 받았다"고 설명했다.

잉카그룹이 10년 전부터 관심을 가지고 들여다봤던 재생 에너지 분야도 비용 친화적이다. 모든 이케아 매장에는 태양광 패널이 설치돼 있고, 재생 에너지를 직접 만들어낸다. 실제 지난해 잉카그룹은 사업을 위해 소비한 에너지보다 재생 에너지 투자를 통해 생산한 에너지가 132% 많았다. 브로딘 CEO는 "지난 10년간 이케아는 재생 가능한 에너지에 대해 투자를 획기적으로 늘려왔고 지금은 이 분야가 엄청난 사업으로 성장했다"고 말했다.

배 교수는 지속가능성을 추구하는 기업에 단기 비효율성이 발생할 수 있다는 지적을 내놓기도 했다. 자원을 많이 쓰거나 가격이 비싼 경우도 많다는 이유에서다. 브로딘 CEO는 "최근에 나온 기술들을 모든 회사가 한 번에 채택하기는 어려울 수 있다"며 "5~10년이라는 장기적인 시간을 두고 정부가 기업에 어떻게 인센티브를 줄 수 있을지 방안을 모색해야 하며 이 과정에서 법과 세제는 단기 비효율성에 직면한 기업을 도와줄 수 있는 길이 될 수 있다"고 지적했다.

브로딘 CEO는 가치사슬(밸류체인, 기업활동에서 부가가치가 생성되는 과정)에 참여하는 모든 이해관계자가 지속가능성을 고민해야 한다고 조언했다. 인류의 지속가능성은 한 회사의 노력만으로 달성할 수 있는 목표가 아니고, 시장참여자들의 협력이 필요한 부분이기 때문이다. 그는 "이케아 가치사슬 안에 있는 파트너(공급사)의 50%는 재생 에너지로 에너지원을 전환했다"며 "기업이 추구하는 지속가능성은 가치사슬 안에 누구를 초청할 것인지의 문제와 직결된다"고 평가했다.

브로딘 CEO는 기후변화 문제를 두고 인류에게 주어진 시간이 얼마 남지 않았다고 평가했다. 잉카그룹은 지구 온도의 상승폭을 1.5℃ 이내로 제한하고자 하는 파리기후협정의 이행에 적극 동참하고 있다. 이케아 밸류체인에서 배출되는 것보다 더 많은 온실가스 배출량을 감축하는 기후안심기업으로 거듭나고자 하는 목표를 두고 있다.

브로딘 CEO는 "이케아는 원자재와 제작, 배송, 실제 가정에서 사용하는 제품의 이산화탄소 배출량을 측정한다"며 "시간도 오래 걸리고 노력도 필요한 일이지만 기업들이 각자 벌이는 활동에 탄소배출량을 정확하게 측정하지 않는다면, 기업들이 하는 행동은 상징적인 행동에 그칠 수 있다"고 지적했다.

롤스로이스의 넷제로 전략

워런 이스트 롤스로이스 CEO

"롤스로이스는 탄소 배출을 줄이기 위해 2023년까지 롤스로이스의 모든 항공 엔진이 친환경 항공유를 사용할 계획이다. 2050년까지 탄소중립 목표 달성을 위한 핵심 역할을 수행하는 기업이 될 것을 약속한다."(워런 이스트 롤스로이스 CEO)

오는 2050년까지 탄소중립을 선언하겠다는 주요국 선언이 이어지고 있다. 넷제로는 이산화탄소를 배출하는 양만큼 다시 이산화탄소를 흡수해 실질적 배출량을 '0'으로 만드는 것을 의미한다. 좋은 기업이 되려면 환경·책임·투명 경영에 관해 좋은 모습을 보여야 한다는 ESG에 대한 관심과 맞물려 기업들은 저마다의 탄소중립 로드맵에 기반한 사업 계획을 내놓고 있다.

동력 및 추진 시스템 분야의 선도기업 롤스로이스Rolls-Royce의 워런 이스트 CEO는 회사의 중장기적 탄소중립 목표에 대해 상세히 설명했다. 롤스로이스그룹은 세계 3대 항공 엔진 기업으로 꼽힌다. 영국을 대표하는 기술 기업으로서 전 세계 방위산업에서도 주요 역할을 수행하고 있다. 한화에어로스페이스, 한국의 공군·해군 등 한국과도 꾸준히 협력을 이어가고 있다.

이스트 CEO은 "펜데믹은 즉각적이고 명백한 압박을 우리 모두에게 줬다"면서도 "우리가 당면한 도전과제인 전력 문제는 변하지 않았다. 계속 증가하는 전력 수요를 유지하면서도 어떻게 미래 인류를 위해 지구를 지켜나갈 수 있을까 고민해야 한다"고 강조했다. 이스트 회장은 또 "팬데믹 이전에 이미 최대수준의 인구 증가와 번영의 확대로 이미 에너지 수요가 폭발적으로 증가하는 추세였다"며 "역사적으로 어느 때보다 지속가능한 동력에 대한 요구가 강하다"고 지적했다.

롤스로이스는 2030년까지 자체 시설에서 넷제로를 달성하는 게 목표다. 이스트 CEO는 "2030년까지 자체 시설에서 '넷제로'를 달성하고 2050년까지 탄소중립 기업이 되는 것이 롤스로이스의 목표"라며 "탄소중립에 대한 세계 의지는 변곡점에 도달해 세계경제의 3분의1 인구의 50% 이상이 탄소중립 목표에 참여하고 있으니 당연한 것"이라고 말했다.

특히 2023년까지 롤스로이스의 모든 항공 엔진이 친환경 항공유를 사용할 수 있도록 할 계획이다. 폴 스테인 롤스로이스 CTO는 "비행기 연료를 전기나 수소로 대체하는 것을 의미한다"며 "지속가능한 항공 연료 자체가 거대한 글로벌 산업이 될 수 있다"고 설명했다. 폴 CTO는 "항공 산업은 원유 생산의 7%가량을 소비하고 있는데 2023년까지 동·식물성 바이오 항공유와 민간 항공기 엔진이 호환되도록 테스트할 계획"이라고 밝혔다. 그는 "에탄올 등 알코올이나 폐기물·폐식용유 등 폐원료를 연료로 바꿔낼 수 있다"며 "이 같은 모든 방식의 지속가능한 연료를 동시다발적으로 발전시켜야 한다"고 강조했다.

롤스로이스의 중점 사업 중에는 아직 실용화되지 않은 혁신적인 기술도 있다. 바로 소형 모듈형 원자로SMR, Small Modular Reactor이다. SMR는 기존 원전보다 규모는 작지만 안전성을 1만 배가량 높였다는 평가를 받는 미래형 기술이다. 이는 경제적인 탄소중립 전력을 대량으로 생성하기 위한 것이다.

롤스로이스는 영국 정부와 함께 컨소시엄을 만들어 SMR 개발에 힘을 쏟고 있다. 미국·중국·러시아 등 각국이 2020년대 후반 이후 SMR 상용화를 목표로 기술 개발에 나서고 있다. 폴 CTO는 "완전히 새로운 물리적 패키지를 개발하는 데는 시간이 필요하기 때문에 이미 성숙된 경수로 기술을 채택해 원자로를 만들고 있다"며 "모듈화된 건설 방식을 사용해 완공까지 걸리는 시간을 단축시키고, 시설 투자액을 줄인다"고 설명했다.

롤스로이스는 기술이 가져오는 선한 힘을 믿는다고 거듭 강조하기도 했다. 이스트 CEO는 "기술은 선한 세력이고, 이를 통해 지속적인 성장이 가능하다"면서도 "그렇지만 누구도 혼자 지속적인 성장을 이뤄낼 수 없다. 경제성장을 저해하지 않은 방식의 성장방식을 발굴해낼 것"이라고 선언했다. 그는 또 "넷제로 정책은 과도기로서 파괴적인 변화를 수반할 수밖에 없다"면서 "어렵고 복잡한 프로세스이지만, 국가와 산업을 넘어 협력해야 한다"고 말했다.

2050 넷제로: 어떻게 달성할 수 있을까

파티 비롤 국제에너지기구 사무총장 · **유정준** SK E&S 부회장

"지구를 지키기 위해, 오늘날과 같은 환경을 유지하기 위해 인류에게는 2050년 넷제로 구현 외에 다른 선택권이 없다."

파티 비롤 국제에너지기구IEA 사무총장은 2050년 넷제로 달성을 위해 온 인류가 노력하지 않으면 이상기후, 자연재해로 더 큰 피해를 입을 수 있다고 강조했다. 현재 한국을 비롯해 미국, 중국, 유럽, 캐나다, 일본 등 많은 국가들이 2050년 넷제로 달성을 목표로 세웠다. 하지만 비롤 사무총장은 "올해 전 세계 탄소배출량은 역사상 두 번째로 큰 증가폭을 보일 것으로 예상된다"며 "목표를 설정하는 데 그치

지 않고 어떤 행동이 필요한지 고민해야 한다"고 강조했다.

IEA는 2050년 넷제로 달성을 위한 400여 가지 '마일스톤'을 세웠다. 로드맵은 상당히 구체적이다. 2030년까지 전 지구의 도로를 달리는 차량의 60%는 전기차로 전환되어야만 한다. 100% 석유로 운행되는 항공기 연료 또한 절반 이상 바이오 연료 등으로 대체되어야 한다. 비롤 사무총장은 "올해 말부터 화력 발전소도 추가되면 안 된다"고 말했다.

비롤 사무총장은 넷제로 달성을 위해 세 가지 방안이 필요하다고 강조했다. 무엇보다 향후 10년 동안 인류가 확보한 청정 기술의 엄청난 발전이 이어져야 한다. 일부 국가는 원자력발전소를 더 지어야 할지도 모른다. 비롤 사무총장은 "이것만으로도 충분치 않다"며 "아직 개발되지 않은 수소, 탄소포집 기술 등의 상용화도 이뤄져야 한다"고 말했다. 비롤 사무총장은 이 같은 로드맵이 과연 가능한 것이냐는 질문에 "대안이 없다"고 잘라 말했다. 그는 "이런 노력조차 하지 않으면 이상기후, 자연재해 등 심각한 결과가 우리를 기다릴 것"이라고 덧붙였다.

비롤 사무총장은 에너지 패러다임 전환 시기에 한국 기업들이 선도적인 역할을 할 수 있을 것으로 기대했다. 그는 "한국은 혁신 부문에서 내로라하는 국가가 되었다"며 "수소, CCS(이산화탄소 포집 및 저장) 등 분야에서 한국이 리더 역할을 할 수 있을 것"이라고 말했다. 이날 세션 좌장을 맡은 유정준 SK E&S 부회장은 에너지 전환을 위해서는 기술 혁신이 전제되어야 한다고 강조했다. 탄소중립은 전 지구적인 노력이 필요한 시대적 소명인 만큼 SK그룹도 2050년 이전에 탄소중립을 시행하겠다고 선언한 바 있다. 유 부회장은 "국가와 기업들이 기술 혁신에 투자하며 탄소중립과 경제성장을 동시에 달성하기 위해 노력하고 있는데 특히 재생 에너지와 배터리, 수소, CCS의 기술 혁신이 가속화되고 있다"고 말했다. 재생 에너지의 '균등화발전비용$_{LCOE}$'은 2010년 MWh당 300달러 후반에서 2020년 50달러 이하로 크게 하락했고, 향후 20~30달러 수준까지 떨어질 것으로 예상되고 있다. 배터리 가격도 2050년에는 KWh당 150달러 이하로 떨어져 재생 에너지를 경제적으로 저장할 수 있을 것으로 보인다. 유 부회장은 "수소와 CCS 등 신기술의 경제성도 개선되고 있다"며 "수소는 2030년에 1kg당 1~2달러로 생산이 가능할 것으로 전망되고 있으며 주요 기업들은 수소산업 경쟁력을 확보하기 위해 자동차, 터빈기술 등을 개발하고 있다"고 덧붙였다. CCS는 탄소포집율이 현재 95% 수준에 도달했으며 발전소에서 배출되는 이산화탄소 포집 비용은 5년 뒤 1톤당 45달러 정도가 될 것으로 전망된다.

유 부회장은 미래 에너지 시스템은 재생 에너지 중심으로 변화할 것이기 때문에 재생 에너지의 약점인 간헐성과 전력계통 순부하 변동성 문제를 해결하기 위해 유연성 자원을 충분히 확보해야 한다고 분석했다. 그는 "태양광과 풍력의 간헐성 규모가 점차 확대되면서 실시간 주파수 조정 등 전력계통 운영에 어려움이 증가하고 있다"며 "과거와 달리 전력피크가 낮에서 일몰 시간대로 이동하는 등 에너지 공급과 수요패턴도 변하고 있는데 이러한 현상은 향후 재생 에너지

규모가 증가함에 따라 더욱 심화될 것"이라고 내다봤다.

　대표적인 사례가 2020년 8월 발생한 캘리포니아 블랙아웃 사건이다. 캘리포니아는 지난 10년간 가스발전 11.3GW를 폐쇄해 유연성 예비력 자원이 부족했으며 재생 에너지의 발전량이 2015년 대비 2배 이상 증가했지만 출력제한은 무려 8배 이상 증가하는 등의 문제점이 발생했다. 한국도 재생 에너지가 많이 보급된 제주도에서 2020년 재생 에너지 발전량의 3.3%가 출력제한됐고 이런 상태가 지속된다고 가정한다면 2030년에는 재생 에너지 발전량의 절반가량이 버려질 것으로 예측되고 있다. 유 부회장은 "새로운 에너지 혁신을 위해서는 공급단의 대책과 함께 소비자들이 효율적으로 에너지를 사용할 수 있도록 유도하는 제도와 시스템을 함께 갖추는 것이 매우 중요하다"며 "예기치 못한 경우에 대비해 위기대응 계획도 반드시 마련해야 하는 만큼 백업 전원 확보 등 비상시에 사용할 종합적인 대책 수립이 필요하다"고 강조했다.

지구와 공존하는 미래

메리 에벌린 터커 예일대 종교와생태포럼 공동책임자 · **카레나 고어** CEE 설립자 겸 소장
송기원 연세대학교 교수 겸 지구와사람 공동대표 · **강금실** 법무법인 원, ESG센터 대표

"인류가 종교로부터 얻은 '6R'의 철학을 회복해야 한다"

메리 에벌린 터커 미국 예일대 종교와 생태포럼 공동책임자(교수)는

'지구와 공존하는 미래'와 관련해 지구 윤리를 회복하기 위해서 6R이 필요하다고 강조했다. 터커 교수가 말한 6R은 경외reverence, 존중respect, 상호의존성reciprocity, 제한restraint, 책임responsibility, 회복restoration'이다.

우선 터커 교수는 "자연을 이용해 고갈시키는 자원으로 평가하는 것이 아니라 생명의 원천으로 가치를 재평가해야 한다"며 "자연이 인간에게 얼마나 유용한지를 보는 것이 아니라 자연의 내재적 가치를 강조해야 한다"고 강조했다. 이것이 자연에 대한 경외와 존중이다. 이어 "도교에서는 인간이 대우주의 소우주라고 보는데 이는 전체 우주 전체가 인간과 함께 교류한다는 정신"이라면서 "불교에서는 모든 생명체가 각기 다른 인식을 할 수 있으며 모든 생명체가 상호 의존성이 있다고 본다"고 말했다.

그는 또 "이 같은 동양 철학의 사상이 서양에는 없다. 의식과 지각 능력은 사람에게만 있다고 본다"며 "자연의 상호의존적 프로세스를 배우고 서양 철학의 해독제로 써야 한다"고 강조했다. '인간이 자연과 함께 연대하고 협력하는' 상호의존성을 강조하고 인간 중심의 사유를 제한해야 한다는 것이 그의 지론이다. 이를 통해 인간의 자연과 공존할 책임을 알게 되며, 지구와 자연의 회복이 가능하다는 설명이다.

터커 교수는 UN의 지속가능개발목표Sustainable Development Goals 달성을 위한 '종교기반 행동 데이터 베이스'를 구축했다. 종교 철학을 '지구를 위한 실천'으로 전환할 기반을 만든 것이다. 터커 교수는 "인도 히말라야 지대에서 벌목을 막기 위해 여성들이 벌이는 '나무 껴안기 운동', 태국과 캄보디아 승려들이 벌이는 묘목기증 운동 등 자연과의 공존을 실천하는 움직임이 있다"면서 "종교와 환경을 연결시키는 많은 지구적 프로젝트들이 가동되고 있다"고 강조했다.

카레나 고어 미국 지구윤리센터CEE 소장은 데이터와 기술을 넘어선 신념·윤리·가치를 추구해야 한다고 강조했다. 고어 소장은 "자원 고갈과 환경 오염의 실제 비용을 이해해야 한다"면서 "단기적 금전 관계만 파악해서는 '실제 비용'을 인식할 수 없다"고 말했다. 이어 "점점 더 많은 지역에서 인간이 살 수 없게 된 상황에서 기술이나 데이터만으로는 (문제 해결이) 안 된다"면서 "우리는 이미 풍력, 태양광 등 대체 수단을 알고 있는데도 (제대로) 실현이 되고 있지 않다"고 강조했다. 그는 또 "결국 인식과 신념, 윤리와 가치를 강조해야만 문제를 해결할 수 있다"고 말했다.

고어 소장은 또 경제성장 담론에 대한 근본적인 질문을 던졌다. 그는 "경제 성장 담론에서 소외계층, 미래세대, 비인간 생명체 등 3대 그룹이 배제돼 있다"면서 "세계의 지식이 항상 위에서 아래로 내려오는 것은 아니며 아래에서 위로 생성되기도 하는 만큼 도덕적 관심의 원천을 확대해야 한다"고 강조했다. 이어 "환경 정의 운동은 항상 오염 지역이 소외계층의 거주지역에서 발생한다는 점에 주목한다"며 "기후변화의 원인이 되는 인간의 활동이 주로 저소득층 지역에서 발생하는 것은 환경 문제가 계급 차별의 문제를 내포하고 있다는 것을 나타낸다"고 말했다. 그는 또 "결국 지구를 위한 운동은 공동체의 가치를 복원하는 운동"이라고 말했다.

지구와사람 공동대표를 맡고 있는 송기원 연세대 교수는 '휴머니즘'에서 '생명중심'으로의 문명 대전환이 필요하다고 역설했다. 송 교수는 "휴머니즘으로 대표되는 인간 중심 가치관이 기후 재난 등 지구에 커다란 문제를 야기해왔다"며 "인간은 지구에서 수백만 종 가운데 하나라는 것을 깨닫고 생명체 중심으로 새로운 문명의 전환을 일으켜야 한다"고 강조했다.

이날 세션에서 좌장을 맡은 강금실 법무법인 원, ESG센터 대표는 "오늘날 지구가 당면한 문제에는 물질뿐 아니라 정신적 측면까지 통합된 포괄적인 해법을 찾아야 한다는 숙제를 던져준 토론이었다"면서 "새로운 윤리적 전환을 모색하는 기회가 됐다"고 말했다.

기후변화와 건강의 상관관계

크리스티 에비 워싱턴대 교수

/

기후변화에 관한 정부 간 협의체IPCC가 과학을 바탕으로 분석한 기후변화를 보면 지구 표면의 온도가 산업혁명 이전에 비해 1.1℃ 상승했다. 온도가 높아지면 인간의 생리 활동에도 직접적인 영향을 주게 된다. 우리의 몸은 버틸 수 있는 온도 범위가 상당히 좁다. 전 세계적으로 열과 관련된 사망의 35% 이상이 기후변화에 기인한 것으로 추정된다."

'기후변화가 우리 건강에 미치는 영향' 세션을 진행한 크리스티 에비 워싱턴대 교수는 "기후변화가 모든 곳에서 건강 안전과 보안에 영향을 미치고 있다"며, "다양한 규모의 사전 적응은 위험 관리 능력을 높일 수 있다"고 강조했다.

기후변화에 따른 부상, 질병, 사망 등은 날씨 패턴의 변화와 공기, 물, 음식 등의 환경 변화와 연관이 깊다. 가장 큰 건강상의 위험은 식량과 물의 안전성 감소, 극단적인 날씨, 기후 현상이다. 기후변화로 인한 건강 위험은 특히 미래에 더욱 증가할 것으로 예상된다. 모든 사람이 잠재적으로 영향을 받기는 하지만 일부 인구는 여기에 특히 취약하다. 또 기후변화는 우리가 적절한 의료서비스에 접근하고 이를 제공받는 과정을 방해할 수도 있다.

에비 교수는 미국에서만 매년 1만 2,000명이 열사병으로 사망하고 있다며 다양한 분석을 통해 기후변화가 인간의 건강에 어떤 영향을 끼치는지 알고 대응하는 것이 중요하다는 점을 강조했다. 에비 교수는 "기후변화로 온도가 1도만 높아져도 문제 발생 가능성은 3배 정도 높아진다"며 "온도가 4도 이상 오르면, 문제 발생 가능성이 9배 이상 높아진다는 것으로 모든 것들이 인간의 건강과 복지에 악영향을 줄 수 있다"고 우려했다.

특히 기후변화의 영향을 받는 인구의 범위가 광범위한 것이 큰 문제라고 지적했다. 에비 교수는 "이미 보건 분야에서 기후변화가 건강에도 악영향을 주고 있음이 확인됐다"며 "기후변화를 우리가 얼마나 잘 준비하고 대응할지에 따라 앞으로의 생활이 달라질 수 있다고 지적했다. 이와 관련해 에비 교수는 최근 각국 정부가 펼치는 온실가스 배출을 줄이기 위한 정책들을 긍정적으로 평가했다.

한편 그는 기후변화에 대한 경고 시스템을 통합하는 것이 필요하다고 강조했다. 에비 교수는 "지역별로 기후변화 경고에 대한 범위를 다르게 설정하면서 다양해진 경고 시스템에 사람들이 지쳐버렸다"며 "대기오염은 물론 산불, 고온 등 정기적이고 통합적인 경고 시스템을 갖춰야 한다"고 말했다.

당장 비용 문제로 기후변화 대응을 꺼리는 사람들을 겨냥해 그는 오히려 지금 대비에 나서지 않을 경우, 향후 더 큰 비용을 부담해야 한다고 지적했다. 산불 문제가 대표적이다. 매년 전 세계적으로 증가하고 있는 산불은 단순히 해당 지역에 인적, 물적 손실을 끼칠 뿐 아니라 산불로 인해 생기는 연기가 중장기적인 건강 문제로 이어지는 만큼 더 큰 문제로 확산될 수 있다는 것이다.

그는 "온실가스 배출을 줄이는 노력이 너무 비싸다고 말하는 사람이 있지만, 반대로 아무 노력을 하지 않는 것이 더 비싼 것이라고 주장하고 싶다"며 "2020년 미국에서만 22건의 심각한 기후 현상이 발생해 이 문제에 대응하는 데만 70억 달러(약 8조 3,000억 원)가 소요됐다"고 덧붙였다.

기후변화로 인한 문제로 인지하기 어려운 것이 꽃가루다. 여름이 길어지면서 꽃가루 분출량이 늘어난 것이 결국 알레르기나 천식 환자에게 악영향을 미치고 있다. 또 최근 기후변화로 작황이 나빠진 것이 아동 성장을 저해하는 문제로 이어지고 있음을 지적했다.

에비 교수는 "이산화탄소 농도가 높아지며 (작물의) 성장은 빨라졌지만 영양적으로 탄수화물은 높아지고 단백질과 미세 영양소는 줄어드는 현상이 일어나고 있다"며 "충분한 칼로리를 섭취하더라도 실제로는 아동이 성장하는 데 필요한 영양소를 공급받지 못하는 현상이 일어난다"고 우려했다.

에비 교수는 "개인이나 국가 차원에서 온실가스 배출을 줄이기 위한 노력을 즉각적으로 해야 한다"며 "어떤 방법이든 배출량을 줄이게 되면 건강에 유익한 결과로 돌아오게 된다"고 강조했다.

비욘드 그래비티: 우주 레이스의 시작

지구와 가까워진 우주: 에어버스의 시각

미하엘 쉴호른 에어버스 디펜스앤스페이스 CEO

"우주는 더 이상 정부가 주도하는 공간이 아닙니다. 기업들이 자체적으로 기술을 투자할 수 있고, 중소기업이나 스타트업과 함께할 수 있는 공간입니다. 인공위성을 대량으로 생산할 수 있게 되면서 위성 간 협력체계를 만들면 우주에 대한 접근성이 높아질 것입니다."

제22회 세계지식포럼에서 미하엘 쉴호른 에어버스 디펜스앤스페이스DS CEO는 '더 넥스트 스페이스' 세션을 통해 민간 주도의 우주산업의 성장을 강조하며 이같이 말했다. 보잉과 함께 전 세계 항공기 시장을 양분해온 유럽 최대 항공우주 기업 에어버스의 우주산업 시장에 대한 전략을 소개하는 자리에서 차세대 인공위성을 통한 새로운 우주시대 개척의 의미를 강조했다.

쉴호른 CEO는 1984년부터 독일군 장교로 복무하며 미국과 독일에서 헬리콥터 조종사로 활동했다. 이후 1994년 독일 함부르크 지휘참모대학교(국방대학교) 연구조수를 거쳐 보쉬, 지멘스 등에 근무하며 항공우주업계에 발을 들였다. 2019년 에어버스 최고운영책임자COO로 합류해 2021년 7월부터 에어버스DS CEO를 맡고 있다.

쉴호른 CEO는 우주에 대한 막대한 투자 유입으로 인한 인공위성 제조 기술 발달로 새로운 유형의 위성이 등장하는 것이 우주 관련 활동의 디지털화를 가속화하고 있다고 설명했다. 그는 "20년 전까지 정부 주도로 이뤄진 지구관측 인공위성 사업이 이제는 민간 투자를 통해 진행되고 있다"며 "에어버스DS도 10억 유로(약 1조 3,800억 원)를 투자해 개발한 '플레이아데스 네오-4'를 통해 고해상도의 우주 데이터를 수집해 민간 용도로 활용하고 있다"고 설명했다.

세션을 위해 특별 촬영한 인천공항 상공 사진을 예시로 들며 지구 표면을 픽셀당 30㎝의 고해상도 사진으로 구현할 수 있는 점을 증명했다. 인공위성이 촬영한 고해상도 사진을 활용하면 지구의 지속가능성과 관련된 분야에 도움을 줄 수 있다는 점도 강조했다. 쉴호른 CEO는 "기후변화나 산불 등 자연재해로 인한 회복 과정에 인공위성이 도움을 줄 수 있다"며 "태풍, 허리케인 등 기상 상황도 더 정확하게 예측할 수 있게 됐다"고 말했다.

쉴호른 CEO는 이 같은 변화가 인공위성의 군집 활동의 결과라고 설명했다. 여러 인공지능이 무리지어 활동하면서 지구 전체에 동시다발적인 영향력을 행사할 수 있다는 것이다. 그는 "과거 인공위성은 개별적으로 특정 목적을 위해 제조되고 설계됐지만 이제 수백 개의 위성을 빠르게 제조할 수 있게 되면서 위성 간 협력을 이끌어낼 수 있게 됐다"며 "이를 통해 지구상 모든 곳에 지상의 광학섬유 네트워크 수준의 고속 인터넷을 제공할 수 있게 됐다"고 강조했다.

혁신적인 위성 제작 체계가 구축되면서 자본력이 약한 중소기업도 자체적으로 우주산업에 뛰어들 수 있다는 점도 긍정적인 변화로 꼽았다. 쵤호른 CEO는 "우리는 어떤 기업도 인공위성의 모든 과정을 진행할 수 있도록 지원 체계를 갖추고 있다"며 "과거와 달리 우주산업에서 유연성이 높아지고 있는 것"이라고 지적했다.

이어 "3D 프린팅 기술과 로봇을 활용해 우주에서도 위성을 제조할 수 있게 될 것"이라며 "공상과학처럼 들릴 수도 있겠지만 곧 현실이 될 것이라고 본다"고 덧붙였다. 쵤호른 CEO는 "우주과학 기술 덕분에 스마트폰과 내비게이션이 일상화됐다"며 "3차원 위성 데이터를 비디오 게임에 적용하면 효과적인 발전을 이룰 수 있고 인공지능을 통해 인공위성 사진에서 구름을 제거하는 알고리즘도 적용하면서 효과적인 지구 모니터링이 가능해지고 있다"고 말했다.

쵤호른 CEO는 우주산업에서의 협력체계 구축의 중요성을 강조했다. 신기술이 구기술을 기반으로 만들어질 수 있었던 만큼 앞으로 우주산업이 기존 산업과의 융합을 통해 시너지를 기대해야 한다고 지적했다. 그는 "많은 사람들이 이미 이뤄놓은 업적을 바탕으로 해야만 우리가 발전할 수 있다는 것을 기억해야 한다"며 "지난 60년간 많은 노력과 진전이 있었기에 오늘날의 발전이 가능한 것"이라고 강조했다.

한국과의 협력도 지속할 뜻을 밝혔다. 쵤호른 CEO는 "우리는 1990년대 중반부터 한국항공우주산업KAI과 함께 설계 작업을 진행해왔다"며 "앞으로도 신뢰할 수 있는 파트너로 한국의 우주 관련 기술 개발과 발전에 함께하겠다"고 말했다.

항공우주산업의 5대 트렌드

로이 아제베도 레이시온 인텔리전스 & 스페이스 사장

제22회 세계지식포럼에는 레이시온을 비롯한 여러 글로벌 방위산업체가 참석해 눈길을 끌었다. 우주항공, 양자기술, 친환경 등 다양한 분야에서 새로운 성장 동력을 찾고 있다는 게 이들의 공통된 특징이었다. 강연 참석자들은 여러 형태의 방위산업과 첨단기술의 결합 형태를 확인할 수 있었다.

로이 아제베도 레이시온 인텔리전스 & 스페이스 사장은 제22회 세계지식포럼에서 열린 세계지식포럼 '미래의 전장을 대비하다: 항공우주와 방위산업의 5가지 주요 트렌드' 세션에서 동맹 간 파트너십, 빠른 의사결정, 인공지능, 다영역작전MDO, 디지털 엔지니어링을 방위산업에 불고 있는 변화의 키워드로 꼽았다. 레이시온 인텔리전스 & 스페이스는 미국의 항공 군수업체인 레이시온 테크놀로지의 자회사 중 한 곳이다. 레이시온 테크놀로지는 지난해 세계 5위 규모

였던 레이시온과 세계 10위였던 유나이티드테크놀로지스가 합병하면서 탄생했다. 그러면서 레이시온 테크놀로지는 미국 록히드마틴에 이어 세계 2위 방산업체로 거듭났다. 직원 수만 해도 19만 5,000명에 달한다.

아제베도 사장은 "현대전에서 전투 공간이란 육지·해상·공중·사이버·우주를 망라한다"며 "특히 중대한 정치안보적 의미를 지니고 있는 우주의 경우, 도전과 기회가 워낙 크다보니 혁신기술 등의 글로벌 파트너십 구축이 필수"라고 강조했다. 그러면서 그는 "항공우주 방위 분야에서의 국가 간 경쟁이 치열해지면서, 자국의 자산을 보호하고 적을 견제해야 할 필요성이 커지고 있다"고 우려했다.

아제베도 사장은 "결국 핵심은 글로벌 협력과 인공지능 기술 등을 활용, 적시에 적임자에게 적절한 정보를 제공해 지휘관이 양질의 의사결정을 내릴 수 있게 하는 것"이라며 "이것이 가능하려면 고위험 상황에서 본인의 직감보다 데이터 분석에 기반을 둔 AI의 판단을 믿기 위한 신뢰 구축이 중요하다"고 말했다. AI가 데이터 분석을 대신해줌으로써 인간이 의사결정에 집중하게 해주지만, AI 분석을 얼마나 믿을 수 있느냐가 관건이라는 의미다. 그는 자동차를 몰 때 운전자가 내비게이션을 따라가다 '다음에 좌회전을 하면 도착시간을 5분 앞당길 수 있다'고 권장하면, 이를 본인의 직감보다 얼마나 더 믿을 수 있는지 여부와 유사하다고 비유했다.

아제베도 사장은 "고객의 가장 어려운 문제를 해결하는 게 필수적"이라며 "글로벌 동맹으로 협력할수록 보다 정교해지는 위협에 대응할 수 있다. 기술이란 상호 연결돼 있기 때문에 한두 개 충족하는 것으로는 부족하다. 모든 걸 갖춰야 한다"고 강조했다. 그렇기 때문에 한국·미국 간 파트너십이 중요하다는 이야기도 했다. 그러면서 그는 "특히 육·해·공군 및 우주군 간 상호운용성이 있어야 한다. 이를 위해서는 동맹군 간 상호운용성이 필요하다. 동맹국이 직면한 위협의 양상은 복잡해지고 있다"며 "이를 통해 안전하게 연결된 지역을 구성할 수 있다"고 덧붙였다.

그는 한국이 갖춘 우주사업 능력과 관련해서는 "속도가 필요하다. 적보다 빨리 의사결정을 내릴 능력이 필요하다"며 "우주 영역은 기회가 무궁무진하다"고 설명했다. 그는 "유나이티드테크놀로지스와의 합병을 통해 사이버 감지 및 지휘통제 통신 분야에서 시너지를 창출할 기회를 모색하는 것은 물론이고 기술공유 측면에서도 합병의 이점을 느낀다"며 "민간과 방산 모든 분야에서 모든 고객의 요구사항을 충족할 수 있게 됐다. 한국의 LIG넥스원, 대한항공, 한국항공우주산업KAI, 한화 그리고 우리 기술을 지원하고 강화하는 데 도움을 주는 중소기업들과 파트너 관계를 맺고 있음을 자랑스럽게 생각한다"고 말했다.

억만장자들은 왜 우주로 향할까

헹크 로저스 IMA 창립자 겸 회장 · **로버트 주브린** 화성학회 회장 · **김상돈** 스타버스트 한국대표

4차 산업혁명 시대가 도래하며 우주과학도 큰 변화를 마주하게 됐다. 이슈를 주도해가는 주체가 달라진 것인데. 과거에는 인공위성 발사·달 탐사를 놓고 미국과 소련 정부가 경쟁을 벌이는 모습이었다면, 오늘날에는 아마존 최고경영자 제프 베조스나 테슬라 최고경영자 일론 머스크처럼 사업가들이 이슈를 던지고 주도해나가는 형국이다.

우주과학에 대한 논의도 전혀 다른 양상을 띈다. 이슈를 주도해가는 이들이 사업가인 만큼 기본적으로 돈이 되는 실용적인 목표들이 제시되고 있다. 일론 머스크는 우주개발 기업 스페이스X를 통해 민간인들이 우주를 여행하고 돌아올 수 있는 상품을 만들어 실제 판매까지 성공했다. 우주기술이 더 이상 일반인과 동떨어진 영역이 아니란 것을 보여주는 상징적인 사건이었다. 제프 베조스는 최근 우주여행을 하고 돌아온 뒤에 "우리는 모든 중공업, 오염 산업을 우주로 옮겨야 한다. 그리고 아름다운 보석 같은 지구를 잘 간직해야 한다"고 말해 우주기술을 연구하는 많은 이들에게 영감을 줬다.

제22회 세계지식포럼의 '우주 경제학: 억만장자들은 왜 우주로 향하는가' 세션에 참가한 이들도 이런 주제를 놓고 격론을 펼쳤다. 김상돈 스타버스트 한국 대표는 "좋은 아이디어지만 우주 쓰레기에 대해서도 생각해봐야 한다. 쓰레기를 우주에 방치해두는 것도 일종의

넘비현상"이라며 "이에 대한 해결책이 동반돼야 지구를 보호하면서도 우주를 활용하는 것이 의미를 찾을 수 있다"고 지적했다. 행크 로저스 국제달기지연맹IMA 회장은 "우주 잔해물이 이제 막 만들어지는데 벌써부터 걱정하는 것도 재미있는 일"이라며 "잔해물은 규칙만 만들면 큰 문제가 안될 것이고, 에너지 역시 태양력을 활용하거나 다른 에너지원을 충분히 찾아낼 수 있을 것"이라 반박했다.

우주개발이 민간 위주로 진행될 경우 우주환경을 지나치게 해치거나, 개발 이익을 특정계층이 점유하는 등 부작용을 우려하는 목소리도 있다. 이에 대해 로저스 회장은 "과거 달에 먼저 도달하기 위한 경쟁이 불러온 혁신이 인류 전체에 엄청난 혜택을 가져다주었다. 우주에서 사용할 수 있는 식량·에너지 기술이나 미네랄 공학 등을 통해 다양한 혁신이 이뤄진 것"이라며 "유럽이 신대륙을 발견했을 때도 얼마나 많은 변화가 있었나, 화성이나 달에 인류가 정착할 기술이 개발되면 문화·산업 등 전 분야에 엄청난 혜택을 줄 것"이라고 긍정적인 측면에 집중했다.

공상과학 영화에나 등장할 것 같던 기술에 사업가들이 실제 돈을 투자하는 세상이 왔지만, 이런 기술들을 언제쯤 실제로 접할 수 있을지도 궁금하다. 김상돈 대표는 "기술의 발전속도를 정확히 예측하기는 어렵지만 관련 시장의 흐름은 내다볼 수 있다"며 "2040년이 되면 우주시장이 1조 달러 이상 규모로 성장하고, 그 가운데 IT 관련 정보통신 시장이 전체의 50% 이상을 차지할 것"이라 말했다. 그는 또 "우주를 방문하는 시장은 이미 시작됐다. 또 달에서 새로운 광물을 개발하는 데도 많은 기업가들이 관심을 갖고 있다. 실제 채광이 시작되면 이와 관련된 토지이용이나 인간의 거주 관련된 기술들이 급격히 발전할 수 있을 것"이라 덧붙였다.

우주 환경오염에 대한 토론도 이어졌다. 로버트 주브린 화성학회 회장은 "과거 전쟁이 벌어지고 환경이 훼손되는 일은 지구의 자원이 한정돼 있고 이를 먼저 쟁취해야 한다고 주장하는 사람들 탓에 벌어진 경우가 많았다"며 "무한한 우주의 가능성을 개발할 수 있다는 사고를 갖게 되면 굳이 영토를 놓고 다투거나 환경을 훼손할 필요가 없어진다"고 말했다.

라이프 온 마스: 바빠지는 화성

로버트 주브린 화성학회 회장

우주개발연구 권위자 로버트 주브린 화성학회 회장이 "앞으로 우주개발 에너지 부문에서 한국이 핵심적인 역할을 할 수 있다"고 강조했다. 그는 제22회 세계지식포럼 '라이프 온 마스: 바빠지는 화성'을 주제로 발표하며 심도있는 우주개발 청사진을 그려냈다. 주브린 회장은 "화성의 대기 95%는 이산화탄소이며 메탄과 산소 추진체를 활용할 수 있는 자원이 풍부하다"며 "화성의 빙하와 이산화탄소를 산소로 바꾸기 위해서는 에너지가 필요한데 우주에서는 수력·화력 발전이 사실상 불가능하기 때문에 결국 원자력 발전이 에너지 원천이 될 수밖에 없다"고 운을 뗐다.

그는 "한국의 기술이 워낙 대단하기 때문에 우주 원전 프로그램에서 충분히 기여할 수 있다"며 "화성의 빙하, 탄소, 질소 등 자원을 이용해 새로운 인간 문명을 정착시킬 수 있다"고 주장했다.

주브린 회장은 "토지도 인류가 개간, 관개 등에 나선 이후에야 자원이 될 수 있었고 석유도 시추, 정제 기술이 확립되고 나서야 자원이 됐다"며 "우주 자원도 마찬가지"라고 평가했다. 우주에 원재료가 아무리 무한대로 있어도 인간의 창의력이 더해져야 자원이 된다는 얘기다. 이런 측면에서 최근 스페이스X, 블루오리진 등 민간 기업에서 우주여행 경쟁을 벌이고 있는 상황은 매우 긍정적이라는 게 그의 평가다. 인류가 본격적인 우주개발에 발을 내딛는 분수령으로 본 것이다.

그는 "예전에 초강대국 정부만 할 수 있던 우주 진출을 민간 기업이 비용을 20분의 1로 줄여 달성하는 쾌거를 거뒀다"며 "중국에서도 유관 기업 5곳이 스페이스X와 비슷한 모델의 여행 프로그램을 계획하는 등 국제적으로 우주여행 경쟁이 치열해지고 있다"고 말했다. 그는 민간 기업이 주도해 우주 정거장이 구축되고 무중력 상태를 이용한 신약 개발 등 관련 산업 파급 효과가 커질 것으로 내다봤다.

그는 특히 스페이스X 등이 재사용 가능한 발사체를 실전에 투입한 부분에 주목했다. 발사체 재사용으로 우주선 설계 비용이 저렴해지며 보다 도전적인 기술들이 도입될 수 있는 기반을 마련했다고 본 것이다.

주브린 회장은 "미국 로스앤젤레스에서 한국 서울까지 오려면 꼬박 하루 가까이 걸리는데, 재사용 발사체를 사용한다면 지구상 어디든 1시간 안팎이면 도달할 수 있다"며 "재사용 발사체 기술이 대륙간 주요 도시 이동에 항공편을 대체하는 새로운 이동 수단으로 발전할 가능성이 있다"고 말했다.

그는 우주개발은 인류의 지식, 생존, 도전, 미래를 창출할 수 있다는 점에서 당위성이 있다고 강조했다. 주브린 회장은 "우리가 알고 있는 물리학은 대부분 천문학에서 나왔다"며 "우주를 알아가며 물리학의 새로운 법칙들이 나올 수 있다는 점이 가장 큰 이점"이라고 설명했다. 인류가 새로운 지식을 알게 되면서 원자력, 전기, 화학 등 전통 물리학에서 더 큰 부가가치를 만들어낼 수 있다는 얘기다.

자원문제 차원에서도 우주개발이 반드시 필요하다는 게 그의 지론이다. 주브린 회장은 "인류가 한정된 자원을 갖고 싸울 게 아니라 무한대의 우주에서 우리가 얻을 수 있는 것이 있다는 것을 깨달아야 한다"며 "우주 개척으로 우리가 근본적으로 얻게 될 것은 결국 지혜"라고 역설했다.

우주여행의 네 가지 미래

브렌트 셔우드 블루오리진 ADP 부사장

/

"우주에 가려면 어떻게 해야 할까요? 국제우주정거장ISS도 필요하고, 또 행성에 내리려면 표면을 이동하기 위한 수단도 필요하겠죠. 자원을 캐오기 위해서도 각종 기자재가 필요한 것이고요. 이밖에도 수많은 비용들이 있습니다. 누가 이 금액을 지불할 수 있을까요?"

아마존 창업자 제프 베조스가 설립한 우주 기업 블루오리진 ADP(고급 개발 프로그램)의 브렌트 셔우드 수석부사장은 제22회 세계지식포럼 세션 '우주여행의 네 가지 미래'에서 이 같은 질문을 던지며 청중을 사로잡았다. ADP는 지구 궤도, 지구와 달 사이 우주, 달을 위한 우주선과 시스템을 개발하는 프로그램으로 그는 "우리는 언젠가 지구만으로는 생존 한계에 부딪치게 된다"며 "인류가 거주할 수 있는 '제8의 대륙'으로 우주개발이 필요하다"고 강조했다. 이어 "각종 우주과학 활동을 담당하는 당국을 보면 예산이 현격히 늘어날 수는 없다"며 "결국 미디어·여행·소재·에너지 등 개발 목적의 산업에서 나올 수밖에 없다"고 덧붙였다.

그는 이와 관련해 우주개발의 미래를 탐험Exploration · 활용Exploitation · 체험Experience · 확장Expansion의 네 가지 키워드로 나눠 설명했다. "정부, 대기업의 영향력이 크지만 시민들이 결정할 수 있는 부분 또한 분명히 있다. 우리가 우주에서 무엇을 할지에 대해 우리는 선택권을 갖고 있다"고 그는 덧붙였다.

탐험은 새로운 곳에 발을 내딛는 모든 항공우주당국이 했던 것으로 해당 우주 지형을 탐사하는 단계다. 그리고 확장은 우주비행이 일상화되며 우주에 가서 터를 잡는 사람들도 많아지는 것을 가리킨다. 셔우드 부사장은 "확장까지 가려면 엄청난 예산이 필요하기 때문에 경제활동을 할 수 있는 다른 영역들이 필요하다"고 설명했다. 활용과 체험이 그 영역들이다.

활용은 우주에서 자원을 개발하고 에너지를 끌어다쓰는 것이다. 무한대에 가까운 태양광 에너지를 이용하는 사업이 대표적이다. 셔우드 부사장은 "농촌 지역 대규모 부지를 이용해 태양광 에너지를 끌어다쓸 수 있다면 문명이 더욱 확산되고 발전할 수 있을 것"이라고 했다. 체험은 많은 사람들로 하여금 우주여행을 하게 하는 것을 가리킨다. 셔우드 부사장은 "10만 명의 일반인들이 우주여행을 하게 되면 우주에 대한 인식, 기존 지구에서의 국가·국경에 대한 인식이 완전히 달라질 것"이라고 했다.

이를 위해 블루오리진은 정기 항공편뿐 아니라 엔터테인먼트·제조업·라이프스타일·관광 등을 망라하는 새로운 시설을 기획하고 있다. 셔우드 부사장은 이를 '혼합용도 우주산업단지Mixed-use Space Business Park'라고 소개했다. 주거복합단지를 비롯 식당·쇼핑시설 등이 모두 구현되는 공간이다. 그는 "정말로 많은 일반인들이 우주여행을 원하고 있다"며 "우주비행사들보다 훨씬 많은 우주 여행객들을 받아 '확장'으로 나아가기 위한 재원을 마련할 수 있다"고 했다.

보통 사람들이 우주여행을 하기까지 시간이 얼마나 걸릴 것이냐는 질문도 있었다. 셔우드 부사장은 "앞으로 수십 년을 살게 될 내 생애 동안 현실화되리라 기대하고 있다"고 했다. 근거로 든 것은 우주여행의 비용 감소 추세다. 그는 "이미 지난 7월 민간인 유료 관광객을 우주로 보냈고 앞으로도 계속 보낼 예정"이라며 "우주선 규모를 키워 추가 좌석을 확보하고 정기편도 운항하면 향후 10년 동안 우주여행 비용은 급속히 떨어질 것"이라고 했다. 또 그는 "우주선에서 바라본 창밖은 굉장히 아름답고 또 시시각각 변한다"며 "많은 사람들이 이같은 차별화된 경험을 기대하고 또 원할 것으로 본다"고 했다.

셔우드 부사장은 세션 발표를 마치고 서울 신라호텔에서 한국의 대표 방산업체 한국항공우주산업KAI의 고위 임원과 회동했다. 셔우드 부사장이 먼저 KAI 측에 만남을 제안한 것으로 전해진다. 관련 업계에서는 우주 사업에서 블루오리진과 KAI가 협력 관계를 이어갈 것으로 내다본다.

루나 골드러시: 달에 복귀하는 인류

짐 로이터 NASA 우주기술미션 부문장 · **헹크 로저스** IMA 창립자 겸 회장
이상률 한국항공우주연구원 원장 · **브라이언 홀츠** 만가타 네트웍스 CEO

1848년 스위스 출신의 상인 요한 수터Johann August Sutter의 제재소에서 발견된 금은 인류 역사를 바꿨다. 그 주변에서 수많은 금이 나오자 미국인들은 일을 팽개치고 금을 캐러 모여들었다. 미국뿐만 아니

라 유럽, 중남미, 하와이 중국 등지에서 25만 명의 사람들이 몰려들었고, 그중 10만 명이 캘리포니아에 정착했다. 골드러시 덕분에 1850년 9월 캘리포니아는 정식으로 미국의 한 주州로 인정받았고, 지금은 전 세계 첨단 기술을 선도하는 곳으로 거듭났다.

달은 인류가 주목하는 제2의 정착지다. 캘리포니아의 한 제재소에서 발견됐던 금이 19세기 골드러시의 단초가 됐던 것처럼 '루나 골드러시'를 이끌 우주 금광의 개발도 태동을 시작했다. 스페이스X가 재활용 발사체에 성공하면서 우주가 '돈'이 되는 시대가 성큼 다가온 것이다. 룩셈부르크, 호주, 그리스, 사우디아라비아, 터키, 아랍에미리트, 케냐, 필리핀 등 우주개발의 후발국들도 지난 5년간 우주를 전담하는 새로운 정부 조직을 만들며 루나 골드러시에 뛰어들 채비를 마쳤다.

제22회 세계지식포럼 '루나 골드러시: 달에 복귀하는 인류' 세션에서는 인류가 지구의 위성, 달을 이용하기 위한 세계 우주개발 리더들의 집단 지성이 모였다. 풍부한 광물자원, 그리고 우주탐사를 위한 전진기지라는 이유로 달을 선점하는 국가가 막대한 부를 창출할 수 있다는 관측이다. 이 세션에서는 달 탐사를 통해 얻어낼 수 있는 혜택과 달의 평화적인 이용을 위해 인류가 고민해야 하는 문제들에 관한 심도 깊은 논의도 아울러 진행됐다.

미국 항공우주국NASA가 주도하는 아르테미스 플랜은 루나 골드러시를 알리는 신호탄으로 평가된다. 아르테미스 플랜는 2024년까지 달에 남녀 우주비행사를 보내고, 달에 기지를 건설하는 프로젝트다.

호주·캐나다·일본·영국·이탈리아·룩셈부르크·아랍에미리트까지 7개국이 이미 조약을 체결했으며, 더 많은 국가가 참여할 것으로 전망된다.

짐 로이터 미국 NASA 우주기술미션 부문장은 '루나 딜리버리' 프로젝트를 소개하며 우주개발의 현주소를 진단했다. 루나 딜리버리는 지구로부터 달에 배송되는 공급 물자의 하역에 필요한 로봇과 관련 시스템을 개발하는 프로젝트다. 달에 베이스캠프를 건설하려면 각종 자재와 거주자를 위한 생필품 등을 로켓과 착륙선에 실어보내야 한다. 달착륙선이나 우주선에서 물자를 하역하는 데는 고도의 로봇 기술이 요구된다. 달은 지구보다 중력이 매우 낮고, 먼지, 진공, 방사능과 같은 환경도 우호적이지 않다.

로이터 부문장은 "달에 다양한 산업을 만들고, 일자리를 만들어 고숙련 노동자를 고용하는 등 산업의 전초 기지로 활용할 수 있다"며 "지구의 산업 활동을 달로 옮기는 루나 딜리버리 서비스를 가능하게 만들 수 있도록 할 계획"이라고 밝혔다. 그는 이어 "초기 연구실에서의 실험 결과가 달까지 이어질 것"이라며 "현재는 400개 대학과 1,000곳의 연구소와 협력하고 있고, NASA 펠로우(협력 기관) 외에도 많은 기업들이 전략적 투자와 연구에 참여하고 있다"고 설명했다.

루나 골드러시가 인류의 지속가능성을 위해서도 절실하다는 분석도 나왔다. 헹크 로저스 국제달기지연맹IMA 창립자 겸 회장은 "모든 생명체가 죽는 것을 예방하기 위해서는 차선책이 있어야 하며, 다른 행성에 차선책이 있다면 우리는 죽을 가능성이 0에 가까워진다"며

"달에서 사는 것을 배우면 다른 행성에서 살 수 있는 방법을 알 수 있고, 달에 인류의 영구 정착지를 만드는 혜택은 지속가능한 삶의 방식을 배우는 것"이라고 강조했다.

달의 평화적인 이용을 위한 조언도 이어졌다. 로저스 회장은 "미국과 소련이 핵무기를 서로 겨루며 냉전이 한창이던 시절에도 우주만큼은 서로 눈을 마주치고 우방처럼 지낼 수 있었던 영역"이라며 "국제공항에 가는 순간 국적이 사라지고, 같은 곳에서 쇼핑하고 같은 곳에서 밥을 먹듯이 달을 국제공항처럼 만들어야 한다"고 조언했다. 로이터 부문장도 "현재 바이든 행정부가 가진 목표는 평화로운 우주 활용을 위한 새로운 얼라이언스(연대)를 만드는 것"이라며 "20개국에서 200여 명의 우주인들이 지난 20년간 평화로운 활동을 이어온 국제 우주정거장이 모범적인 사례"라고 말했다.

이 세션에서는 한국의 우주 기술에 대한 진단도 이뤄졌다. 이상률 한국항공우주연구원 원장은 "한국은 1990년대 초부터 우주개발에 뛰어들었고, 당시만 해도 선진국에 비해 30~40년 정도 뒤처진 수준이었다"며 "지금은 시험용 달 궤도선KPLO을 2022년 8월 발사할 예정이고, 2030년이면 달 착륙기를 보낼 수 있을 정도로 기술이 빠르게 발전하고 있다"고 설명했다.

정보통신 기술 등 한국이 가진 첨단 기술 역량을 우주개발에 적극 활용해야 한다는 조언도 나왔다. 브라이언 홀츠 만가타 네트웍스 대표는 "한국은 5G 이동통신 기술을 가장 빠르게 상용화한 국가"라며 "달에 정착하는 인류를 위해서는 '스페이스G(우주통신 기술)'가 반드시 필요한데 5G 상용화를 주도한 한국은 이미 개발할 수 있는 충분한 역량이 있다"고 평가했다.

도심형 항공모빌리티의 생태계 구축

신재원 현대자동차 사장 · **브라이언 유트코** 보잉 지속가능성 & 미래 모빌리티 수석 엔지니어
박종원 모비우스에너지 공동창업자 및 최고전략책임자

/

"모든 도심교통항공UAM 산업 주체들이 럭비팀처럼 다 같이 뭉쳐 움직여야만 한다. 안 그러면 에어택시 기체를 만든다고 해도 도시 상공이 아닌 박물관에서나 보게 될 것이다." 제22회 세계지식포럼에서 신재원 현대자동차 UAM 사업부장(사장)이 한 말이다. '어드밴스드 에어모빌리티의 상업적 성공을 가속화하기 위한 생태계 구축' 세션 패널리스트로 참석한 신재원 사장은 "그동안 기체 개발에 대한 투자가 집중적으로 이뤄졌지만, UAM 생태계 전체가 같이 개발되지 않으면 아무 소용이 없다"며 이같이 밝혔다. 그러면서 그는 "10년 전만해도 지금쯤이면 자율주행차를 볼 수 있을 것 같았지만, 실제로는 그렇지 않다. 자칫 UAM도 그리될 수 있다"고 덧붙였다.

용어설명 도심항공교통UAM, Urban Air Mobility

미래 스마트시티의 교통서비스 체계. 수직이착륙 가능한 개인용 비행체(PAV)가 이동수단이라, 지상 교통 혼잡을 해결할 대안으로 꼽힌다.

이날 세션에는 신 사장을 포함해 브라이언 유트코 보잉 지속가능성&미래모빌리티 수석엔지니어와 미국 캘리포니아에 본사를 둔 배터리 관련 스타트업인 모비우스에너지의 박종원 공동창업자 및 최고전략책임자가 토론자로 참여했다. 이들은 UAM 산업에 대한 핑크빛 전망을 제시하기보단, 상용화를 위해 극복해야 할 과제에 집중하는 모습을 보였다.

2030년이 되면 인구 1,000만 명이 넘는 대도시 수가 약 40개에 달하게 되고, 교통체증에 따른 생산성 저하 등 각종 비용이 대도시 곳곳에서 발생할 전망이다. 그러면서 하늘을 나는 교통수단이 주목받게 됐고, 전 세계적으로 약 300개 기관이 UAM 산업에 뛰어들었다. 그러면서 일각에서는 '하늘을 나는 택시'의 시대가 임박했다는 분석도 나오고 있다.

하지만 UAM 현실화를 위해선 넘어야 할 산이 적지 않다. 첫 번째는 안전이다. 안전에 대한 확신이 없으면 누구도 에어택시를 타지 않을 것이고, 그럼 관련 산업 발전도 이뤄질 수 없다. 브라이언 유트코 보잉 수석엔지니어는 "항공기와 마찬가지로 UAM의 안전기준도 계속 올라가지 완화될 수는 없다. 무엇보다 일반 대중이 허용하지 않을 것"이라고 지적했다. 그러면서도 그는 "다만 과거에는 날아다니는 기계를 만드는 회사가 소수였지만, 지금은 수백 개에 달한다"고 말했다. 에어택시의 안전성을 비행기 사고 확률인 10억분의 1에 도달하거나, 이를 뛰어넘을 혁신 설계기술이 탄생할 환경이 조성됐다는 의미다.

또 하나 넘어야 할 산으로 소음문제가 꼽힌다. 현대차그룹의 UAM 사업을 이끌고 있는 신재원 사장은 "도시에서 일반적으로 들을 수 있는 소음 수준인 60~70데시벨을 목표로 하고 있다"고 밝혔다. 그러면서 그는 "UAM 소음은 전기추진을 이용하면 줄일 수 있다고 본다"고 덧붙였다.

최근 부각되고 있는 친환경 문제도 UAM 사업을 할 거라면 미리 신경써야 할 부분이다. 박종원 대표는 "새로운 배터리 모듈을 비행체에 탑재하다 보면 폐기물이 발생하게 되고, 이는 큰 비용 부담으로 이어진다"며 "특히 전기로 추진하는 기체가 수직 이착륙을 하려면 높은 출력이 필요한데, 그러면 1년에 여러 번 배터리를 교체해야 한다"고 지적했다. 폐배터리를 어떻게 순환처리할 것인지에 대한 대책도 UAM 생태계에 포함돼야 한다는 주장이다.

그밖에 토론자들은 항공교통관리시스템 등 인프라스트럭처 구축, UAM 기체와 관련된 금융 설계 등을 관련 산업 발전을 위해 반드시 필요한 요소라고 입을 모았다. 그러면서 신재원 사장은 "현대차에서는 지상교통 서비스와 끊김없이 자연스럽게 연결되는 통합 모빌리티 및 솔루션을 제공해 인류에 기여하는 것을 목표로 하고 있다"고 강조했다.

코로나19가 UAM 산업에 미친 영향과 관련해서는 의견이 갈렸다. 신재원 사장은 "경제가 위축되면서 인재들이 산업군을 과감히 옮기는 것을 두려워하는 현상을 목격했다"며 "그러다보니 인재 유치에 어려움이 있었다"고 말했다. 반면 브라이언 유트코 수석엔지니어는 "미국에 있든 한국에 있든 똑같이 화상으로 만나게 되면서 전 세계 모든 인재를 동원할 수 있는 환경이 조성된 측면도 있다"고 설명했다.

PART 5

새로운 세계로의 입문

Hello, New World!

//////

코로나19: 부스터샷에 대한 과학적 시각

드류 와이즈만 펜실베이니아대 의과대학 교수

와이즈만 박사는 공동연구를 통해 RNA의 변형 뉴클레오시드가 선천성 면역 센서의 활동을 억제하고 특정 변형 뉴클레오시드를 포함한 mRNA의 번역을 증가시킬 수 있다는 것을 발견했다. 와이즈만 박사의 연구실이 개발한 뉴클레오시드 합성 mRNA와 지질 나노입자 백신 플랫폼은 최초로 승인받은 2가지 코로나19 백신인 화이자/BioNTech와 모더나 백신에 활용됐다. 그들은 강화된 항체를 형성하고 T 세포 반응을 유도하는 백신과 mRNA 백신을 개발하고 있다.

리처드 해체트 전염병대비혁신연합(CEPI) CEO

전염성대비혁신연합은 코로나19와 같은 신종 전염병의 창궐을 차단하는 백신과 백신 관련 기반기술을 개발하기 위한 공공, 민간, 자선 및 시민사회 간 연합체다. 그는 미국 보건부 산하 질병예방대응본부 직속 생물의약품첨단연구개발국 국장으로 일했으며, 부시 정부의 국토안보위원회와 오바마 정부의 국가안전보장회의에서 의료준비정책실장(Director of Medical Preparedness Policy)을 역임했다.

제롬 김 국제백신연구소(IVI) 사무총장

에이즈 백신 분야의 세계적인 전문가로, 인간 백신 프로젝트(Human Vaccines Project) 과학운영위원회 위원으로도 활동하고 있다. IVI 부임 전 인체면역결핍바이러스(HIV) 연구 프로그램(MHRP)의 수석 부책임자 겸 분자바이러스학 및 병리학 실험실장을 역임했다. 또한 메릴랜드 포트 데트릭 소재 미 육군 의료물품 개발사업의 HIV백신 및 심화 콘셉트평가/시연 사업 프로젝트 매니저 등을 역임했다. 그의 주요 관심 연구 분야는 HIV 분자역학, 숙주 유전학, HIV백신 개발 등을 포함하며, 지금까지 세계적 학술지인 뉴잉글랜드의학저널, 네이처, 셀을 포함해 총 200여 편의 논문을 발표했다.

세계지식포럼에서 온·오프라인 하이브리드로 진행된 드류 와이즈만 펜실베이니아대 의과대학 교수, 고성열 ILAb CSO(좌장), 제롬 김 국제백신연구소(IVI) 사무총장의 대담 현장

와이즈만 우선 백신에 대한 개괄적인 설명을 드리겠습니다. 최초의 백신은 에드워드 제너가 개발했습니다. 소 젖을 짜던 사람들이 천연두가 돌던 시기에도 병에 걸리지 않는 것을 보고 소에 천연두와 같은 병변이 있는 것을 발견해 백신을 만든 것입니다. 최근 코로나19 백신과 관련해 주목해야 할 주제는 바로 형평성입니다. 2017년 태국

출랄롱콘대학교와 백신 관련 협업을 할 때 당시 대학 당국에서는 사실 서구에서 만들어지는 어떠한 백신도 수년 동안 중하위 소득 국가에서는 사용할 수 없을 것이라고 우려했습니다. 전 세계 백신 형평성을 위해 제 연구실에서는 여러 가지 방법으로 이를 실천하고자 합니다. 현재 전 세계의 100여 개의 연구소와 협력 관계를 구축해 백신 및 치료제 연구를 진행하고 있습니다. 아프리카, 특히 남아프리카공화국과 르완다와 협력하고 있고 말레이시아와도 논의 중이며 다른 국가와도 협력을 모색하고 있습니다.

제롬 김 한국은 새로운 산업을 시작해 굉장히 중요한 글로벌 산업으로 키워낸 역량이 있습니다. 철강도 그렇고 자동차나 조선산업 같은 사례가 대표적입니다. 어느 정도까지는 이렇게 통제된 정부의 지원하에 이루어진 성장 모델이 상당히 효과가 있었습니다. 백신의 경우 2012년, 2013년부터 이미 관련 역량을 구축해야 한다는 논의가 한국 내에서 시작됐습니다. 백신 3.0이라고 해서 세포 기반의 박테리아 제품, 백신 연구소에 대한 추가적인 지원책, 정부 연구소 등 프로그램에 대한 논의와 글로벌, 보건, 백신 개발, 진단 등의 지원책 이야기가 있었습니다. 뿐만 아니라 수억 달러에 해당되는 지원을 백신에 투자하자는 이야기들이 나왔습니다. 최근에는 K-백신에 대한 이야기가 나오고 있는데 백신 3.0에서 언급됐던 한국을 백신의 주요 생산 기지로 만들겠다는 구상을 보완하고 있는 것 같습니다. 또한 백신 자급률을 80%를 달성하겠다는 논의가 이미 수년 동안 전개되어 왔습니다. 학계에서도 마찬가지로 지원하고 있습니다. 그런데 이제는 단순히 한국의 백신 산업을 변환하는 것뿐만 아니라 앞으로 전 세계의 백신 안보에 기여할 수 있는 기반을 구축하는 데 힘을 쏟아야 한다고 봅니다.

해체트 한국은 이미 올바른 궤도에 진입했다고 생각합니다. 이미 여러 제조 분야에서는 제조강국이라고 생각합니다. 대한민국은 개도국에서 25년 만에 신속하게 경제 성장을 하고 바이오 산업을 육성했습니다. 전 지구적인 노력을 모아 백신 제조 능력을 강화하는 전략으로 저희 CEPI는 글로벌 백신 형평성을 위해 노력하고 있습니다. 한국과의 파트너십 구축을 위해서도 지원하고 있습니다. 한국뿐만 아니라 전 세계 수요를 충족할 수 있는 물량이 많이 나와 글로벌 시장을 대상으로 백신을 수출할 수 있기를 바랍니다. 한국이 글로벌 백신 허브가 되려는 목표를 수행할 수 있도록 개발과 제조 측면에서 저희가 지원을 아끼지 않을 것입니다.

사회자 현재 코로나19 백신 배분은 고소득 국가에 치우쳐 있습니다. 아직까지 1회 접종조차 잘 이뤄지지 못하는 국가들도 많이 있습니다. 앞으로 코로나 백신의 국가간 공유를 위해서는 어떻게 해야 한다고 생각하십니까?

와이즈만 백신을 공유하는 도전 과제가 상당히 복잡한데요. 최근

새로운 세계로의 입문

까지 백신의 공급에 제약이 있었습니다. 그만큼 백신 물량이 부족하기 때문에 형평성을 이루기 어려운 상황입니다. 지금까지 백신 생산은 주로 미국, 유럽, 인도, 중국에서 이뤄졌습니다. 이들 생산국은 인구가 많고 자체 생산한 물량을 자국 시장 내에서 흡수하기 때문에 남는 물량을 다른 국가로 수출할 여지가 없습니다. 한국은 5,000만 인구를 가지고 있는데 반해서 생산 능력이 워낙 크기 때문에 자국 국민들에게 나눠주고 나머지 물량은 수출할 수 있을 것이라고 생각합니다.

제롬 김 최근 부스터샷과 관련한 이야기를 드리겠습니다. 지금 백신 부스터샷에 대한 정보는 완전하지 않습니다. 이와 관련해 저희는 팬데믹 전부터 과학을 따르겠다고 결정했습니다. 정책 근거도 과학에 기반해서 수립하겠다고 했습니다. 최근에 일부 미국의 유럽 동료들이 똑같은 이야기를 했습니다. 과학을 앞서가서는 안 된다고 이야기한 것이죠. 실질적으로 입증된 것은 없다는 것입니다. 부스터샷을 했을 때 생길 사회적인 임팩트에 대해서는 파악이 되지 않았기 때문에 우선 코백스 퍼실리티(세계보건기구가 만든 국제 백신 구매·배분 프로젝트)를 지지해야 합니다. 다시 말해서 취약 인구 20%에 대한 백신 접종이 이루어질 수 있도록 하는 것이 매우 중요합니다. 일부 백신의 경우는 누구에게 사용하는 것이 더 좋은지가 다르기도 합니다. 젊은 청년층에 접종하는 것이 나은 결과를 낸 경우도 있기 때문에 이를 잘 활용하는 것이 좋습니다. 현재 매주 백신 생산량이 엄청나지만 누군가의 창고 선반에 놓인 채 유통기한이 지나게 된다면 큰 문제일 것입니다. 이것이 절실하게 필요로 하는 사람에게 도달하는 게 중요합니다. 현재 전 세계 여러 국가들을 보면 격차가 상당히 있다는 것을 볼 수 있습니다. 아프리카 등 저소득 국가 같은 경우 2%만이 1회 접종을 마쳤습니다. 이들 저소득 국가에서는 진단키트를 이용한 진단 자체가 이뤄지지 않고 있습니다. 현재 이러한 진단 갭을 비용으로 따진다면 20억 달러가 된다고 합니다. 따라서 백신을 개발하는 것뿐 아니라 공급하고 전달하고 모니터링하는 것이 중요합니다.

해체트 여러 국가, 특히 미국이나 영국 같은 경우 부스터샷을 접종하려고 하는 움직임이 보이고 있습니다. 관찰 연구들이 진행된 것을 살펴봤을 때 사실 해석을 내리기가 어려운 부분이 있습니다. 백신이 심각한 질환을 예방하고 또 사망을 예방할 수 있다는 것을 보여줄 수 있는가에 대해서 저희는 사실 파편적인 증거만 가지고 있습니다. 현재 전 세계적으로 충분한 백신 공급이 이뤄지고 있지도 않습니다. 그리고 우리가 가지고 있는 증거를 봤을 때 백신으로부터 가장 얻을 수 있는 큰 효과는 예방접종을 받지 못한 사람들한테서 나옵니다. 전 세계 여러 지역에서 아직도 1차 접종을 못 받은 사람들이 많이 있습니다. 싱가포르나 스위스에서 이뤄진 접종이 수십만 회분인데요. 이는 나이지리아, 카메룬, 콩고, 소말리아, 에티오피아, 수단, 남수단을 합친 곳의 백신 공급 물량과 맞먹습니다. 그 두 국가와 아프리카 대륙이 거의 숫자가 비슷하다는 거죠. 그만큼 굉장히 큰 불평등과 격차가 존재하고 있습니다. 지금까지 백신 전달이 원활하지 않았던 것은 공급이 부족했기 때문인데요. 이제는 백신이 글로벌하게 많이 생산되면서 공급 물량을 확보하고 있습니다. 이제 다른 문제에 직면하게 될 것입니다. 과연 국가들이 그 백신을 받아서 필요한 사람들에게 전달하고 접종을 시킬 수 있을 것인가, 그것이 문제가 될 것입니다. 많은 나라들은 관련 투자를 단행하고 지역 사회에 의료 전달 체제를 구축해 백신 접종을 진행해야 합니다. 최근 신속하게 새로운 코로나 변이들이 등장하고 있습니다. 우리가 전염률을 낮추기 위한 가장 좋은 도구는 백신입니다. 다만 많은 백신이 사실상 감염을 완벽하게 막아주지는 못합니다. 전파가 여전히 이루어지기 때문에 더 나은 백신이 필요합니다. CEPI에서는 이러한 포괄적인 보호 효능 효과를 가지고 있는 코로나 백신과 기타 다른 변이에 대한 백신 개발을 지지하고자 합니다. 효과가 더 광범위한 백신 개발이 중요합니다. 코로나를 겪은 경험을 잘 활용해 향후 바이러스에 대한 백신을 개발할 때 새로운 위협에 신속하게 대응할 수 있는 인프라스트럭처를 갖추는 것도 필요합니다.

코로나19, 그리고 건강에 대한 시각

AI를 활용한 뇌질환 치료

이진형 스탠퍼드대 교수

"아침에 일어나 간단한 기기로 뇌 기능을 체크한다. 기능이 떨어졌다 싶으면 식단, 운동 등을 통해 뇌를 최적의 상태로 바꿀 수 있다."

이진형 스탠퍼드대 교수는 제22회 세계지식포럼 '인공지능과 뇌건강의 미래' 세션에 참석해 AI를 기반으로 현재 개발되고 있는 뇌 기능 진단 기술이 바꿀 미래 모습을 이렇게 설명했다. 뇌 질환은 인구 노령화와 함께 급속도로 증가하고 있다. 특히 코로나19 팬데믹으로 발생한 사회적 고립이 정신 건강에 심각한 영향을 끼칠 수 있다는 우려까지 나오고 있다. 하지만 뇌 건강을 빠르게 파악하고 대응하기란 쉽지 않다. 이날 세션에 참석한 진단검사의학 전문의 백세연 SCL헬스케어 글로벌마케팅 본부장은 "문진표 작성 외에 뇌 건강을 확인할 수 있는 방법이 현재로서는 딱히 없다"며 "이를 기반으로 컴퓨터단층촬영CT나 자기공명영상촬영MRI 등을 통해 특정 질병을 확인하는 것이 최선"이라고 말했다. 이재홍 울산의대 서울아산병원 신경과 교수도 구체적 사례로 뇌 검진의 어려움에 대해 설명했다. 이 교수에 따르면, 과거 65세 여성이 '기억이 깜박깜박한다'며 병원을 방문했다. 문진과 혈액 검사부터 시작해 MRI 검사를 마치고 나서야 우리 뇌에서 기억을 저장하는 해마에 이상이 생긴 '치매'임이 확인됐다. 하지만 이 검사로는 어떤 유형의 치매인지 알기 어려웠다. 당장 확인이 안 되는 만큼 환자에게 빠르게, 최적의 치료 방법을 제시하기 어려웠다.

이진형 교수는 이처럼 뇌의 상태를 파악하기 어려운 문제를 해결하기 위한 기술을 개발, 상용화를 눈앞에 두고 있다. 이진형 교수는 뇌를 기계의 전기회로로 보고 뇌의 생체학적인 질병을 사전에 간단히 파악할 수 있는 플랫폼을 개발, 현재 미국 식품의약국FDA 승인을 앞두고 있다. 두뇌에 문제가 발생하면 전자회로 고치듯 고장 원인을 찾아 고칠 수 있다. 이진형 교수는 "뇌 기능 어디에서 오작동이 일어나고 있는지, 의사가 확인할 수 있는 플랫폼"이라고 설명했다. 특히 뇌전증에 대해서는 뇌의 어느 부분에 이상이 있는지를 확인할 수 있는 수준까지 도달했다. 뇌전증의 원인은 다양한데, 뇌의 어떤 부분에서 발생한 문제가 뇌전증으로 연결됐는지를 빠르게 파악할 수 있다. 그만큼 환자 개개인에 맞는 맞춤형 치료도 빠르게 진행할 수 있다.

이를 가능케 한 것은 바로 AI 덕분이었다. 뇌에서 발생하는 다양한 변화를 AI가 빠르게 진단하고 이상이 있는 부분을 알려주는 만큼 뇌전증은 물론 치매, 파킨슨병 등을 빠르게 진단, 맞춤치료를 제공하는 소프트웨어다. 이 교수는 이 기술을 기반으로 벤처기업 '엘비스'를 설립해 한국에도 지사를 만들었다.

이진형 교수는 "뇌 치료는 마치 보물찾기 모델에서 '시스템 엔지니어링'으로 접근을 하는데 이는 AI를 통해서 가능했다"며 "산에 오른 뒤 '여기가 아니다'라고 말하는 게 아니라 꼭 올라야 할 산을 찾고 전략을 수립한 뒤 등산할 수 있게 된 것"이라고 설명했다.

이 같은 변화는 뇌 질환과 관련된 신약 개발에도 활용될 수 있다. 천문학적인 금액을 투자해 신약 개발에 나섰지만 실패하는 사례가 많은데, AI를 이용해 신약이 타깃으로 삼는 표적을 명확히 설계해 접근할 경우 신약 개발의 확률도 높일 수 있다는 것이다. 이진형 교수는 뇌전증과 관련된 플랫폼이 내년 한국과 미국에 출시될 것으로 기대하고 있다.

서울대에서 전기공학과를 전공한 이진형 교수가 뇌에 관심을 갖게 된 것은 외할머니가 뇌졸중으로 쓰러진 것이 큰 영향을 미쳤다. 전기공학에서 배운 회로에 대한 지식을 뇌공학에 응용해 이 같은 결과물을 내놨다.

디지털 헬스케어 시대

아미트 파드니스 GE헬스케어 CDO · **백롱민** 분당서울대병원 교수

/

아미트 파드니스 GE헬스케어 최고디지털책임자CDO는 제22회 세계지식포럼 '뉴노멀 시대 디지털 헬스케어 생태계를 위한 비전' 세션에 참석해 빅데이터에 기반한 각종 헬스케어 솔루션 사례를 소개했다. 그는 GE헬스케어 디지털 전략을 이끌고 AI정밀의료솔루션(닥터앤서2.0) 개발 사업단을 지휘하고 있다.

GE헬스케어가 개발한 중환자실 원격모니터링 시스템인 MURAL은 환자의 심박수를 비롯한 주요 의료정보를 실시간으로 수집해 의료진에 전달한다. MURAL에 내장된 프로토콜을 통해 환자가 위중한 상태인지를 일차적으로 판단하고 경고하는 기능까지 갖췄다. 기존에 의사·간호사의 회진에 의존하던 중환자 관리를 조금더 체계화해 효율성을 높이는 시스템이다. GE헬스케어는 MRI·CT 장비가 가동되지 못하고 방치되는 시간을 줄이기 위해 예약환자의 '노쇼'를 방지하는 시스템도 개발했다. 환자의 거주지역이나 연령대 등의 인구학적 데이터를 활용해 노쇼 확률을 예측하고 이를 장비이용 계획에 반영하는 방식이다. 파드니스 CDO는 "이 시스템을 활용하면 노쇼 확률이 64% 감소한 것으로 집계됐다"며 "CT 장비의 가동률은 75%에서 83%로 확대됐다"고 전했다. GE헬스케어의 통합 의료정보 취합 시스템인 '에디슨'은 병원내 모든 장비에서 생성되는 데이터를 한군데로 모아 활용할 수 있도록 돕는다.

두 번째 연사로 나선 백롱민 분당서울대병원 교수는 차세대 병원 정보시스템HIS 사업의 책임자로서 개발을 지휘하고 있다. 그가 개발한 HIS는 해외에 수출될 정도로 우수성을 인정받고 있다. 백 교수는 "오늘날 세계 AI시장 규모는 284억 달러고 연평균 성장률은 37%에 달한다. 앞으로 10여 년간 AI기술의 발전은 지난 60년간의 변화를 훌쩍 뛰어넘을 것으로 예상된다"며 "그 가운데서도 AI 의료산업의 성장세는 특히 가파르다. 연평균 성장률이 46%며 2023년에는 총 115억 달러 규모의 시장으로 성장할 것"이라 전했다.

백 교수는 한국의 국가주도 인공지능 기반 의료서비스 개발사업인 '닥터앤서 2.0'을 소개했다. 이 사업의 전신인 닥터앤서 1.0은 2018년부터 2020년까지 11개 부문의 소프트웨어를 성공적으로 개발해왔다. 백 교수는 "2.0 사업에는 2021년 4월부터 24년 12월까지 총 3년 9개월 동안 280억 원의 정부출연금 포함해 총 350억 원이 투입될 것"이라며 "정부와 의료기관 ICT 기업이 함께하는 컨소시엄이 구성돼 24개의 AI 소프트웨어 개발할 예정"이라 전했다. 이 컨소시엄에는 48개 기관과 280명의 전문인력이 참여하는 중이다.

그는 "AI 의료기술을 글로벌 수준으로 향상시키고 세계수준 의료 학습 데이터로 중점질환 진단 및 치료율 향상시킬 것"이라며 "국민 체감형 의료서비스를 제공하기 위해 한국인들이 특히 많이 걸리는 질환들을 골라 관련 소프트웨어를 개발 중"이라 덧붙였다. 닥터앤서 2.0이 대상으로 하는 주요 질환은 당뇨, 고혈압, 폐암, 간염, 간암, 위암, 갑상선암, 우울증, 뇌경색, 피부질환, 전립선비대증 등이다.

백 교수는 "이를 통해 국민체감형 AI 서비스를 제공하고 AI 기술 경쟁력 확보할 것"이라며 "정부 장기정책에 부합하는 생태계 마련하고 4년간 100명 이상의 전문 AI 인력을 양성할 예정"이라 설명했다.

한국 코로나19 사망률 낮은 이유는 김치?

장 부스케 몽펠리에대 명예교수 · **박채린** 한국식품연구원부설 세계김치연구소 책임연구원

장 부스케 프랑스 몽펠리에대 폐의학과 명예교수는 제22회 세계지식포럼 '김치 세계화는 가능한가'를 주제로 개최된 세션에서 "한국에서 코로나19 사망률이 낮은 것은 김치와 관련이 있는 것 같다"는 연구결과를 발표했다. 배추와 생강, 마늘 등 김치에 들어가는 여러 재료가 코로나19 증상을 완화시키는 기능을 한다는 게 그의 주장이었다.

부스케 교수에 따르면 배추에는 항산화물질인 '설포라판'이 들어 있다. 마늘에는 항암효과가 있다고 알려진 '알리신', 생강에는 '진저롤' 등 다양한 영양성분이 있을 뿐 아니라 발효 과정에서 발생하는 젖산균이 인체 내 항산화 시스템과 상호작용을 하면서 인체 내 유해한 활성산소를 제거한다고 주장했다. 기침이나 코막힘, 설사, 폐손상 등의 원인이 될 수 있는 통증수용체인 'TRPA1'이 야기하는 문제도 완화시키는 작용을 한다고 했다.

부스케 교수는 지난해 세계김치연구소와 함께 이 같은 내용이 담

긴 논문을 발표한 바 있다. 그가 김치에 주목한 이유는 코로나19 사망률이 지역별로 차이가 있기 때문이었다. 부스케 교수는 "유럽에서 코로나19가 맹위를 떨치는 가운데 동유럽과 지중해 국가들에서 사망률이 낮았다"며 "그 이유를 추적해보니 발효 채소를 많이 먹기 때문이라는 사실을 발견했다"고 말했다. 부스케 교수에 따르면 이탈리아 내에서도 북부 산업지역은 코로나19 사망률이 높았지만, 남부 농촌지역은 낮았다. 그 이유 또한 야채 섭취의 영향이 컸다고 그는 주장한다. 특히 인도 뭄바이 슬럼가에서는 전체 인구의 50%가 코로나19에 감염됐음에도 사망률은 매우 낮았는데, 그 이유도 발효 채소와 향신료 섭취 때문이라고 강조했다. 다만 부스케 교수의 주장은 실제 임상을 거쳐서 내놓은 결과물은 아니다.

이날 세션에서 좌장을 맡은 민승규 국립한경대 석좌교수가 부스케 교수에게 "김치에 대해 규명하고 싶은 내용이 있느냐"고 묻자 그는 "앞으로는 코로나19 증상을 갖고 있는 사람들을 대상으로 보다 장기적인 임상시험을 해보고 싶은 마음이 있다"고 답하기도 했다.

이날 박채린 세계김치연구소 책임연구원은 "전 세계에 다양한 발효식품이 있지만 김치는 한국만의 매우 독특한 특징을 갖고 있다"고 말했다. 박 책임연구원에 따르면 김치는 익히지 않은 생채소 활용, 동물성 발효식품인 젓갈을 활용해 식물성·동물성 유산균 동시 섭취, 저온 발효 과정에서 나오는 유산균의 다양한 건강 기능성, 어떤 채소류도 활용할 수 있고 지역과 계절에 관계없이 만들 수 있는 확장성 등에서 다른 발효식품과 분명하게 차별화된다고 설명했다. 여기에

면역 증진, 항암, 비만 예방 등 해외에서도 큰 관심을 받고 있다고 강조했다. 다만 김치 세계화를 위해서는 해결해야 할 과제도 여럿 있었다. 박 책임연구원은 "유통 과정에서 과숙성될 수 있다는 점과 시간이 지나면서 포장이 부풀어 오르는 점, 처음 접한 외국인들에게는 매운맛이 강하다는 점 등이 개선 과제로 꼽힌다"고 말했다. 또한 치즈가 한국 시장에서 자리잡는 과정을 참고해 김치 세계화에 적용할 필요가 있다고 제안했다. 그는 "처음에는 발효 정도가 약한 치즈에 익숙해진 한국 소비자들이 요즘은 곰팡이 핀 치즈까지도 좋아하게 됐다"며 "김치도 처음에는 현지인 입맛에 맞춘 약한 맛으로 시작해 점차 한국적인 맛으로 넓혀가는 전략이 바람직해 보인다"고 말했다.

식품의 미래: 실리콘밸리의 관점

김소형 스탠퍼드대 연구센터 센터장

/

"여러분들이 상상하던 음식들이 미래에는 많이 바뀔 것입니다. 정보통신기술과 에너지 기술 등이 푸드테크를 만드는 데 일조하고 있습니다."

제22회 세계지식포럼에서 '식품의 미래: 실리콘 밸리의 관점' 세션 연사로 나선 김소형 스탠퍼드대 연구센터장은 이같이 밝혔다. 스탠퍼드 디스쿨은 '디자인 씽킹'을 교육적으로 전 세계에 프로모션을 해오면서 유명해진 학교다. 이 학교에선 전통적으로 해왔던 기계 디자

디자인 싱킹(Design Thinking)의 정의와 5단계		
디자인 싱킹의 정의	사용자들의 불편함을 이해하고, 문제를 파악하며 이에 대한 혁신적 해결책을 만드는 방법	
디자인 싱킹 5단계	1단계	공감하기(Empathize)
	2단계	문제 정의(Define)
	3단계	아이디어를 내보기(Ideate)
	4단계	프로토타입 제작(Prototype)
	5단계	테스트(Test)

자료: 미국 스탠퍼드대학교 디스쿨

인, 로보틱스 디자인, 자동차 디자인, 도시재생 디자인, 헬스케어 디자인, 푸드 디자인 프로그램 등을 연구하고 있다. 디자인 씽킹이란 사용자들의 불편함을 이해하고, 문제를 파악하며 이에 대한 혁신적 해결책을 만드는 방법을 뜻한다. 김소형 센터장은 "학교에서 중요시하게 여기는 게 '크리에이티브 짐'"이라며 "몸의 근육을 붙이기 위해 체육관에서 근육을 붙이는 것처럼 짐에 가듯이 이곳에서 창의성 훈련을 하고 있다"고 말했다.

김소형 센터장은 푸드 디자인의 여러 사계를 소개했다. 푸드 디자인을 통해 실리콘밸리 Z세대 관점에서 본 미래의 음식에 연구하고 있다. 그중에 하나로 '푸드 3D 프린터'를 언급했다. 그는 "나사에는 '푸딩 스페이스', 우주의 식량을 연구하는 리서치팀이 있어 왔다"며 "우주인 식량을 연구하는 데 보통 우주인 식량을 신선하고 안전하게 보존하는 패키징 기술에 많은 리서치가 들어가고 비용이 크게 소요

되는 편"이라고 말했다. 이 관점에서 "우주에서 음식을 저렴한 방법으로 찍기 위해 그 당시에 했던 연구 중에 하나가 푸드 3D 프린터를 만드는 것이었다"며 "현재는 가정용 푸드 3D 프린터도 출시됐을 정도로 예전에 했던 연구들이 상용화됐다"고 말했다.

대체육과 관련해선 스탠포드 의대에서 나온 스타트업인 '인파서블 푸드테크'라는 회사를 언급했다. 김소영 센터장은 "대체육을 만드는 회사로 우리나라에서도 이런 회사들이 굉장히 많이 등장하고 있다"며 "버거 패티가 출시됐는데 예전에 만들었던 '베지미트'와 다른 점이라면 햄버거 패티 굽지 않았을 때 눌렀을 때 텍스쳐, 구웠을 때 나는 냄새, 한입 깨물었을 때 나는 육즙을 재현한 것"이라고 말했다. 이를 넘어 영양학적으로도 베지미트에서 실패했던 것을 뛰어넘어 육류를 복제해내고 있는 상황이라고 그는 설명했다.

포도 없이 와인을 만들고 있는 'ava winery' 회사도 소개됐다. 이 회사는 환경을 위해 포도를 기르는 일 없이 와인을 제작하고 있다. 포도나무 한 그루를 기르려면 약 1톤의 물이 필요하기 때문에 환경론자들 사이에서 와인을 꼭 마셔야 하는가에 대한 문제가 제기됐다. 특히 캘리포니아는 비가 오는 시즌이 1년에 석 달밖에 되지 않기 때문에 이런 친환경에 대한 수요가 컸다. 김소영 센터장은 "비싸고 구하기 힘든, 특이한 와인들 복제하기 시작해 10분의 1 가격으로 복제한다"며 "위스키, 코냑, 진 등 다양한 알코올을 랩에서 만들고 있다"고 말했다. 이를 위해 각 종자의 특성인 향, 색깔 모두 데이터를 수집해서 술을 만들어내고 복제를 하는 것에서 넘어서 창의적으로 술을 만들고 있다는 것이다.

먹을 수 있는 물을 만드는 친환경 테크 스타트업인 '낫플라' 사례도 소개됐다. 마라톤 등 달리기 대회에선 자원봉사자들이 물병을 건네주고 참가자들은 얼른 마시고 버려버린다. 개수대 앞에는 몇천 개의 병들이 흩어져 있어 봉사자들이 가서 수거해야 하는 것이 일상적인 모습이었다. 하지만 낫플라는 플라스틱 병 없이 바로 먹을 수 있는 모습은 젤리 형태의 물 또는 음료를 제공한다. 그는 "젤리 같은 고체 물질 안에 이온 음료가 들어 있고, 들고 마셔버리면 된다"며 "들고 먹기도 쉽고 뚜껑을 열 필요도 없어 제로 웨이스트를 실천할 수 있다"고 말했다. 이 업체의 경우 맥도날드 등 패스트푸드 프랜차이즈와 콜라보레이션을 통해 케첩, 소스 등 재활용하기 어려운 작은 패키징을 줄이는 노력도 있다.

혁신가를 만드는
에듀케이션&사이언스

기탄잘리 라오: 혁신가를 길러내는 법

기탄잘리 라오 2020년 타임 선정 올해의 어린이

"세상을 바꾸고 싶으세요? 혁신가가 되고 싶으신가요? 항상 '예스'라고 말하세요."

평범한 아이에서 혁신적인 아이디어로 세계적인 과학자가 된 16세 소녀가 던진 혁신의 비결이다. 미국 주간지 〈타임〉이 2020년 말 '올해의 어린이'로 선정하며 전 세계적으로 화제를 모은 기탄잘리 라오는 제22회 세계지식포럼 '혁신가는 어떻게 길러지는가' 세션에서 당찬 목소리로 세상을 향해 외쳤다. 〈타임〉은 5,000명이 넘는 8~16세 후보를 제치고 지난해 처음 선정한 '올해의 어린이'에 라오를 올렸다.

2021년 세계지식포럼 최연소 연사로 강단에 선 라오는 "원하는 것은 반드시 해낸다는 게 Z세대(1990년대 중반 이후 출생 세대)의 특징"이

라며 "항상 '예스'라고 말하는 적극적인 사고를 갖고 있어야 변화를 유도하고 다른 세대도 이끌 수 있다"고 강조했다.

인도계 미국인으로 미국 콜로라도에서 고등학교를 다니는 라오의 인생은 혁신과 도전 그 자체다. 라오가 처음 이름을 알리게 된 때는 지난 2014년으로 거슬러 올라간다. 당시 미국 미시간주 플린트시에서는 수도관 부식으로 수돗물에 납 성분이 섞이면서 주민 1만 여 명이 납에 중독되는 사건이 터졌다.

당시 9살이었던 라오는 뉴스를 보고 곤경에 처한 이웃을 어떻게 도울 수 있을지 고민에 빠졌다. 끝없는 연구와 실험을 거듭한 끝에 탄소나노튜브를 이용해 물속의 납 성분을 감지하는 장치 '테티스'를 만들어 세간의 주목을 받았다. 처음에는 구체적으로 사람들에게 어떤 도움을 줄 수 있을지 막막했다. 하지만 포기하지 않고 끈기있게 답을 찾아갔다. 인터넷과 도서관을 뒤지며 자료를 찾다가 탄소나노튜브를 이용해 공기 중 유독가스를 탐지하는 미국 MIT대학 프로젝트에서 영감을 얻었다. 이후 본격적으로 탄소나노튜브 강의를 들으며 관련 지식을 익혔고 관련 대학 교수들에게 이메일을 보내 자문을 구한 끝에 휴대가 간편하고 제작비도 적게 드는 납 탐지 기기를 고안했다. 이 발명으로 '미국 최고의 젊은 과학자상'을 받고 '환경보호 대통령상' 등을 수상하며 일약 유명인사가 됐다.

라오는 이후 약물중독 여부를 조기에 진단하는 기기(에피온)와 사이버폭력을 감지하고 예방하는 애플리케이션(카인들리) 등 참신한 제품을 잇따라 만들며 한 사람의 어엿한 과학자로 인정받기 시작했다.

그는 "어렸을 때부터 항상 위험을 두려워하지 말라는 교육을 받으며 자랐다"며 "이로 인해 다른 사람이 안 하는 것을 내가 먼저 해야 한다는 생각이 커졌고 과학기술에 대한 열정을 통해 위험을 감내할 수 있음을 알게 됐다"고 말했다. 라오가 평범한 소녀에서 혁신가 반열에 오를 수 있던 비결은 결국 새로운 분야에 대한 도전과 건강한 호기심이었다.

그는 "혁신의 시작은 관찰"이라며 "올바른 멘토를 찾고 묻기를 두려워하지 않는 것, 무엇보다 문제 해결을 위한 노력을 꾸준히 기울이는 게 바로 혁신의 비결"이라고 귀띔했다. 이날 그는 "앞으로 유전공학을 더욱 본격적으로 공부해 병이 생기기 전부터 예방하는 기술을 개발하고 싶다"고 포부를 밝혔다.

포스트코로나 시대의 고등교육

다나카 아이지 와세다대 총장

/

"위기라고 인식했을 때 어떻게 관리할지 저희는 두 가지 원칙을 정하고 모든 교직원이 공유했습니다. 최대의 원칙은 최대의 피해를 최소화하는 것이고, 무엇보다 중요한 것은 어느 누구도 소외되지 않는다는 원칙입니다."

제22회 세계지식포럼 '포스트코로나 시대의 고등교육' 세션에서 다나카 아이지 와세다대 총장은 코로나19 팬데믹 시대에 대학 교육이 누구도 소외되지 않고 안전하게 누릴 수 있는 환경을 만들어야 한다고 강조했다. 코로나19 팬데믹은 인간의 삶에 많은 변화를 가져왔다. 그중에서도 그동안 대면을 기본으로 이뤄졌던 교육에 미치는 영향은 그 어느 분야에 대한 영향보다도 컸던 것이 사실이다. 기술발전으로 팬데믹이 확산되는 시점에도 원격교육이 가능했고, 이것은 고등교육에 있어 획기적인 변화를 가져왔다. 그러나 원격교육이 대면 교육에 비해 성취도가 높지 않으며 성적 저하의 원인이 될 수 있다는 우려 또한 나오고 있다.

다나카 총장은 코로나19 팬데믹 이후 원격교육과 미래 고등교육의 발전 방향에 대해 이날 세션에서 와세다대의 방침을 토대로 소개했다. 와세다대는 2020년 3월 일본 정부가 긴급사태를 선언하며 대학 출입을 금지하기에 앞서 코로나19가 국제적으로 확산하기 시작할 때부터 대응에 나섰다. 4월 신학기에 맞춰 입국하는 외국인 유학생이 있었기 때문이다. 와세다대는 매년 8,000여 명의 유학생을 유치하고 있다. 이들 중 절반이 석·박사 과정으로 일본에서 연구를 할 수 있는 환경이 유지될 필요가 있었다.

다나카 총장은 "학생과 교수, 직원 등 모든 이들의 건강과 생명을 지키는 것이 가장 중요하다고 생각했다"며 "대학이기에 당연히 철저한 교육을 제공해야 하며 어려운 환경 속에서 연구를 지속해야 한다는 사명을 달성하기 위해 피해를 최소화하는 방향으로 조정했다"고 말했다.

와세다대는 구성원의 건강과 교육, 연구활동을 유지하기 위해 선택과 집중에 나섰다. 입학식, 졸업식 등 각종 행사와 동아리, 체육회 등 활동을 금지했다. 외국인은 물론 일본 내에서도 수도권 이외 거주 학생들의 이동이 어려워지면서 본격적으로 원격교육을 위한 토대를 마련하기 시작했다. 다나카 총장은 "학생 1인당 10만 엔(약 106만 원) 규모의 긴급 지원을 진행했고 원격교육을 받을 수 있는 PC도 500대 를 무상으로 제공했다"며 "이를 위해 졸업생의 자발적인 참여를 통 한 모금 활동을 진행해 90억 엔(약 950억 원)을 모았다. 덕분에 모든 수 업의 온라인화가 가능했다"고 말했다.

이 모금은 원격교육뿐만 아니라 공조시설 개선작업, 백신접종 지 원 등 등교 재개를 위한 작업에도 사용됐다. 다나카 총장은 "백신은 정부에서 무료로 제공받았지만 이를 접종할 수 있는 인원이 없어 접 종희망자 3만 명을 수용할 수 있는 의료진을 고용했다"고 덧붙였다.

1년 넘게 원격교육이 이뤄지면서 구성원의 평가도 나오기 시작했 다. 와세다대는 원격교육의 긍정적인 효과와 함께 코로나19 이후 오 프라인으로 돌아가더라도 온라인과 조화를 이룰 수 있는 방향으로 조정할 필요가 있다고 보고 개선 작업에 나서고 있다.

다나카 총장은 "온라인의 경우 수 차례 다시 보거나 강의 속도를 조절할 수 있다는 점에서 독학에 도움을 준다"면서도 "토론 등 직접 만날 필요가 있는 강의는 그에 맞는 공간이 필요하다고 판단했다"고 설명했다. 이에 와세다대는 대형 교실 위주로 진행된 수업은 온라인 으로 전환하고, 대신 소규모 토론실을 만들어 대면 수업도 진행할 수 있도록 캠퍼스 구조를 바꾸고 있다. 다나카 총장은 "대형 교실은 코로나19 완화 이후에는 불필요해질 것으로 보고 세미나룸으로 바꾸는 작업을 진행하고 있다"며 "충분히 온라인으로 대체할 수 있는 강의는 바꾸고 학습을 공유할 수 있는 교실 설계를 진행하고 있다"고 강조했다.

유학제도도 온라인을 적극 활용해야 한다고 강조했다. 다나카 총장은 "1년간 교환학생을 다녀온 뒤에도 온라인을 통해 해당 학교의 수업을 듣고 현지 학생들과 교류하면서 2개 캠퍼스에서 공부할 수 있는 방식을 생각할 수 있다"며 "유학의 형태가 바뀌어 부정적인 측면은 사라질 것으로 예상한다"고 말했다.

팬데믹 이후의 디지털 환경, 그리고 아동의 권리

샬롯 페트리 고니츠카 유니세프 부총재

/

코로나19로 디지털 환경이 격변하고 있는 상황에서 기업이 아동의 디지털 권리를 보호에 앞장서야 한다는 지적이 나왔다. 코로나를 피하려 집에 머무는 시간이 크게 늘었지만, 아동이 온라인 유해 콘텐츠와 사이버 폭력 등에 무방비로 노출되고 있기 때문이다.

제22회 세계지식포럼 '디지털 환경과 아동권리 보호' 세션에서 샬롯 페트리 고니츠카 유니세프 부총재는 "디지털 환경에서 아동의 권리 문제는 코로나 팬데믹으로 인해 훨씬 더 심각한 문제가 됐다"며 "우리의 보다 나은 미래를 위해 디지털 공간에서 어린이 보호 노력을 기울일 필요가 있다"고 지적했다.

특히 인터넷 보급률이 높은 한국에서 디지털 환경에서의 아동 권리가 더 절실하다는 분석도 이어졌다. 고니츠카 부총재는 "2017년 세계아동현안보고서에 따르면 15세에서 24세에서 온라인 활동가가 가장 활발한 것으로 나타났고, 인터넷 보급률이 90%가 넘는 한국은 그 정도가 더 하다"며 "한국 정부의 조사 결과에 따르면, 어린이들은 주중 여가 시간의 80% 주말 여가 시간의 60%를 온라인에서 보내고 있는데, 코로나19로 인해 수치가 더욱 높아졌을 것"이라고 설명했다.

배우 겸 가수 최시원 유니세프 동아시아태평양지역 친선대사는 실제 설문조사 결과를 토대로 한국 아동들이 처한 디지털 환경을 분석해냈다. 최 대사는 "설문조사 결과 어린이의 19%가 불쾌감을 주는 온라인 콘텐츠를 경험한 적이 있고, 10%는 가짜뉴스로 인한 혼란, 9%는 부적절한 데이터 수집으로 불편을 호소하고 있다"며 "코로나 19 이후 인터넷 사용은 최대 50% 이상 늘었지만 온라인 환경은 어린이들에게 그다지 녹록하지 않은 상황"이라고 평가했다. 이 설문조사는 2021년 8월 9일부터 31일까지 만 7세 이상~만 18세 미만 총 661명을 대상으로 실시 조사 결과다.

해당 설문조사에서는 범죄 위험에 직접적으로 노출된 경험이 있다는 응답도 나왔다. 4%는 악플과 따돌림 등 사이버공간 내 괴롭힘을 당했다고 호소했고, 3%의 어린이는 낯선 사람으로부터 음란성 메시지를 수신하는 등 디지털 성범죄 위험을 경험한 적이 있다고 답했다. 문제는 무방비 상태로 노출된 아이들을 보호하기 위한 대책이 없다는 것이다. 설문조사에 참여한 어린이 36%가 온라인 상에서 문제 발생시 신고 방법을 모른다고 응답했고, 29%는 온라인 아동보호 정책이 시급하다고 답했다. 최 대사는 "온라인상에서 보내는 시간이 길어지면서 온라인 세계의 잠재적 범죄자와 접촉하게 될 위험도 증가하게 된다"며 "어린이가 쉽게 접근할 수 있는 온라인 플랫폼을 만들고, 이해하기 쉬운 표현을 사용한 아동친화적인 안전가이드를 제작하고 제공할 수 있어야 한다"고 강조했다.

이번 세션에서는 디지털 아동권리 보호를 위한 기업의 역할에 대한 논의도 이뤄졌다. 이기철 유니세프한국위원회 사무총장은 "기업은 어린이 권리를 존중할 때 지속가능한 성장이 가능하다"며 "디지털 아동 권리를 존중하고 지원하는 기업만이 어린이와 부모 등 소비자에게 선한 이미지로 남을 수 있고 결국은 성장할 수 있다"고 강조했다.

연사들은 디지털 격차 해소도 미래 세대를 위한 주요 과제로 꼽았다. 정갑영 유니세프한국위원회 회장(전 연세대 총장)은 "영양과 교육, 보육을 지원했던 학교의 문이 오랜 기간 닫히고 일자리를 잃은 가정이 붕괴되면서 어린이 보호를 위한 울타리가 사라지고 있다"며 "가정과 학교의 빈자리를 채울 시설도 제대로 운영되지 않은 상황에서 디지털 기기를 보유하고 활용하는데 계층 간 격차도 크게 확대되고 있다"고 지적했다.

이번 세션은 유니세프 75주년을 기념하는 자리이기도 했다. 정 회장은 "한국은 75년 유니세프 역사상 지원을 받다가 도움을 주는 나라로 전환한 유일한 국가"라며 "아동 보호 사업을 펼치는 유니세프에 후원하는 국민 숫자만 43만 명으로, 받은 도움을 잊지 않고 전 세계에 사랑으로 되갚아주시는 고마운 분들 덕분에 유니세프 한국위원회는 주요 5대 모금대국으로 성장할 수 있었다"고 말했다.

포스트코로나 시대의 라이프&컬처

K팝의 비결은 Hook? 글로벌 전문가들의 시선

폴 톨렛 골든보이스 CEO · **한나 골드** 인터스코프레코드 부사장

데이비드 영인 김 그래미상 수상 믹스 엔지니어

/

　K팝의 인기는 일시적인 현상일까 아니면 새로운 트렌드로 떠올랐을까. 방탄소년단과 블랙핑크라는 대표 톱가수의 인기로 인한 착시현상은 아닐까. 미국 음악계에서 잔뼈가 굵은 이들은 K팝의 위상에 대해 "K팝은 정말로 인기 있는 신新 트렌드"라고 이구동성으로 입을 모았다. BTS는 빌보드 1위를 차지했고, 블랙핑크 덕에 전 세계 최대 음악 축제인 코첼라 페스티벌의 인지도가 높아졌다. K팝 아티스트들과 작업을 원하는 엔지니어가 점점 늘어나는 게 현실이라는 얘기다.

　제22회 세계지식포럼 '글로벌 시각에서 보는 K-POP' 세션의 연사

로 참여한 한나 골드 인터스코프 레코드 마케팅 부사장은 미국 시장에서 달라진 K팝의 위상에 대해 설명했다. 한나 부사장은 "K팝은 음악이 글로벌화되면서 대중들로 새로운 장르로 여겨지고 있지만, 사실 새로운 장르는 아니고, 팝의 영역에 들어왔다"며 "K팝의 인기는 팬들이 즐길 수 있는 요소가 많다는 데 있다"고 밝혔다. 그는 "K팝은 따라부를 수 있게 만드는 후렴구, 훅Hook이 있다"며 "특히 규모가 큰 뮤직비디오가 눈길을 끈다. 뮤직비디오를 반복 재생하고, 안무를 따르는 등 나노 단위의 감상이 이뤄지게 만든다"고 설명했다.

실제로 2020년 24시간 동안 가장 조회수가 높았던 10개의 뮤직비디오 중 9개가 K팝이고, 그중 4개가 블랙핑크의 뮤직비디오였다. 한나 부사장은 "K팝 팬덤의 깊이가 점점 깊어지고, 뮤직 스트리밍도 많아지고, 싱글 앨범 다운로드 수도 늘어나고 있다"며 "지난해 K팝을 통한 수익은 67억 달러(약 7조 9,500억 원)에 달한다"고 강조했다.

폴 톨렛 골든보이스 CEO도 "부모가 이해하지 못하는 언어(한국어)의 노래인 K팝을 듣는다는 게 멋지지 않느냐"며 "아이 입장에서는 음악을 듣는 행위 자체가 엄청난 일이 됐다"고 K팝을 즐기는 팬들의 심리를 설명했다.

그는 K팝의 인기가 사그라들지 않을 것으로 내다봤다. K팝은 곧 한국식 음식과 패션 등 한국의 문화로 확장된다고도 했다. 폴 CEO는 "K팝을 알면 K팝 팬이 되고 그다음으로 한국식 음식, 패션에 끌리고 한국어를 배워야겠다는 생각이 든다. 종국에는 한국에 가서 살면 어떨까 생각한다"면서 "수년에 걸쳐서 이러한 매력에 중독된다"

고 강조했다.

폴 CEO의 골든보이스는 연간 200개의 쇼를 진행하는데, 그중 최고라 평가받는 코첼라 페스티벌을 매해 진행하고 있다. 미국 캘리포니아주 인디오에서 매년 4월 셋째 주 주말에 3일 동안 열리는 세계 최대·최고 음악 축제인 이 페스티벌은 2001년 시작된 이래 매해 22만 5,000명 이상의 방문객이 참여한다. 폴 CEO는 "2018년에 블랙핑크를 만났다. 사실 K팝 아티스트를 코첼라에 초대한 적이 없어서 조금 두려웠고, 블랙핑크를 보러올 사람이 있을까 생각했다"면서도 "블랙핑크가 무대에 오르는 순간 한국어 떼창이 펼쳐졌고 공연은 성공적으로 마무리됐다"고 소회했다. 그는 "많은 사람들이 블랙핑크가 코첼라의 도움을 받았다(유명해졌다)고 하지만, 블랙핑크 덕에 코첼라가 인지도를 올린 것도 있다"고 강조했다.

비즈니스의 확장 측면에서 충성도 높은 팬덤이 한몫한다고도 했다. 폴 CEO는 "K팝 행사는 무대, 비디오, 조명 등 콘서트 제작비용이 많이 들어가서 티켓값도 함께 오른다. 그런데 충성도가 높은 팬덤이 형성돼 있기 때문에 팬들은 어떤 제품이라도 아티스트와 연관이 돼 있다면 그 돈을 지불하고 구매한다"고 밝혔다.

2015년과 2020년 미국 그래미상 음악 엔지니어 부문 수상자로 이름을 올린 데이비드 영인 김도 미국에 있는 음악업계 종사자들이 K팝 아티스트와 협업을 간절히 원한다고 설명했다. 데이비드는 "빌보드 차트에서 방탄소년단이 1위를 차지하는 것을 봤다. 아시아계 그룹이 이런 업적을 이룬 것은 처음"이라며 "이제는 미국 프로듀서, 송

라이터, 엔지니어까지도 그런 K팝 아티스트들과 작업 기회를 노리고 있고, K팝 아티스트들에게 곡을 주길 원하고 있다"고 말했다.

특히 K팝의 성공이 아시아계 미국인의 성공에도 영향을 미치고 있다고 봤다. 그는 "아시아계 미국인들을 위한 콘서트를 열면 과거에는 성공하기 어려웠는데, 지금은 가능하다. K팝이 뿌린 씨앗이 뿌리를 내리고 열매를 맺고 있는 것"이라고 했다. 데이비드는 이어 "한국계 미국인인 저는 과거에 미국인이어야만 국제적으로 성공을 할 수 있다고 생각했다"면서도 "이제 미국 음악 업계에 한국인들이 많이 유입되면서 저의 비전이 많이 확장됐다. 이제는 한국인인 것이 저에게 유리하게 작용할 수 있다는 생각이 든다"고 말했다.

소설 《파친코》와 한국의 정서

이민진 소설 《파친코》 작가

/

"역사가 우리를 망쳐놨지만 그래도 상관없다."

한국계 미국인 소설가 이민진의 장편 《파친코》는 이 강렬한 첫 문장으로 시작한다. 불가피하게 조국을 떠나 일본으로, 미국으로 향하지만 거기서도 번듯하게 살진 못하고 파친코 사업을 하며 살아가는 한 가문의 흥망사를 그린다. 이 디아스포라 얘기는 세계인의 가슴에 커다란 울림으로 가닿았다. 뉴욕타임스는 "잊히지 않는 서사시epic"라고 보도했고, 버락 오바마 전 미국 대통령도 "책의 첫 문장부터 당신을 끌어당기는 매혹적인 책"이라고 극찬했다. 한국어판도 20만 부이상 팔렸다.

소설 《파친코》 출간 이후 한국에서의 첫 공식석상인 제22회 세계지식포럼 오픈세션 '이민진과의 대화: 소설 파친코, 세계인과 연결된한국의 정서'에서 이민진은 "책을 쓰기 위해 전 세계 수많은 한국인들과 인터뷰했다"며 "사람들 목소리를 전달하기 위해 진심으로 말을들어주는 게 중요하다"고 했다.

이민진이 처음 한국인으로서의 정서를 강하게 느꼈던 건 고등학교 시절 한인 신문에 칼럼을 기고했을 때다. 한국계 미국인인 자신의 삶에 대해 썼는데, 아버지가 자랑스러워해 칼럼을 오려 운영하는가게 벽에 붙여뒀다고 한다. 그는 "꼭 서울에 있지 않아도, 미국 뉴욕퀸즈에 있어도 나는 한국 사람이 될 수 있다고 생각한다"고 말했다.

《파친코》에서 다소 과거의 재외동포들에 썼던 이민진은 오늘날의재미교포들의 삶에 대해서도 예리한 시선을 비춘다. 그는 "미국 상황을 보면 아시아인들이 미국에서 제대로 대표되지 못하고 뒤로 물러나 있다"며 "미디어 · 엔터테인먼트 산업 등에서 고군분투하고 있다"고 했다.

이민진은 처음에 자신이 작가가 되리라고 생각하지 않았다. 38살때 첫 책을 쓰고 나서야 작가라고 스스로 인정했다고 한다. 그는 "'나'라는 작은 사람의 아이디어가 사람들에게 울림을 줄 수 있다는 것자체가 말이 안 된다고 생각했다"며 "내가 뭔가를 쓰고 사람들이 읽을 수 있게 공유하고자 하는 용기가 오랫동안 없었다"고 했다. 집안에서도 언니는 두뇌 회전이 빨랐지만 자신은 '거북이' 수준으로 습득했다. 그럼에도 그는 포기하지 않았다. "한국 사회에선 빨리할 수 있는 능력이 중요하다. 나는 똑똑한 사람도 빠른 사람도 아니지만 그래도 마지막까지 완주했다"며 "시험 볼 때 좋은 점수를 받지도 못했지만 그래도 괜찮았다"고 했다.

자신처럼 작가가 되기를 바라는 사람들에게 이민진은 진심을 담은 조언을 건네기도 했다. "휴대폰을 보지 말고 밖에 나가서 사람들과 대화하라. 위험을 감수하고 모험을 해야 한다. 그런 경험들을 책에 담으라. 나는 여러 사람들과 인터뷰하면서 배운 것들을 잊을 수 없다."

전 세계를 뒤덮은 코로나19도 이민진에게 영향을 줬다. 그는 "우리는 지금 일종의 집합적인 트라우마를 겪고 있지만 우리는 이로 인해 바뀔 것이다"며 "86세인 내 아버지는 모든 것을 잃어도 된다고 생각하신다. 트라우마 극복에 있어서 이게 참 중요하다"고 했다.

이민진에게 글쓰기는 '설득의 도구'다. 자신이 믿는 신념을 사람들과 공유하고, 같은 생각을 가질 수 있도록 노력한다. "제도화된 분노, 그리고 사랑을 표현하고 싶다"고 그는 말한다. 분노가 가득한 환경 속에서 어떻게 우리가 서로를 사랑하고, 자신을 사랑할 수 있을지 등을 고민한다고 한다.

다음 소설은 '교육'을 소재로 준비 중이다. 이민진은 "한국인들이 가장 중시하는 것이 교육"이라며 "청소년들이 강한 압박감을 받는 교육에 대해서 하고 싶은 얘기가 많다"고 했다.

포스트코로나 시대의 엔터테인먼트

찰스 리프킨 미국영화협회 회장&CEO · **크리스토퍼 멜라단드리** 일루미네이션 CEO
조셉 칼라브리스 레이텀앤왓킨스 엔터테인먼트, 스포츠&미디어 부문 총괄

코로나19 장기 유행으로 영화 산업은 전례없는 혼란과 변화를 겪고 있다. 대작 영화들의 개봉이 잇따라 연기되는가 하면, 극장과 온라인 동영상 서비스OTT에서 영화를 동시 개봉하는 '데이 앤 데이트' 사례도 자주 있었다. 최근엔 대형 제작사와 배급사, OTT 기업, 콘텐츠 기업이 합작사를 설립하거나 인수합병을 통해 성장과 파트너십 기회를 모색하는 데 더욱 적극적으로 나서는 움직임도 포착된다. 이런 가운데 엔터테인먼트 산업의 거물들이 모여 코로나가 엔터테인먼트 산업에 어떤 영향을 끼쳤으며, 산업은 어떤 방향으로 발전해야 하는지에 대해 온라인 상에서 토론했다. 제22회 세계지식포럼 '포스트코로나, 엔터테인먼트 산업의 미래'를 통해서다.

디즈니, 넷플릭스, 파라마운트, 소니픽쳐스, 유니버설픽쳐스, 워너브라더스 등 6대 메이저 제작사와 배급사를 회원사로 보유한 미국영화협회MPA의 찰스 리프킨 회장 겸 CEO, 미니언즈, 슈퍼배드 등 애니메이션을 탄생시킨 애니메이션 제작사 일루미네이션 엔터테인먼트의 크리스토퍼 멜라단드리 회장, 로펌 레이텀앤왓킨스의 엔터테인먼트 · 미디어 · 스포츠 부문 총괄인 조셉 칼라브리스 파트너 변호사 등이 세션에서 엔터테인먼트 업계의 미래에 대해 논의했다.

먼저 화제가 됐던 건 코로나19가 엔터테인먼트 산업에 미친 영향

이었다. 참석자들은 극장 관객은 줄고, OTT 관객은 늘었지만, 이 때문에 영화 산업이 몰락할 정도는 아니라고 입을 모았다. 찰스 리브킨 MPA 회장은 "외식이 맛있어도 집밥과 외식 둘 다 먹는다"며 "OTT와 극장은 공존할 수 있다"고 했다. 이어 "극장 관객수가 대폭 줄었지만 〈분노의 질주〉, 〈샹치와 텐 링즈의 전설〉, 〈블랙 위도우〉 등은 여전히 많은 관객들이 관람했다. 특히 자동차극장은 1970년대 이후 가장 많은 관객 수를 기록했다"고 덧붙였다.

크리스 멜라단드리 회장도 "현재 미국과 유럽, 라틴 아메리카 등에서는 관객들이 영화 관람을 위해 다시 극장으로 돌아오는 조짐이 보인다. 특히 젊은 층에서 더욱 그렇다"며 "영화 산업은 어떤 난관에 부딪혀도 극복할 수 있는 힘을 갖고 있다"고 했다. 이어 그는 "영화관의 커다란 화면 속으로 빨려들어가 새로운 경험을 하는 순간이 좋지만, 집에서 OTT로 보면서 마음에 들면 인스타그램에 인증샷을 올리는 것도 좋다"고 했다. 극장과 OTT 모두 각자의 역할을 하며 영화 산업에 긍정적 영향을 끼친다는 것이다. 특히 그는 할리우드 블록버스터 등 대작들의 경우는 극장 개봉 가능성이 높다고 봤다. 크리스 회장은 "지난 몇 년간 스트리밍 콘텐츠가 폭발적으로 증가했지만 스트리밍용으로 제작된 영화들이 극장 개봉 영화만큼 문화에 침투하는 효과를 보여주지 못했다"고 했다. 극장 개봉만큼 홍보 효과가 없다는 게 이유다. 그는 "영화가 극장에서 개봉을 하면 관련 마케팅이 진행되는데 그러면서 기대감이 쌓이고 영화 시리즈의 브랜드가 만들어지는 효과가 매우 크다"고 했다.

영화를 제작하는 데 다양한 자본과 다양한 제작진이 참여하는 등 영화가 국제화되는 경향에 대해서도 논의가 이뤄졌다. 크리스 멜라단드리 회장은 "점점 다양한 나라들의 제작진들이 좋은 영화를 만드는 것이야말로 영화 산업의 활력을 보여준다"며 "한국영화 〈기생충〉이 미국 아카데미 시상식에서 수상하는 게 대표적 사례"라고 강조했다. 찰스 리브킨 회장도 "팬데믹 때문에 사람들이 가정에서 자막이 담긴 영화와 드라마를 많이 봤다"며 "한국에서 만든 넷플릭스 오리지널 시리즈 〈킹덤〉이 한국과 전 세계에서 각광 받았고, 이렇게 한 지역 프로그램이 전 세계에서 성공을 거두는 게 지금의 트렌드"라고 했다.

또 이들은 온라인 스트리밍이 늘어나는 시대 불법복제를 막아야 한다는 데도 의견을 모았다. 찰스 리브킨 회장은 "옛날엔 길 한 모퉁이에서 불법 복제 DVD를 판매하는 걸 막으면 됐지만 지금은 다크웹 등을 통해 광범위한 불법복제가 이뤄진다"며 "MPA는 이를 위해 디즈니, 넷플릭스, 애플 등이 포함된 연합체를 발족해 활동하고 있고, 여기에 한국 기업들 참여도 바란다"고 했다.

디즈니 픽사 〈소울〉의 세계관: 창의성에 관하여

켐프 파워스 디즈니픽사 〈소울〉 작가 겸 감독

/

코로나19 대유행 속에서도 디즈니 픽사 애니메이션 〈소울〉은 새로운 세계관을 보여주며 흥행에 성공했다. 일상 속 삶의 소중함을 깨닫는 주인공 '조 가드너'를 보며 많은 사람들이 감동을 받았다. 이런 훌륭한 작품을 만들려면 타고나거나 어릴 때부터 자신을 끊임없이 갈고 닦아야 할까. 답은 '그렇지 않다'이다. 이 작품 작가이자 감독인 켐프 파워스는 제22회 세계지식포럼 오픈세션 '디즈니 픽사 〈소울〉이 만든 세계관: 창의성에 관하여'에서 "어렸을 때는 소방관이 장래희망이었다"며 "창의적 글쓰기가 커리어가 될 줄이라고는 생각도 못했다"고 했다.

실패를 두려워하지 않고 다양한 경험을 했고, 그것들이 모두 자양분이 됐다는 게 파워스 감독의 설명이다. 성장 과정에서부터 그의 장래희망은 다양했다. 처음엔 소방관을 꿈꿨고, 초등학교 5학년쯤 장래희망에 대한 부모님 관심이 높아졌을 땐 변호사였다. 정작 첫 번째 직업은 기자였다. 자신의 에세이를 보고 학교 교사가 "글쓰기를 업으로 삼으라"고 조언한 게 계기였고, 미국 하버드대 교지에 기사를 기고하면서부터 기자의 길에 접어들었다. 그렇게 그는 약 20년간 기자로 일했는데 이때 배운 게 창의적 글쓰기에도 많이 도움이 됐다고 한다. 파워스 감독은 "모르는 주제에 대해 취재를 시작하면 전문가를 만나고 인터뷰를 하면서 지식이 쌓인다"며 "기자도 스토리텔러이기 때문에 이때 사용했던 기술이 작가로서 활동하며 썼던 기술과 비슷하다"고 했다.

이후 극작가로 일했지만 화려한 커리어는 아니었다. TV프로그램에서 작가로 일했지만 방송이 안 된 것도 있었고, 〈스타트렉: 디스커버리 시즌1〉에서는 일하다 해고됐다. 그래서 그는 픽사에서 일해달라는 연락을 받았을 때 놀랐다고 한다. 파워스 감독은 "내 생각을 한껏 드러내며, 내가 사랑하는 일을 했고 그게 제가 할리우드에 들어간 계기"라고 설명했다. 그는 "운이 좋게도 고유한 작품을 쓸 수 있는 사람들을 할리우드에서 많이 찾던 시기"라며 "픽사 측에서 내 이전 작품들을 보고 연락했다"고 말했다. 파워스 감독은 처음에 작가로 섭외됐다. 이후 참여 비중이 커지며 공동 감독으로 크레딧에 이름을 올렸다.

파워스 감독은 음악도 자기 창작의 원천으로 꼽았다. 중학교 때부터 재즈 밴드에서 색소폰을 연주했다며 음악을 항상 사랑해왔다고 했다. 그는 "음악이란 언제나 내가 무의식적으로 의도하지 않아도 내 글에 많이 나타나는 것"이라며 "내 스토리텔링에서 음악이 큰 비중을 차지한다"고 했다. 또 〈소울〉은 다양한 인종들의 협력이 빚어낸 결과물이기도 하다. 그간의 경향과 달리 흑인 주인공이 전면에 나섰고, 작가들 중에서도 흑인이 많이 참여했다. 파워스 감독은 "청중의 요구사항에 힘입어 할리우드에서 굉장히 변화가 빠르게 진행되고 있다"며 "〈소울〉은 그 혁신적 과정을 보여준다"고 했다. 영화와 관련해 문화적 자문을 구하는 '문화 트러스트'를 두는 게 대표적이다. 〈소울〉

도 외부 컨설턴트를 활용함과 동시에 사내에서도 흑인 직원들이 참여한 문화 트러스트를 만들어 교정을 받았다고 한다.

'브레인 트러스트'도 있다. 각 분야 전문가들로부터 영화 전반에 대한 자문을 구하는 프로그램이다. 파워스 감독은 "제안이나 조언을 받을 때 처음에는 안 될 것 같다가도 일단 해보면 좋을 때가 적지 않다"며 "그들의 의견을 받아들여 아까워도 영화 스토리에 맞지 않는다 싶으면 삭제하는 과정 끝에 영화가 만들어졌다"고 했다.

파워스 감독은 청중들의 질문에도 충실히 답했다. 영화 〈소울〉 내용을 언급하며 오늘날 삶의 열정, 집중하고 싶은 일을 찾으려는 청춘들에게 조언을 해달라는 요청에 그는 "우리가 살고 있는 시대에는 굳이 하나의 직업을 죽을 때까지 고수할 필요가 없다. 저도 기자하다가 감독 겸 작가가 됐다"며 "변화해도 괜찮다는 걸 알기 바란다"고 했다. 이어 "나이 들어도 뭐가 중요한지 잘 모르겠고, 어느 정도는 가면을 쓰고 감추며 살게 된다. 이게 정상"이라며 "새롭게 도전하고 새로운 것을 시도하는 걸 두려워하지 말라. 내게 있어 성공 비결이란 실패하는 것이다"고 덧붙였다.

특히 파워스 감독은 "좋아하는 일, 열정을 갖고 있는 일을 좇을 때 시장 상황을 고민할 필요가 없다"고 강조했다. 그는 "나도 내 작품에 대한 시장이 형성되고 나서 작가로 활동을 시작한 게 아니다"며 "세상이 어떤 얘기를 하든지 내 목표를 향해 계속 매진하는 것이 중요하다. 그러면 결국엔 자랑스러워할 만한 성과가 나온다"고 했다.

예술에 대한 새로운 관점

요하네스 하이지히 전 드레스덴 미술대 총장, 화가 겸 그래픽 아티스트

요하네스 하이지히는 1960년대 라이프치히 대표작가이자 라이프치히 화파의 중심인물인 베른하르트 하이지히의 아들로서 본인 역시도 1980년대부터 독일의 대표적 화가 중 한 명으로 활동해왔다. 1989년부터 2년간 드레스덴 미술대 총장을 지냈으며, 1991년 교직을 물러나 프리랜서 예술가로 활동하며 국내외에 수많은 전시를 개최했다. 특히 현재 워싱턴DC 역사박물관에 소장된 빌리 브란트 전 독일 총리의 초상화가 유명하다.

제22회 세계지식포럼 '예술과 새로운 관점의 탐색'에서 그는 2021년 세계지식포럼의 주제인 공존·시대정신과 예술의 관계에 대한 의견을 제시했다. 하이지히는 "오늘날에는 여러 종류의 갈등이 있고, 이런 갈등을 예술 안에 모두 담으려고 하는 것은 너무나 큰 일이다. 작업실에 앉아 그림을 그리는 화가들에게는 어려운 일인지도 모르겠다"면서도 "세상의 이미지를 찾고 대중에게 전달하는 것이 예술가들에게 부여된 역할"이라 말했다.

그는 이어서 "유럽의 르네상스 시대부터 현대까지 예술가들에게는 이런 관찰자·해설가Commentator의 역할이 부여돼 왔다"고 설명했다. 통상 예술가들은 순수한 예술적 가치를 우선시하는 경우가 많은데도 하이지히는 강연을 통해 예술의 사회적 역할을 강조하는 모습이었다. 두 가지 가치가 충돌하는 갈등 상황에 대해서도 많은 시간을

할애해 설명했다. 그는 두 가지 가치에 대해 "예술을 보는 방식에는 두 가지가 있다. 첫째는 문화적·집단적 관심의 대상이 되는 것이고, 두 번째는 예술가들의 정신세계 속 '성좌星座'를 표현하는 것"이다. 하이지히는 "이런 시각의 차이는 마치 서로 다른 극이 형성돼 힘의 자기장이 만들어지는 것과 같다"고 덧붙였다.

자신의 머릿속에서 나온 발상을 그림에 담는 것과 달리 집단적·사회문화적 가치를 담아내는 과정에서는 고뇌를 느끼는 듯했다. 그는 "지금 세상의 모습은 내 머릿속에서 오히려 나를 마비시키기 때문에 무언가를 그리도록 독려하는 대상이 되지 못하고 있다"며 "캔버스 앞에 많은 의심과 걱정, 초조함을 갖고 선다. 그래서 그림들은 좀 더 세심해지는 경향이 있다"고 말했다.

나아가 "우리가 사는 세상의 복잡성은 세상의 이미지를 화폭에 담는 일을 방해하고 있다. 세상을 하나의 화폭에 담는 것은 점점 어려워지고 있다"며 "20세기 예술은 이런 상황에 대응해 다양한 도구적 방법을 동원하게 됐다"고 말했다. 그는 또 "예술가들이 세상을 새롭게 바라보기 위한 노력들로 볼 수 있는데, 지나고 보면 과연 이런 것들이 정말 존재하는가 의구심이 들기도 한다"고 말했다. 심지어 "우리 예술가들은 이 같은 위기에서 무기력해 보이기까지 한다"는 것이 그의 얘기다.

하이지히는 그럼에도 두 가지 가치를 조화시키는 일이 필요하다고 말했다. 그는 화가 활동을 '보여지는 것에 대한 축제'로 규정하며 "감상자들에게도 즐거움을 제공해야 할 것이며 이 감상자들도 호기

심과 즐거움을 갖고 그림을 바라봐야 하는 것"이라 말했다.

앞서 언급한 갈등 상황과 고뇌 역시 예술가들에게 부여된 '자율성'이란 접근법도 많은 사색거리를 준다. 그는 "(고뇌하는 예술가는) 마치 역사 속의 왕궁에서 공연하는 광대와 같은 모습"이라 말했다. 부자연스럽고 마치 주위에 순응하지 못하는 듯한 특성을 전달하기 위한 표현이었다. 하이지히는 "신경증을 앓고 있는 듯한 상황 덕분에 예술가들이 외부로부터 독립할 수 있게 되고, 이를 바탕으로 자신의 생각을 마음껏 표현할 수 있게 된다"고 설명했다.

아트 투자의 법칙: 팬데믹 이후 달라진 예술품 거래 트렌드

페터 펨페르트 디갤러리 회장

"한 손에 신용카드를 들고 갤러리를 유유히 누비는 고객은 이제 예술품 시장을 설명하는 하나의 통념에 불과합니다. 투자 목적의 구매자나 단순히 자신의 즐거움을 충족하려는 사람들이 예술품을 사고팔면서 시장의 다양성을 만들어내고 있습니다."

페터 펨페르트 디갤러리 회장은 제22회 세계지식포럼 '독일 디갤러리 회장으로부터 듣는 아트 투자 전략: 예술이 세상을 구한다' 세션에서 코로나19 팬데믹 이후 예술품 거래 시장의 변화를 이같이 설명했다.

펨페르트 회장은 예술품을 구매하려는 수요가 다양해지면서 특징도 다변화하고 있다고 분석했다. 개인적인 만족감을 채우기 위해 수집하는 사람이 늘면서 기존에 시장을 유지해온 수요자들과 경쟁하고 있다는 것이다. 펨페르트 회장은 "이러한 분류 체계는 절대적인 체계로 보기 힘들고 배타적이지도 않다"며 "많은 예술품 수집가들 중에서 열정을 가지고 수집하면서 동시에 재무적으로도 관심을 가지고 있는 사람들이 많기 때문"이라고 말했다.

코로나19로 전 세계가 팬데믹에 빠지면서 예술품 거래 시장 전체 규모는 줄어들었다. 펨페르트 회장은 "2020년 전 세계 시장 규모는 2,500억 달러(약 296조 5,000억 원)로 1년 전보다 22% 감소한 수준이었고, 2018년과 비교하면 28% 감소했다"며 "그럼에도 가능성이 있는 것은 경기침체에 빠졌던 2009년과 비교하면 감소폭이 크지 않았으며 다른 산업과 비교하면 위축 폭이 적었다는 점"이라고 말했다.

특히 예술품 시장으로 신규 수요가 지속적으로 집중되는 것은 '아름다움의 힘' 때문이라고 정의했다. 펨페르트 회장은 "저는 딜러지만 개인적인 삶 속에서 전술적이나 전략적으로 예술품을 수집하지는 않는다"며 "소장을 원하는 고객의 욕구를 충족하는 것이 가장 큰 이유"라고 말했다.

코로나19로 비대면 소비가 일상화되면서 예술품 거래 시장도 온라인화되고 있다는 점도 강조했다. 세션에서 공개한 자료에 따르면 2020년 오프라인 미술품 경매에서 매출이 전년 대비 30% 줄어든 것과 달리 같은 기간 온라인 시장을 통해 판매된 미술품은 120억 달러(약 14조 2,300억 원)로 약 2배 늘었다. 펨페르트 회장은 "지금까지 주목받지 못했던 시장인 만큼 가장 큰 혜택을 얻은 곳이 온라인 시장"이라며 "대부분 아트페어가 온라인 접근성을 높일 수 있도록 변화한 것이 주효했다"고 강조했다.

펨페르트 회장은 최근 고 이건희 삼성그룹 회장이 2만 3,000여 점에 달하는 보유 예술품을 기증한 것이 예술품에 대한 사회적 관심을 끌어올리는 데 큰 영향을 줄 것으로 내다봤다. 그는 "클라우드 모네와 같은 거장의 작품을 전시하려는 박물관이나 지방자치단체의 경쟁이 치열해지는 것이 인지도 상승으로 이어지면서 미술에 관심이 없던 사람들도 끌어들일 수 있는 원동력이 될 것이라고 본다"며 "지역사회의 발전으로도 이어질 수 있는 긍정적인 사례"라고 평가했다.

미술품 거래 시장 성장을 위해 기업이 앞장서야 한다는 점도 강조했다. 펨페르트 회장은 "일본의 한 화장품 회사는 1920년부터 미술품 전시관을 개설해 유지하고 있다"며 "비용이 많이 들겠지만 이를 유지하는 것이 마케팅이나 고객과의 커뮤니케이션에 효과가 있기 때문에 정책적으로 진행하는 것"이라고 소개했다.

펨페르트 회장은 "예술과 음악이나 문학이 없었다면 세상은 슬프고 생명력이 없고 개발되지 않고 윤리와 문화가 부족한 곳이 되었을 것"이라며 "겨우 살만한 곳을 유지하는 수준에 그쳤을 것"이라고 말했다. 마지막으로 펨페르트 회장은 "예술 작품을 구매하는 것은 고통스러운 과정"이라면서도 "세상을 구할 수 있는 예술 작품은 당신들의 지갑도 두둑하게 할 수 있을 것"이라며 예술품 거래 시장에 대한 관심을 유도했다.

신 비즈니스: 가상 레스토랑

폴 앨런 오더마크·넥스트바이트 공동창업자 겸 사장

/

최근 미국에서 등장한 '고스트키친Ghost Kitchen'은 코로나19 팬데믹으로 외식 트렌드가 완벽하게 바뀌었음을 보여준다. 매장 없는 음식점인 고스트키친에는 테이블이나 의자, 종업원이 없다. 온라인으로 주문이 들어오면 공유주방에서 음식을 조리하고 배달하는 형태다. 비대면 온라인 주문이 급증하면서 생긴 이같은 음식점 트렌드는 신풍속도를 나타내지만, 기존의 레스토랑 생태계를 파괴한다는 비판도 많았다.

제22회 세계지식포럼 '가상 레스토랑 식품 소비의 미래, 외식 트렌드 및 배달' 세션 연설을 맡은 폴 앨런 오더마크·넥스트바이트 사장은 고스트키친에서 한발 더 나아가 '가상 레스토랑' 모델을 만들어냈다. 가상 레스토랑은 고스트키친 회사가 공유 주방을 운영하는 형태가 아니라, 기존에 있는 레스토랑들과 협업한다. 운용가능한 잉여 자원이 있는 기존 식당에서 주문 들어온 음식을 준비할 수 있도록 하고, 고객들에게 음식을 배달하는 것이다. 넥스트바이트는 이 모델로 미국, 멕시코, 캐나다 전역에서 사업을 확장하고 있다.

폴 사장은 "넥스트바이트가 내놓은 가상 레스토랑 솔루션은 기존의 공간과 직원을 최대한 활용해 매출을 늘리고자 하는 것"이라며 "다양한 브랜드 제품을 기존 레스토랑들과 커버하고 있다"고 밝혔다. 폴은 이어 "온라인 주문과는 별도로 해당 레스토랑 현장에서 매장을

방문한 고객들의 주문도 받을 수 있도록 하는 모델이 바로 가상 레스토랑"이라고 설명했다.

이미 시장에 존재하는 레스토랑에서 조리가 진행됨에 따라 넥스트바이트는 이들이 더 많은 매출을 거둘 수 있도록 하는 게 목표다. 폴은 "지역 커뮤니티를 지원하는 방법 중 중요한 것은 커뮤니티 안의 실제 레스토랑이 더 성공할 수 있도록 돕는 것"이라며 "오프라인 매장이 완전히 사라지고 배달이 모든 음식 주문을 대체하는 것이 아니라, 기존 레스토랑의 매출에서 배달이 차지하는 비중이 점차 확대되기를 바란다"고 밝혔다. 현재 가상 레스토랑 시장 규모는 오는 2030년까지 1조 달러(1,180조 원)까지 성장한다는 관측도 있다.

실제로 대부분의 사람들은 코로나19를 겪어내며 식사 태도에 변화가 있다는 조사도 나왔다. 폴은 "모든 성인들은 팬데믹 이전과 비교해서 레스토랑에서 테이크아웃을 하게 되는 확률이 더 높아졌다고 답했고, 배달음식이 본인의 삶에서 굉장히 큰 비중을 차지한다고 말했다"고 전했다.

하지만 매장들은 온라인 판매를 위한 인프라를 갖추는 데 어려움을 호소했다. 폴은 "개인 매장과 프랜차이즈를 불문하고 온라인 판매를 위해 필요한 인프라를 완비하는 데 어려움을 겪고 있는 것이 현실"이라며 "넥스트바이트는 레스토랑들의 단순 생존이 아니라 번영할 수 있도록 돕는 것을 목표로 삼았다"고 말했다.

특히 폴은 가상 레스토랑을 성장시키는 성공적인 비즈니스 기틀로 '유니크한 문화'를 만들어야 한다고 했다. 유니크한 문화는 곧 근로자들이 즐겁게 일할 수 있는 환경을 조성하는 것이라고 했다. 그는 "매주 직원들에게 우리의 가치에 대해 이야기하는 시간을 갖는 게 가장 큰 경쟁력"이라며 "회사의 가치를 명확히 정리하고 직원으로 하여금 받아들일 수 있도록 하는 게 중요하다"고 밝혔다.

근로자들을 위한 '유니크한 문화'를 만드는 구체적인 방법으로 먼저 개성이 중요하다고 했다. 이때 서로 존중하고 인격적으로 성장하는 존재로 서로 다가서야 한다고 짚었다. 아울러 폴은 고객중심 사고도 필수 덕목으로 봤다. 폴은 "모든 시나리오에서 항상 고객 중심으로 생각하려고 노력해야 한다"고 강조했다.

더 나은 것인 혁신을 지속적으로 만들어야 한다고도 했다. 폴은 "중요하지 않은 문제는 없다는 것을 염두에 둬야 한다. 계속해서 혁신해야 한다"고 강조했다. 개인이 아니라 회사와 집단을 먼저 생각하는 사고방식도 필요하다고 말했다. 폴은 "결국 제일 중요한 것은 '실행'"이라며 "거침없이 나아가면서도 고객들의 이해를 최우선시하는 그런 직원을 찾고 격려해야 한다"고 밝혔다.

슈퍼리치들의 포스트코로나 라이프스타일

톰 로런스 이든클럽 회장

/

코로나19 팬데믹으로 각종 대면산업이 전례 없는 불황을 겪고 있지만, 초고액 자산가를 상대로 한 '럭셔리 산업'은 오히려 호황을 누리는 것으로 전해졌다. 럭셔리 상품들은 폐쇄적인 환경에서 제공되는 경우가 많아 사회적 거리두기에 유리하고, 코로나19 경제위기를 우려해 전 세계 정부와 중앙은행들이 유동성을 확대한 덕에 고액 자산가들 재산이 더욱 늘어 럭셔리 상품 수요가 확대된 결과다.

전 세계 회원 800여 명을 대상으로 초호화 여행, 숙박과 고가 명품, 차량 상품을 공급하는 이든클럽Eden Club의 톰 로런스 회장은 제22회 세계지식포럼 '슈퍼리치들의 포스트코로나 라이프스타일' 세션에서 이같이 발표했다.

로런스 회장은 코로나19 팬데믹 수혜를 본 대표적인 상품으로 럭셔리 레지던스residence를 꼽았다. 호텔과 달리 개별 공간에 식당·주방과 각종 생활시설을 갖춘 레지던스는 대면 접촉을 줄여야 하는 현재 상황에 맞춤형 휴양을 제공할 수 있다.

로런스 회장은 "지난 2년간 럭셔리 레지던스가 전 세계에 출몰하기 시작했다. 대부분 오프라인 예약 시스템으로 운영돼 익스피디아나 에어비앤비 같은 온라인 사이트에 공개되지 않는 것이 특징"이라며 "다만 향후 코로나19로 인한 대면 접촉 제한조치가 해제되면 수요가 줄어들 것으로 예상된다"고 말했다.

로런스 회장은 주택시장이 활황을 띠는 것도 별장 여행을 선호하는 수요가 늘어난 결과로 해석했다. 그는 "주말에는 별장에서 마음 편히 시간을 보내고 싶어하는 수요도 늘고 있다. 미국·영국 부동산은 앞으로 더 오를 것"이라며 "부동산 투자 의향이 있다면 3~6개월 내에 진입해야 한다. 지금이 투자 적기"라고 말했다.

소수 인원끼리 즐길 수 있는 스포츠로서 골프도 각광받고 있다. 많은 인원이 필요하거나, 격한 호흡이 필요한 운동 종목을 즐기는 것이 사실상 불가능해진 만큼 운동을 즐기려는 수요가 골프로 몰려들고 있다는 것이다. 로런스 회장은 "전 세계적으로 새로운 골프 코스가 급격히 늘고 있다. 기존에 골프를 즐기던 계층이 골프를 더 치는 것이 아니라 신규 유입 계층이 급증한 덕분"이라며 "그 덕분에 전 세계를 여행하며 가는 곳마다 골프를 칠 수 있는 환경이 마련되고 있다"고 말했다.

골프는 그동안 부자들의 전유물로 인식되어왔던 게 사실이다. 그러나 팬데믹 이후 인구밀도가 낮은 스포츠를 선호하는 현상이 확산되고 젊은 층을 중심으로 '워라밸work-life balance(일과 삶의 균형)' 열풍이 불면서 빈부와 상관없이 새로운 계층이 골프로 몰려들고 있다는 설명이다.

초고액 자산가들 사이에 자가용 비행기 수요 역시 크게 늘고 있으며 코로나19 사태로 가장 큰 피해를 입은 여행 업계에서도 럭셔리 상품은 상대적으로 선전하고 있는 것으로 전해졌다. 로런스 회장은 "한때 코로나19 백신 접종률이 높아지면서 여행 재개에 대한 기대감이 커졌지만 국가별로 접종률이 상이하고 사회적 담론도 천차만별이라 당장 상황이 나아지지는 못할 것"이라면서도 "그러나 초고액 자산가들은 여전히 크루즈 상품을 통해 여행을 즐기고 있다"고 말했다.

지난 2년여간 '유동성 파티'가 이어졌던 것도 럭셔리 상품 수요를 늘리는 데 크게 기여했다. 로런스 회장은 "자산이 3,000만~1억 달러인 1차 수요층이 코로나19 사태 전에 비해 5.9%가량 성장했다. 자산 10억 달러 이상인 초고액 자산가도 크게 증가했다"며 "코로나19 사태 이후 증시 강세장이 이어지고, 가상화폐를 통해서도 부를 축적한 사람이 늘면서 전통적인 부호층 외에 신규 진입자가 많아진 것으로 보인다"고 말했다.

그는 "미국에서는 도널드 트럼프 정부가 고소득자·고액 자산가에 대한 감세 정책을 펼친 것도 주효했다. 럭셔리 상품은 수요층이 자산 과세에 민감하기 때문에 세금 정책이 큰 영향을 끼친다"며 "조 바이든 정부 들어서는 기조가 변화될 것으로 보여 영향이 있을 듯하다"고 덧붙였다. 다만 각종 오프라인 명품 매장은 코로나19 사태로 심각한 위기를 맞이했다.

실버 마켓: 젊게 살려는 '단카이 세대'의 사례

사카모토 세쓰오 《2020 시니어 트렌드》 저자

/

한국은 전 세계에서 가장 빠른 속도로 고령화가 진행되고 있는 나라다. 자연스레 한국보다 앞서 고령사회, 초고령사회로 나아가고 있는 국가들에 대한 관심이 높은데, 세계에서 가장 고령화가 심한 국가인 일본의 상황을 살펴보는 세션이 제22회 세계지식포럼에 마련됐다.

'100세 인생미래 비전연구소'의 설립자인 사카모토 세쓰오는 우선 초고령층이 급속히 늘어나고 있는 일본의 상황에 대해 설명했다. 그

는 지난 2016년 출간한 저서 《2020 시니어 트렌드》가 한국·대만 등에도 번역 출간되고, 일본 후생노동성에서 주관한 실버세대 서비스의 발전을 위한 프로젝트에 참여하는 등 고령사회에 대한 전문성을 널리 인정받고 있다.

현재 일본 고령화가 가속화되는 것은 일본판 베이비붐 세대인 단카이團塊 세대가 75세 이상으로 전환되고 있기 때문이다. 단카이 세대는 1947~1949년 태어난 이들을 지칭한다. 좀 더 넓게 잡으면 1951년까지 5년간 출생한 사람들을 포함하기도 한다. 제2차 세계대전이 끝나고 참전군인들이 귀환하며 2년 후인 1947년부터 출산율이 급격히 늘어나게 된다. 세쓰오는 "이 부분은 미국도 마찬가지인데, 미국은 승전국이어서 45년부터 1년 후인 46년부터 베이비붐이 시작됐다. 일본은 패전국이어서 2년이 걸렸다"고 설명했다.

이들이 대거 경제활동에서 이탈하고 피부양층으로 전환되며 일본 경제에 큰 부담이 될 것이란 관측들이 나오고 있는데, 이른바 '2025년 문제'다. 단카이 세대 중에서 특히 많은 인구가 집중된 1947~1949년생이 모두 75세 이상이 되는 게 2025년이다. 이때부터 사회보장비용이 급증해 재정이 어려워진다는 게 '2025년 문제'다. 세쓰오는 "요양급여가 급증해서 현재의 1.5배인 75조 원이 된다는 추산도 있다. 이런 상황이 오면 재정파탄이기 때문에 일본 사회에서 굉장히 큰 과제"라 말했다. 이 같은 액수는 자립하지 못하고 주변의 돌봄이 필요한 계층이 65세 이상에서는 17.6%, 75세 이상에서는 31.3%에 달하는 현재 기준을 적용할 때 산출된 결과다.

한 가지 희망을 걸어볼 수 있는 것은 단카이 세대가 이전의 고령층과 달리 건강하고, 나아가 경제활동까지 하기를 원한다는 것이다. 고령층이 된 단카이 세대는 앞선 세대와 여러모로 차별화된다. '고정관념에 사로잡히고 싶지 않다', '언제까지나 젊어 보이기를 원한다'라고 응답하는 비율이 오히려 그들보다 어린 현재 40대, 50대보다도 더 높은 것으로 집계된다. 이전 세대들에게서는 찾아볼 수 없던 현상이다.

또 돌봄이 필요한 상태가 되지 않기 위해 현재 70대의 91.0%가 정기적 건강검진을 받거나 규칙적 운동을 하는 등 구체적인 노력을 하고 있는 것으로 조사됐다. '포스트 단카이 세대'인 60대 역시 이 같은 응답률이 82.2%에 달했다. 세쓰오는 "앞선 시대는 돌봄 예방이란 개념이 없었는데, 단카이 세대 이후로는 이런 의식이 투철하다"며 "그런 의미에서 단카이 세대부터는 돌봄필요 비율을 낮출 것으로 기대한다"고 전했다.

더욱이 자신을 '시니어'라 인식하느냐는 질문에 50대에서 그렇지 않다는 응답이 91.8%에 달했다. 60대가 되면 많이 줄어들지만 그래도 37.8%는 자신을 시니어라 인식하지 않는다고 했다. 또 '시니어로 분류되고 싶지 않다'고 답한 60대는 84.2%에 달했다. 세쓰오는 "시니어라 불러도 자기를 부른다고도 생각하지 않고 그러길 원하지도 않는다는 것"이라 설명했다.

글로벌 리더들의 미래 전략
세계지식포럼 인사이트 2022

초판 1쇄   2021년 12월 15일

지은이   매일경제 세계지식포럼 사무국
펴낸이   서정희
펴낸곳   매경출판㈜
책임편집   고원상
마케팅   강윤현 이진희 장하라
디자인   김보현 이은설

매경출판㈜
등록   2003년 4월 24일(No. 2-3759)
주소   (04557) 서울시 중구 충무로 2(필동1가) 매일경제 별관 2층 매경출판㈜
홈페이지   www.mkbook.co.kr
전화   02)2000-2632(기획편집) 02)2000-2636(마케팅) 02)2000-2606(구입 문의)
팩스   02)2000-2609   **이메일**   publish@mk.co.kr
인쇄 · 제본   ㈜M-print   031)8071-0961
ISBN   979-11-6484-357-2(03320)

세계지식포럼 히스토리
WORLD KNOWLEDGE FORUM History

제1회 **지식으로 새 천년 새 틀을 짠다**

2000년 　주요 연사 ｜ 레스터 서로MIT 교수, 폴 로머스탠퍼드대학 교수, 도널드 존스턴OECD 사무총장,
하인리히 로러노벨물리학상 수상자

제2회 **지식기반 경제시대 인류공영을 위한 비전의 모색**

2001년 　주요 연사 ｜ 빌 게이츠마이크로소프트 창업자, 수파차이 파닛차팍WTO사무총장,
폴 크루그먼프린스턴대학 교수, 노벨경제학상 수상자, 이브 도즈인시아드 경영대학원 교수

제3회 **위기를 넘어, 새로운 번영을 위해**

2002년 　주요 연사 ｜ 래리 앨리슨오라클 창업자, 마이클 델델 컴퓨터 회장 겸 CEO,
조지프 스티글리츠노벨경제학상 수상자, 필립 코틀러노스웨스턴대학 석좌교수

제4회 **인류번영을 위한 새로운 세계질서와 경제의 창조**

2003년 　주요 연사 ｜ 마틴 펠드스타인전 미국 경제자문위원회 의장, 짐 콜린스《위대한 기업》의 저자,
프랜시스 후쿠야마존스홉킨스대학 교수, 로빈 뷰캐넌런던비즈니스스쿨 학장

제5회 **파트너십을 통한 세계 경제의 재도약**

2004년 　주요 연사 ｜ 김대중전 대한민국 대통령, 모리 요시로전 일본 총리, 폴 케네디예일대학 교수,
로버트 먼델노벨경제학상 수상자

제6회 **창조와 협력 : 새로운 시대를 위한 토대**

2005년 　주요 연사 ｜ 잭 웰치전 GE 회장, 에드워드 프레스콧노벨경제학상 수상자,
로버트 케이건카네기 국제평화재단 교수, 폴 제이콥스퀄컴 사장

제7회 **창조경제**

2006년 　주요 연사 ｜ 조지 소로스소로스 펀드매니지먼트 창립자, 토머스 셸링노벨경제학상 수상자,
셸리 라자러스오길비&마더 월드와이드 CEO, 자크 아탈리플래닛파이낸스 회장

제8회 **부의 창조 그리고 아시아 시대**

2007년 　주요 연사 ｜ 콜린 파월전 미국 국무부 장관, 앨런 그린스펀전 미국 연방준비제도이사회 의장,
에드먼드 펠프스노벨경제학상 수상자, 톰 피터스톰피터스컴퍼니 회장

제9회 **협력의 마법 & 아시아 시대**

2008년 　주요 연사 ｜ 마이클 포터하버드대학 교수, 리처드 브랜슨버진그룹 회장,
에릭 매스킨노벨경제학상 수상자, 존 하워드전 호주 총리

제10회 **하나의 아시아, 신경제질서, 그리고 경기회복**

2009년 　주요 연사 ｜ 조지 W. 부시전 미국 대통령, 게리 해멀런던 국제경영대학 교수, 피터 브라벡네슬레 회장,
폴 크루그먼프린스턴대학 교수, 노벨경제학상 수상자

제11회 **원 아시아 모멘텀, G20 리더십 & 창조적 혁신**

2010년 　주요 연사 ｜ 토니 블레어전 영국 총리, 하토야마 유키오전 일본 총리, 리처드 브랜슨버진그룹 회장,
누리엘 루비니뉴욕대학 스턴경영스쿨 교수

제12회 **신 경제 위기(글로벌 리더십의 변혁과 아시아의 도전)**

2011년 주요 연사 | 고든 브라운전 영국 총리, 래리 서머스하버드대학 교수, 세라 페일린전 알래스카 주지사, 마이클 샌델하버드대학 교수, 《정의란 무엇인가》 저자

제13회 **위대한 도약(글로벌 위기에 대한 새로운 해법: 리더십, 윤리성, 창의력 그리고 행복)**

2012년 주요 연사 | 김용세계은행 총재, 폴 크루그먼프린스턴대학 교수, 노벨경제학상 수상자, 맬컴 글래드웰(더뉴요커) 저널리스트, 마틴 울프(파이낸셜타임스) 수석경제논설위원

제14회 **원아시아 대변혁**

2013년 주요 연사 | 래리 서머스하버드대학 교수, 그레고리 맨큐하버드대학 교수, 피터 보저로열더치셸 CEO, 메이어 다간전 모사드 국장

제15회 **세계 경제 새로운 태동**

2014년 주요 연사 | 니콜라 사르코지전 프랑스 대통령, 토마 피케티파리경제대학 교수, 《21세기 자본》 저자, 장클로드 트리셰전 유럽 중앙은행 총재, 칼 빌트전 스웨덴 총리

제16회 **새로운 시대정신을 찾아서**

2015년 주요 연사 | 토니 블레어전 영국 총리, 티머시 가이트너전 미국 재무부 장관, 리언 패네타전 미국 국방부 장관, 네이선 블레차르지크에어비앤비 공동 창업자

제17회 **대혁신의 길**

2016년 주요 연사 | 게르하르트 슈뢰더전 독일 총리, 딕 체니전 미국 부통령, 에드윈 퓰너헤리티지재단 아시아연구센터 회장, 웬디 셔먼전 미국 정무차관

제18회 **변곡점을 넘어, 새로운 번영을 향해**

2017년 주요 연사 | 힐러리 클린턴전 미국 국무장관, 프랑수아 올랑드전 프랑스 대통령, 올리버 하트2016 노벨경제학상 수상자, 장 야친바이두 총재

제19회 **집단지성 : 글로벌 대혼란 극복의 열쇠**

2018년 주요 연사 | 재닛 옐런제15대 미국 연방준비제도 이사회 의장, 케르스티 칼률라이드에스토니아 대통령, 라지브 수리노키아 회장, 에릭 앨리슨우버 항공사업 대표

제20회 **지식혁명 5.0 : 인류 번영을 위한 통찰력**

2019년 주요 연사 | 프랑수아 올랑드제24대 프랑스 대통령, 제리 양야후 공동 창업자, 밥 우드워드(워싱턴포스트) 부편집인, 스티브 첸유튜브 공동창업자

제21회 **팬데노믹스 : 세계 공존의 새 패러다임**

2020년 주요 연사 | 테리사 메이제76대 영국 총리, 존 헤네시알파벳 회장, 스티븐 슈워츠먼블랙스톤 회장, 마윈알리바바 창업자

제22회 **테라 인코그니타: 공존을 위한 새로운 시대정신을 찾아**

2021년 주요 연사 | 마이크 폼페이오제70대 미국 국무장관, 마이클 샌델하버드대 교수, 토마스 바흐IOC 위원장, 마르쿠스 발렌베리SEB 회장, 마르크 슈나이더네슬레 CEO